HEPING ZHI QIAO

Changtan "Renjian Jiaoyu"

和平之桥

——畅谈"人间教育"

[日]池田大作
顾明远 ｜ 著

高益民　译

教育科学出版社
·北京·

前　言

　　池田大作先生是著名的学者、社会活动家、教育家。2008 年 10 月北京师范大学为我从教 60 周年举行了纪念会和教育思想研讨会，池田大作先生专门派代表参加并带来了热情洋溢的贺信，使我深为感动。

　　池田先生和世界许多著名的学者、社会活动家都有过对话，出版了对话录。其中包括中国的小说家金庸、历史学者章开沅先生等。此次与池田先生对话，我感到十分荣幸。

　　池田先生热爱和平，坚持中日友好，其精神值得钦佩。2009 年春天我访问了创价大学，承池田先生厚爱，创价大学授予我名誉博士学位。当然，我认为，这不只是我个人的荣誉，而是池田先生对中国教师的一种尊重。在访问创价大学期间，我参观了美丽的校园，特别是瞻仰了纪念周恩来总理的"周樱"及其纪念碑，我深深感到池田先生对周恩来总理的敬爱和对中国人民的友好深情。

　　从 2009 年至今，我们对话已三年之久，虽然我们都因为年事已高，不能来往于北京、东京之间促膝长谈，但借助现代信息技术，来往书信极为便捷。我们谈的都是和平与友好、东方传统文化以及青年教育的话题，每次通信都令我倍感亲切。

　　我和池田先生差不多是同龄人，在战争年代，都受到过不同的创伤，因而我们都热爱和平。因此，和平是我们对话的主题。为了和平，就要友好交往。池田先生从20世纪60年代就提出中日要建立正常的睦邻关系，并为了促进中日友好，奔走于东京和北京之间。我也在中日邦交正常化以后不久就踏上了日本的国土。30多年来，我20多次访问日本，参加各种会议，开展了多种教育合作，结交了许多日本教育界的朋友。可以说，我们都在为中日友好而奔波，为世界和平而努力。

为了世界的持久和平，为了中日友好长久持续发展，我们回顾了两国相同的文化渊源和悠久的友好历史。中日友好交往从隋唐算起，至今已经有一千五六百年历史，其间只有几十年不愉快的经历，那就是一小撮军国主义的野心家发动的侵华战争。因此我们要正视历史，既不能忘记近百年的痛苦，更不能忘记中日友好历史的悠长。我们都认同这样的观点。

青少年是我们的未来，而我们两人都是教育工作者，因此，教育问题就成为我们对话的重要主题。我们都关心青少年的教育，他们现在正处在传统与现代变革的交织点上，许多青年正失去前进的方向，生活在迷惘之中，我们为此很担心。我们都认为要加强东方优秀文化传统的教育。中日两国都有悠久的历史，都有相同的儒家文化背景。弘扬优秀文化传统，养心修身，志存高远，为民族、为国家、为世界和平而学习，是我们教育青少年的宗旨。我们都在为此而努力。

这是一次非常愉快和有益的对话，我向池田先生学到许多东西。

在对话出版之际，我要再一次向池田先生致敬，向《东洋学术研究》杂志的编辑们致谢。要感谢创价大学驻北京办事处的朋友们，特别要感谢川上喜彦先生，他们为我和池田先生的交往做了许多工作。还要感谢北京师范大学国际与比较教育研究院的高益民先生，我们的对话全凭他娴熟的翻译才能如此顺利地进行。

2012年6月1日

目　录

第1章

教育与人生
——生活在激荡的时代[*]

提倡中国教育的现代化——顾明远先生的先见之明

池田

此次能与中国教育界卓越的指导者顾明远先生以书信往还的形式进行对话，我感到万分欣喜。

回想起 1974 年的 12 月 5 日，那一天寒风凛冽，周恩来总理在北京 305 医院接见了我，展望了中日两国乃至全世界的友好未来①。从那以来，三十五星霜过去，我继承了周总理的遗志，开辟了两国的教育交流和青年交流之路，想必总理在天之灵也会为此而感到欣慰。我正是在如此浮想联翩之际，给顾先生提笔写信的。

去年（2008 年）夏天，奥林匹克运动会以及残疾人奥运会在贵国北京

---

* 本章内容曾刊载于《东洋学术研究》第 48 卷第 1 号、第 2 号（2009 年 5 月、12 月）。

① 池田大作先生（时任创价学会会长）第二次访华时，周恩来总理（1898—1976）因癌症晚期而住院。但是总理不顾治疗小组的反对，要求"无论如何，都要见见池田先生"（邓颖超女士的回忆）。池田先生因担心总理病情而婉谢会见，但周总理的"强烈希望"促成了此次会谈。会见时双方确认了对中日早日缔结"和平友好条约"（1978 年缔结）的期望。总理怀有"以民促官"的信念，自 20 世纪 60 年代初就开始关注民间组织创价学会。会见时，"文化大革命"尚未结束，为了促进已经大大落后的中国现代化及世界和平友好，总理可谓竭尽全力。会见一年零一个月后，周恩来总理病逝，享年 77 岁。

召开，我也通过电视及报纸高兴地看了相关报道。在象征着贵国飞龙腾空般发展的和平盛典上，那幅长长的画卷深深地感动了世界。

2006 年 10 月，顾先生所在的北京师范大学授予我"名誉教授"称号，我感到非常荣幸。借此机会，我再次向贵校表示衷心的感谢，贵校誉满天下，而将我纳为其中一员，此恩我将终生报答。

据说去年秋天贵校召开的研讨会也是为了纪念我发表《日中邦交正常化倡言》（1968 年）① 四十周年，对此我深感诚惶诚恐。顾先生的主题演讲洞察了促进人类相互理解的方向，我读后感佩不已。在演讲中，顾先生将去世不久的美国哈佛大学塞缪尔·亨廷顿博士在 16 年前 （1993 年） 提出的"文明的冲突"理论作为论述的基础，一方面指出"文明的冲突"理论已经无法正确地解释当前危机的原因，同时又对亨氏的世界从一个文明对其他所有文明单方面地发生影响的阶段，已经开始过渡到所有文明之间激烈的、持续的、多方面地相互作用的阶段②这一观点表示首肯。顾先生进而论述了在各国、各民族间的相互依存不可避免的现代构建"通过和平对话实现双赢关系"的必要性，并做出如下结论：要不断通过教育等多种交流渠道，互相学习宽容与理解的精神。我亦持完全相同的信念。

正因如此，我作为创价大学的创始人，开辟了创价大学与世界的大学等各种教育机构的交流之路。现在（2009 年），与创价大学缔结学术交流协定的学校已经扩展到 44 个国家的 105 所大学，其中也包括贵校。在创价

---

① 1968 年 9 月 8 日，池田大作先生作为创价学会会长在创价学会第 11 次学生部总会上的发言。当时，在东西方冷战非常激烈的背景下，越南战争依然持续，中国援助越南北部政权与美军作战。追随美国的日本政府也采取敌视中国的政策。在这种情况下，倡言认为，如果有众多人口的中国在联合国没有自己的席位而长期被世界孤立，则亚洲稳定与世界和平也不可能实现，而只有文化、历史、地理上都相近的日本才掌握着打开这一局面的钥匙，并呼吁：（1）承认中华人民共和国；（2）恢复中国在联合国的席位；（3）实现中日首脑会谈；（4）扩大经济文化交流；（5）废除抑制中日贸易的《吉田书简》等。对于倡言，日本研究中国文化的专家竹内好在《有了光亮》一文中给予了赞许。当时中国正处于 1966 年开始的"文化大革命"的高潮期，对中国处于国际孤立状态和现代化进程缓慢满怀忧虑的周恩来总理也对倡言给予了高度评价。

② 『文明の衝突』第一部第二章。鈴木主税訳、集英社、71 頁。

大学与贵校的友谊不断加深的过程中，我期盼着能有更多青年加深信赖，使两国间架起的友好"金桥"更加熠熠生辉。

无论如何，教育才是时代发展的关键，教育是培养人和构筑未来的最高尚的神圣事业，因此教育的交流才是使人类团结起来创造永久和平与和谐的原动力。从这个意义上说，顾明远先生在"文化大革命"结束不久的混乱中就率先提出"教育的现代化"，并始终为贵国教育的发展殚精竭虑，这种先见之明是应当给予高度评价的。也因此，很多人对我与顾先生的这次对谈充满了期待。

我期望能与顾先生一道，着眼于人类未来的发展方向，就两国的教育、哲学、文化以及世界和平等问题坦率地交换意见。请多多关照。

很荣幸与和平勇者对话

顾

池田先生在中国是很知名的人士，也是我敬仰的人。早在上世纪六七十年代，我就听到过先生的名字，后来听说周恩来总理曾经接见过您。创价学会为中日友好、中日建交做了许多工作，池田先生在这方面起到了重要的作用。周恩来总理曾高度评价创价学会和您在中日建交中做出的贡献。我们也都佩服您当年的远见和勇气。与池田先生进行教育对话，我不胜荣幸。去年一年，我拜读了您的大作《新·人间革命》（尤其是"金桥""友谊之道"等谈及中日友好的篇章）、《孩子们是"未来的宝贝"——教育箴言录》、《我的世界交友录》、与世界著名美术史家尤伊古的对话录《黑夜寻求黎明》，以及与世界著名历史学家汤因比、中国小说家金庸等的对话录等，深深为您的精神所感动。您毕生致力于世界和平、中日友好，令人钦佩。特别是您最早提出与中国恢复邦交，开展民间友好往来，正如您在《新·人间革命》中所写的，搭起了中日友谊的金桥，我非常佩服您的真知灼见，更佩服您的智慧和勇气。

这种勇气从何而来？我想就是从您亲身受苦受难中来，从您追求真理的大无畏精神而来，从佛教倡导的善而来。

池田

您过奖了，顾先生才是教育的伟大先驱。我希望通过我们的对谈，从您的哲学与实践中学到更多的东西。

1 乡土与人格形成

扎实的认识来自自己脚下

池田

为使我们的对话更好地展开，同时也是方便读者，我想我们还是先相互做一下自我介绍，并聊一聊我们此前的人生道路吧。

我 1928 年 1 月 2 日出生在东京大田区一个临海街区，我家自江户时代起就经营海苔作坊。我至今不能忘记儿时的情景，那时我常在充满着潮水气息的沙滩上玩耍，也常早起把手浸在冰冷的海水中帮父母去捞海苔。所谓乡土，不但是个充满回忆的地方，更是养育了那个人的母亲般的环境。

创价学会的第一任会长牧口常三郎①是一位地理学大家，他在综论人、社会与地理三者关系的《人生地理学》（1903 年出版）中说："吾人以乡土

---

① 牧口常三郎（1871—1944），生于新潟县，曾在北海道苦学，1893 年毕业于札幌的北海道寻常师范学校（现在的北海道教育大学），1901 年辞去教职前往东京。一年后，其著作《人生地理学》出版。他从事过面向妇女的通信教育，向中国留学生教授过地理学，并在文部省编纂过地理教科书等，之后历任东京都内的小学校长，还曾参加柳田国男的"乡土会"。1912 年发表《作为教学整合中心的乡土科研究》。1928 年前后开始笃信佛教。1930 年 11 月 18 日，《创价教育学体系》第一卷出版（此后至 1934 年共出版了四卷），同时创立了"创价教育学会"。他在战争时期因拒绝同国家神道合作，而于 1943 年 7 月以违反治安维持法及不敬罪的嫌疑被逮捕。他在狱中坚持自己的信念，不屈不挠，于 1944 年 11 月 18 日在东京的病监中去世。

为产褥而生而育"①，指出了乡土对人格形成的重要影响，他还把"乡土"作为理解和观察世界地理的基点而予以高度重视。在这本书的绪论中，牧口先生这样说道："毋忘有一根本之观察方面，此者无他，各自乡里是也。"可见他主张在"世界"之前有"国"，而"国"之前则有"乡里"衣食住之营为。只有认识到这一点，才能获得"为一乡民，方为一国民、一世界民"的自觉，才会懂得"正当而切实的立脚点"②。从自己的脚下开始认识社会——这一方法指向"并非支离破碎地教授和注入知识，而是令学生以自己之力体会获取知识的方法，授以开启知识宝库的钥匙"③，这一主题与重视当地社会的牧口先生的教育方法是相通的。

顾先生的故里是江苏省江阴市，江阴北面长江，南临太湖，自古以来即一大要冲，是一方镌刻着悠久历史的土地。现在更有许多现代建筑林立，发展也非常迅速。长江极为壮阔，牧口先生虽未有机会造访贵国，但他记下了对长江的深深憧憬，说那是"规模狭小之岛国人，几不可想象之处"④。唐代大诗人白居易⑤在回想起曾任职的江南地方时这样咏道："江南好，风景旧曾谙。日出江花红胜火，春来江水绿如蓝。能不忆江南？""江南好"，这句话直截了当，浓缩了诗人的感动！我在 1975 年 4 月第三次访华时，中方安排我们乘船自上海的黄浦江到长江。被滔滔江水摇着，我在船上曾与当时中日友好协会秘书长孙平化和上海市的有关人士展望中国的未来。1978 年 9 月，我第四次访华时，还访问了天下名湖——太湖，在船上看到了金光闪耀般的风景。吟咏起白居易的诗，我就不能不想起那山清水秀的绝景。

---

① 『人生地理学』「緒論」第一章「地と人との関係の概観」。第三文明社刊『牧口常三郎全集』（以下、『牧口全集』と表記）第一卷、15 頁。省略强调的圈点。

② 同上。『牧口全集』第一卷、15 — 16 頁。省略强调的圈点。

③ 『創価教育学体系』第四卷「教育方法論」第一篇第二章第四節「詰め込み主義か啓発主義か知識の構成か興味の喚起か」。『牧口全集』第六卷、285 頁。

④ 『人生地理学』第一篇第十一章「河川」第二節。『牧口全集』第一卷、169 頁。

⑤ 白居易（772—846），中唐时期的诗人，字乐天。代表作有《长恨歌》、《新乐府》。白居易的文集《白氏文集》在他生前就传到日本并产生了重要影响。引用自松枝茂夫編『中国名詩選』下卷、岩波文庫、222 — 223 頁。

《徐霞客游记》的作者、明代地理学家徐霞客①非常有名,他也是您的同乡。

我想请顾先生讲一讲故乡引以为自豪的事以及对故乡的回忆。从教育家、教育学家的观点看,您认为"乡土"对人格的形成有怎样的影响呢?

饱含思乡之情的人生格言

顾

我与您是同时代人。1929 年 10 月,我出生在江苏长江边上的一个小城里,现在这个城市因为有"中国第一村"——华西村和近二十年来经济发展名列全国百强县(江阴市是县级市)的前茅而闻名于世。但在我出生的时候,她还只是非常落后的一个小县城。城墙据说有九里十三步(约 4520 米)②,算起来,城里的面积也就只有一平方公里多一点。从东城门到西城门大概有十几分钟的路程。抗日战争爆发之前,城西有一家电厂、一家面粉厂、一家纺织厂。但战争爆发时,都被日军炸毁了。

从此,江阴就没有了电灯,直到我 1948 年离开江阴,电厂尚未恢复。我们开始在洋油灯下读书,太平洋战争爆发后,美孚洋行的洋油也没有了,只好用豆油灯,就是用一个小碟子盛上豆油,用一根棉绒或几根灯草把油引上来点着,其亮度可想而知。

离城不远就是扬子江,又称长江。它也是中国的母亲河,从青藏高原汹涌而下几千里,气势磅礴,直奔东海。历代文人都赋诗赞美长江的恢宏,唐朝

---

① 徐霞客(1586—1641),明末地理学家、旅行家、纪行文学家。本名徐弘祖,号霞客,生于江苏江阴。年轻时即学习地理书,反感囿于解释古典的学问,决定用自己的脚、用自己的眼睛去认识这个世界。用了约三十年时间,走遍中国大地,并记录见闻,直至晚年。他写的《徐霞客游记》长达 260 万字,但现存的仅 60 多万字。这部书集地理学、地质学、社会学、文学于一体,堪称世所稀有,徐本人也被称为"游圣"。2011 年,中国决定将徐霞客 1613 年从浙江宁海出发的 5 月 19 日定为"中国旅游日"。

② 一里等于三百步或三百六十步。步数由于时代而有所变化。1930 年以后的中国一里(市里)等于五百米,一步约等于 1.667 米。江阴城墙一边约 1130 米。

诗人李白①诗云："天门中断楚江开，碧水东流至此回。两岸青山相对出，孤帆一片日边来。"宋朝苏轼②诗云："大江东去，浪淘尽，千古风流人物。"滚滚长江到我们家乡的时候已经变得江宽波平，像少女那样柔静了。长江下游灌溉着三角洲约十万平方公里的土地，养育着亿万人民。

江阴有着悠久的历史，春秋战国时期就建立了，见诸文字记载的历史已有 2500 多年，古称暨阳。江阴在明末因抗清运动而出名，清兵围城百日，江阴人民誓不投降。这说明江阴人养成了倔强的性格。后来这里又建起了长江要塞炮台，扼长江之门户（但抗战时期并未起到什么作用），这也成为江阴名扬天下的原因之一。

江阴是一个文化之乡，历史上有许多名人。正如您指出的，明代地理学家徐霞客就是江阴人。他走遍了中国的山山水水，考察了各地的地质地貌，撰写了旅行记《徐霞客游记》。还有五四运动③时期的著名文学家刘半农和民族音乐家刘天华④，他们兄弟二人都没有读完中学，但都是刻苦钻研，自学成才，后来成为大学教授，且在文学上、音乐上做出了贡献，成

---

① 李白（701—762），盛唐时期诗人，字太白。年轻时就游历各地，后来虽曾做官，但历经波折（包括遭遇"安史之乱"），怀才不遇。杜甫被称为"诗圣"，李白则被称为"诗仙"。相关引用请参照武部利男注『新修 中国詩人選集 2 李白』岩波书店，46 页。

② 苏轼（1037—1101），北宋文人、政治家、书法家。亦称苏东坡。被人们认为是宋代第一诗人。唐宋八大家之一。

③ 中华民国成立 7 年后的 1919 年 5 月 4 日发端于北京学生游行的反日反帝国主义运动。这一时期，中国正处在政府无力控制全国的"军阀割据"状态，帝国主义乘中国混乱之机加速了将中国半殖民地化的进程。在第一次世界大战后举行的凡尔赛媾和会议上，日本要求列强承认《对华二十一条要求》中的"向日本转让山东省权益"，引起中国学生不满，并发展成为全国性民众抗议运动。五四运动不仅是政治运动，它反对封建的旧制度和旧文化，同时也是追求民主和科学的广泛的新文化运动和社会现代化运动。

④ 刘半农（1891—1934），中国新文化运动的先驱，诗人、语言学家。1912 年，与其弟刘天华（1895—1932）一同从家乡江阴前往上海，后来成为编辑，发表小说和文学评论。参与《新青年》的编辑，与陈独秀（1879—1942，中国共产党第一任总书记）及鲁迅一道推进新文化运动。1920 年开始留学英法。回国后任北京大学国文系教授、中央研究院历史语言研究所研究员等职。刘天华在上海学习音乐理论、钢琴、小提琴、钢管乐器等，之后回到故乡从事音乐教育，并开始作曲。他有志于振兴中国的民族音乐，寻访民间艺人和音乐家，学习二胡及琵琶等，特别是革新了二胡的演奏方法。1922 年开始在北京大学任教。遗留下的作品表达了对家乡强烈的爱。代表作有《病中吟》《光明行》《空山鸟语》等。最小的弟弟刘北茂（1903—1981）也是作曲家及二胡演奏家。三兄弟尽管出生于贫寒的读书人家，却共同为中国文化的革新做出贡献，被称为"刘氏三杰"。

为中国一代名人。江阴还出了一名佛教的爱国高僧——巨赞法师①。巨赞法师俗名潘楚桐，早年毕业于江阴县立师范学校，后就读于大夏大学，毕业后在江阴任小学校长。1929 年到杭州灵隐寺出家，从却非和尚披剃，1931年改名巨赞。《灵隐小志》中有却非和尚《答巨赞来书》诗云："浮生逢末劫，据事应三斟。破瓦伏惊鼠，瓜田避盗心。立身问美玉，择木似良禽。莫昧于来去，古人耻拾金。"巨赞出家后悉心研究佛学，攻读了八千多卷各种经文，熟谙德、英、俄、日等多国外语，写下了数百万字的读经笔记。他不仅热心佛教活动，而且不忘救国，积极支持抗日运动。新中国成立后，他与赵朴初②等一起领导中国佛教协会。江阴这些文化名人奠定了江阴深厚的文化底蕴，我的童年和少年就是在这种文化氛围中度过的。

江阴的乡土使江阴人重视教育，重视人文素养，并且形成一种坚强不屈的性格，但同时又具有开放、广阔的胸怀，像长江一样，有容纳百川的精神。

所以我总结出四句人生格言：

像松树一样做人，坚挺不拔；

像小草一样学习，随处生根；

像大海一样待人，容纳百川；

像细雨一样做事，润物无声。

池田

谢谢顾先生流畅和文采飞扬的说明，这使我对江阴悠久的历史与风土

---

① 巨赞（1908—1984），佛教僧人。长年致力于佛教研究，留下多达五百万字的著作。著有《巨赞法师全集》全八卷（社会科学文献出版社 2008 年版）。历任中国佛教学会副会长，培养佛教专门人才的机构——中国佛学院副院长。

② 赵朴初（1907—2000），20 世纪中国佛教领导人、书法家、诗人。在现代中国社会大变动中，始终坚持保护和发展佛教。追求"爱国与爱教"的和谐，呼吁保护信教自由，努力促进佛教对时代和社会的贡献。热心于佛教的国际交流，为与日本等国的佛教国际友好而四处奔走。历任中国佛教协会会长、中国佛学院院长、中国人民政治协商会议全国委员会副主席、中国书法家协会副主席、中国作家协会理事、中日友好协会副会长等。池田大作先生第一次访问中国时，在北京郊外颐和园与赵朴初会见（1974 年 6 月 4 日），其后又多次与赵会谈。

有了更深的理解。但最重要的是，我深深感受到了顾先生的人格中生动地反映出一方乡土的特点。您的四句人生格言，也是绝妙的人生指南。

您刚才提到了巨赞法师，与巨赞法师共同领导中国佛教协会的还有赵朴初先生，我很怀念他。我曾四次拜会赵朴初先生，与他探讨过《法华经》，谈论过天台大师智顗等事。

2　家庭教育铸就人生之基

早期的七年不亚于后来的人生

池田

现在，我们把眷顾家乡的目光转向家庭吧。

我的父亲子之吉在当时被称为"倔强先生"，他是个有韧劲儿、耿直的人，起初在东京湾经营海苔加工，规模也挺大，但关东大地震（1923 年）后，因地壳变动等原因海苔越来越少，家业开始衰落，父亲也因患风湿病卧床，但他总说："即使吃盐也不要别人救济"，拒绝了别人的种种帮助。我父亲韧劲儿的背后，有一股傻劲儿贯穿着，他认为正确的事都会坚持到底，不管别人说什么。父亲无论自己多么穷，都会全心全意帮助和照顾别人。父亲生性寡言，当时我们这些孩子不知道他在想什么。但今天，我们却由衷地尊敬他，认为他真是一位伟大的父亲。

母亲与父亲不同，她在生活困顿之中也能开朗地笑着说："我们家就是穷横纲！"① 她总是把孩子的健康和幸福放在第一位，时刻为我们操心。她从早到晚，一天也不休息地做海苔，她需要边照顾不断长大的孩子边操持家务，当然是相当辛苦的。但她把我们八个孩子都养育成人了。这让我想起每天吃饭的往事——母亲自己常常不吃午饭，总说"忙得忘了"，可总是

---

① "横纲"是日本相扑运动员资格的最高级，是日本大力士向往的殊荣，受到社会的广泛尊崇。用在这里，是以乐观的态度比喻贫困的程度已极为严重。

为我们这些孩子精心准备便宜但有营养的饭菜。她给我们吃小杂鱼的时候，让我们把骨头也吃下，饭桌上常有我们家自己捞的生海苔做成的醋腌小菜。我想，母亲是不懂学校里教的那种营养学知识的，而且那时候也并没有"食育"这样的现代概念。但在贫困之中，母亲总是尽心尽意地运用饱含着深厚慈爱的智慧，很自然地把贤明而正确的生存之道教给了我们。

顾先生曾说，对儿童而言，家庭正是"最初的学校"，父母正是"最早的老师"。顾先生还在著作中指出："一个人在他成长过程中，总要接受来自三方面的教育，这就是家庭教育、学校教育和社会教育。它们互相联系、互相影响，而家庭教育在人的成长过程中起着重要的作用。"① 家庭教育对孩子后来的人生所给予的影响非常深远。大历史学家汤因比博士在伦敦的家中与我对谈的时候，这样述怀道："在我的记忆中，我感觉人生最初的 7 年与后来的整个人生一样长。我的意思是，我 85 岁了，我感到人生的前 7 年和后来的 78 年一样长。""孩子在七岁以前学习很多对自己重要的东西，那比在以后几十年的人生中能学到的所有东西还要多。"② 我对此深有同感，我想，"最初的七年"与父母接触的时间最多，是构筑人生基础的重要时期。人在后来到社会中经受暴风骤雨的时候，是会毫无胆怯地直面而上还是会早早地放弃退缩，这些人格"脊骨"的形成正是源于家庭教育的作用。

本来，并不存在天生就优秀的父母。父母也是在与孩子间的实际关系中，加深了爱，重要的是不疾不徐地与孩子一道前进，所以"教育"可以说是"共育"。（在日语中，这两个词同音。——译者注）。创价学会的妇女部中有不少苦于育儿的年轻妈妈，我总想对这些人有所鼓励，因此几番就"家庭教育"发表过看法。我总强调，即便是亲子，也是"一个个体与另一个个体的关系"。

对孩子而言，家庭应该是可以安心和值得信赖的场所。我的一位从事

---

① 顾明远：《杂草集——顾明远教育随笔》，福建教育出版社，2001 年，第 205 页。
② 『二十一世紀への対話』第三部第一章。聖教新聞社刊『池田大作全集』（以下『池田全集』と表記）第三巻、517 — 518 頁。

教育的朋友告诉我，在日本，那些问题少年的内心深处有着很多的不自信，自尊水平低。不可否认，由小至大的家庭环境在其中发挥了重要作用。美国的马丁·路德·金博士的盟友、教育家哈丁博士①也这样论述道："有暴力行为的孩子，常认为别人不关注自己、不重视自己。从这个意义上，我认为'关心他人'无论是在家庭层次上，还是在社会层次上，都是不可或缺的课题。"在家庭中，父母与孩子接触的方式、倾注爱心的方式与孩子的人格形成直接相关。孩子是看着父母的生活方式长大的。父母处处为了他人、为了社会，努力工作，这都会引起孩子更深入的关切，他们会自然地从父母的身上学到人生的道理。

我就任创价学会会长时 32 岁，那时我已有三个孩子，老大七岁。我自己因为工作繁忙而没有时间照顾孩子。但在妻子的配合下，虽然时间不长，我也很注意创造机会与他们接触，我外出的时候，会给他们写信、托人带个话，回来时买些特产，总之也想了不少办法。从这些经历中，我体会到所谓倾注爱，并不单纯是在一起的时间长短问题，重要的是父母对孩子考虑得是否很深入。

父母常常只按自己的想法培养孩子、对待孩子，但这容易让孩子畏缩，使他们本来拥有的个性和可能性难以发挥。相反，有时还会强化孩子"不被父母信任""不被父母爱"的心理。我想，父母应该把儿童当作一个独立的人来尊重，在与孩子的接触中提高孩子的自尊心，使他们自由地成长。

顾先生说："家庭教育是所有教育的基础"，请先生结合自己的实践，对家庭教育的重要性再做一番阐述。

---

① 马丁·路德·金（Martin Luther King Jr.）（1929—1968），美国民权运动领袖。1964 年获诺贝尔和平奖。1968 年于演讲中被暗杀。文森特·哈丁（Vincent Harding）是丹佛伊利夫神学院的名誉教授。1931 年出生。芝加哥大学历史学硕士、博士。1958 年与马丁·路德·金会面，之后两人在民权运动和反对越南战争中并肩作战。作为历史学者、记者，哈丁表现活跃。他是金纪念中心的首任所长，致力于将人权斗争精神传递给下一代的活动。他与池田会长的对谈以《希望的教育 和平的行进——同金博士的梦想一道》（『第三文明社』誌、2011 年 2 月号— 2012 年 5 月号）为题发表。引文引自「聖教新聞」1994 年 1 月 18 日。部分表述有改动。

母亲重身教

顾

我出生在一个平民家庭。祖父是一家茶叶店的伙计，父亲是中学教师。但因父亲长年在外省市教书，母亲遵循古训在家侍奉公婆，父母长期分居两地，所以在我八岁的时候，父亲在外面就与另外的女子结婚，从此我与母亲相依为命。母亲克服物质上的贫困、心理上的创伤，抚育我长大成人，真是极不容易。

我母亲对我的教育是至深至切的。我母亲名周淑贞，是江阴大族周家的女儿，民国初期初开女禁，因而她读过几年小学，能够读书读报。父亲离我们而去以后，她一个人挑起了一家的重担，侍奉公婆至天年。特别是抗日战争时期，我祖父瘫痪在床约三年，就是这位被儿子离弃的媳妇端屎端尿，服侍送终，极尽孝道。

我家没有房产，老家只有薄田三亩，由我的堂兄代耕，生活全靠祖父战前少量积蓄和亲友的接济。但是家里一直供养我读书，希望我长大成才。

母亲总是对我说："你要争口气，将来一定要超过你父亲。"其实我父亲也就是一名中学教师，但是在她眼里似乎已了不起。

我们住在江阴城里，租人家的房子。周围都是比我们富裕的家庭，即所谓大户人家。处在这种环境中，很容易被人家看不起，但我母亲不卑不亢，处理各种事情很得体，受到邻居的好评和尊敬。她从小教育我这种不卑不亢的精神，对富贵的人不低声下气，对贫穷的人富于同情，自己能做的事一定自己做，轻易不求人。从而养成我自力更生的精神，就像禅语中说的："但向己求，莫从他觅。"我从不会阿谀附势，乞求别人。

她教育我一粟一米来之不易，饭粒掉在地上都要把它捡起来，从而养成我生活简朴节约的习惯。她常常为别人着想，特别为贫苦大众着想，例如叮嘱我千万不要把玻璃碎片掉在路上，以免赤足的农民割破脚皮，使我养成一种对农民的同情心。她时时刻刻教导我要做一个正直的人。

　　她的为人还有一条对我的影响极深，就是她讲宽容，不要麻烦别人，要体贴别人。她身体力行，真是做到了这一点。她不仅和自己的公婆关系很好，和自己的媳妇关系也很好，和邻里关系都很好。她 81 岁突发心脏病去世，而她到临终都没有给我们添一点麻烦。但是我心里却非常难过，她一辈子养育我、照顾我，但最后我都没尽到一点服侍她的孝道。

　　她从来没有打过我，只是在我不听话的时候伤心得流泪。我见到她流泪，心里比挨打还难受，因而总是立即改正自己的错误，努力读书。

　　1949 年我考上北京师范大学。当时对我们江南人来讲，北京是一个遥远的冰天雪地的世界，小时候听说在北京冬天，人的鼻子耳朵都要冻掉的。让一个相依为命的独生子到这样遥远的地方，我想她内心是很不愿意的，但为了我的发展，为了我的前途，她毅然地鼓励我北上读书。

　　以后我又到了更远的地方莫斯科。因为经济困难，去苏联之前我都没有回过家，因此一连七年没有与母亲见过面。可以想象，这七年中她是在日夜思念我的情况下度过的。我上学七年期间，她是完全靠借钱过来的。

　　1956 年我学成回国，就想把她接到北京来，但是她坚决不肯，非要把欠的债务还清以后才出来，这样直到 1959 年我们才团聚。

　　来到北京以后，她并没有享闲福，又为孙子辈辛苦。我的母亲既生了我，又教育了我，她是最伟大的母亲，我永远怀念她。

　　从我的童年生活中，我深深体会到家庭教育的重要。父母是第一任教师，他们给孩子的印象最早最深刻也是最久远的。我个人的性格以及一切习惯，似乎都是在童年时就形成的，这就是为什么我后来在从事教育研究时特别强调家庭教育的重要性的原因。

　　家庭教育是非常重要的。儿童从出生第一天就开始接受家庭教育，父母就是他的第一位老师。他首先从父母那里学习语言，学习认识周围的事物，学习生活习惯。如果儿童从小在家里受到良好的教育，以后学校教育就能顺利地继续下去。如果儿童在家里受到不良的教育，从小养成不好的思想习惯，那么进入学校以后，学校就要对他进行再教育，矫正他们的错误和缺点。

在幼儿时期，教育儿童是不那么困难的，但是之后再教育要困难得多，要付出很大的精力、更大的耐心。正如您引用大历史学家汤因比与您对谈中所说的："人生最初的七年与后来的整个人生一样长。"我也深有这个体会。

现在有些父母有一种误解，认为入小学以前才需要家庭教育，入小学以后要由学校来教育了。但是学生在校的时间是有限的，很大一部分时间是在家庭、在社会中度过的。家庭教育不会停止，直到他离开家庭为止。

家庭教育是潜移默化的，家长的一言一行时时在影响孩子。因此，做父母的要时时注意自己的言行，以身作则，做孩子的榜样。

现在常常听人说：独生子女难教、单亲家庭的孩子难教。这也在于父母的教育思想，其实孩子的一切行为习惯都是父母惯出来的。

例如现在有的孩子以自我为中心，存在自私心理，这是父母溺爱、无限制地满足孩子欲望的结果；有些孩子有暴力行为，往往也是父母施暴的结果。

拿我来说，我就既是独生子女，又是单亲家庭的孩子，父亲在我八岁时就离开家了。我全靠母亲的教育，她没有教我如何识字、如何读书，但她的言传身教，使我成为一个有正义感、责任感、尚算勤奋的人。因此不能说独生女、单亲家庭的孩子就难教，关键是用什么思想、用什么方法教育他。

行孝之人方为人中胜者

池田

母亲养育顾先生，受了很多苦，也操了很多心，而您深爱着自己的母亲，也以她为自豪。您的这些话令我流泪，令我刻骨铭心。我想，您能体会和展现您母亲那样的教育，能在贵国教育领域担任要职努力工作，也是最大的孝道了，您的母亲一定会为此而高兴。

在想象着您母亲的样子的时候，我也想起了自己的母亲。我母亲是

1976 年 9 月 6 日去世的，其实 7 月初的时候她的身体就相当虚弱，并曾一度危笃。那时我因忙于参加创价大学的许多活动，未能多去看望她，这是我内心感到非常遗憾的事。所幸母亲在病故前笑着说："我过得很快乐！"

1975 年春，我曾和母亲一起难得地到富士山下放松休息过一次，我背着母亲走在樱花满开的坡路上，我想这算是尽了最起码的孝道吧。母亲去世前两个月，我怀着对病榻上的母亲的深厚感情，把以前发表过的自由诗《母亲》改编成了歌词：

母亲啊，您有着

多么不可思议的

伟大的力量

如果，这世上

没有了您

就像失去了故土家乡

人们将永远流浪

母亲啊，我的母亲

您在风雪中忍耐

您在悲痛中合掌

母亲啊，我期望

您的愿望化作翅膀

在天空中自由地飞翔

母亲啊，我用您的智慧和思想

祈祷春的芳香

愿地球之上

奏响平安的乐章

在那"人"的世纪

母亲永享安康

这首诗后来由两位年轻的女士谱了曲，至今仍被很多人传唱。

母亲是太阳，是大海，是大地。在任何时代，对任何人而言，母亲的恩情都是无限的。贵国有"孟母三迁"那样的怀有自尊信念的良母形象，在日本也成为母亲们学习的榜样。我反复向青年们强调：一生不忘父母之恩，并怀报恩之心，才能度过真实的、胜利的人生。孝是教育的根本。这次听了顾先生的话，我的这种想法就更为强烈了。

3 战祸中的青春

这绝对是错误的！

池田

我有八个兄弟姊妹，其中七个男孩，一个女孩，我是第五个男孩。

对我来说，对长兄喜一的记忆最为深刻。大哥在 1937 年出征，远渡贵国。大哥回国的时候说："日本太不像话了，暴虐，傲慢。中国人不也是人吗？这样做绝对是错的！"当时大哥愤怒的样子，至今仍浮现在我的眼前。后来，大哥在缅甸阵亡。

回想起来，人生中总会有些能开辟新的人生起点的话和事件，它永远也不会褪色。

我敬慕的长兄战死、疏散地的房子被炸毁、几度在把天空映成通红的美军空袭中逃难……这些我都深深地记在心里。那时我忍受着肺病接受军事训练，还吐了血。

如果要列举战争的回忆，那是举不尽的。我在小说《人间革命》的开头写道："残酷莫如战争，悲惨莫如战争！"这也是我一生从事和平活动的出发点。不管在哪个时代，战争中最受苦的是民众，是女性，是母亲，是儿童。绝对不能让未来重蹈历史的覆辙，不能让未来被分裂与仇恨之火所吞噬。

如果把目光转向现在的世界，冷战结束近二十年了，恐怖活动、核扩散、地区冲突等问题重复上演，而且愈加复杂。我在 2001 年 9 月 11 日美国同时发生多起恐怖袭击事件的时候，曾作为一个佛教徒发表了见解。其中，我与世界上的有识者一道，为在美国出版的《烈火重生——对美国恐怖袭击的心灵回应》一书投了稿。我以《我们必须战胜的恶》为题，首先作为佛教徒阐述了"恐怖活动无论高举何种大义或提出何种主张，都是绝对恶"的观点。进而我提出，要打破人类历史上长期以来的仇恨与报复的循环，就应把与引发战争与冲突的"仇恨"与"破坏"的能量正相反的"慈悲"与"创造"的能量从人的生命中激发和彰显出来。

具体而言，佛法说"人人具有佛性"，也就是要相信生命中的"善性"，进行"文明间的对话"。因为我确信，通过在所有领域和所有层次反复进行长期不懈的"对话"，即使需要时间，也一定会改变时代的方向，使"战争与暴力的世纪"转变为"和平与非暴力的世纪"。

我本人则不断扩大与世界上的领袖人物和贤人智者的对话，也不断培育与世界各国民众的友谊和从事文化交流。我确信生命中所具有的"善性"，为践行以人为本的"人间教育"倾注了全力。

我相信，以教育之光照亮"善性"，压倒内在的"破坏性与攻击性"——这正是化仇恨为理解、化分裂为团结、化战争为和平的坚实之道路。

我与顾先生是同时代人，顾先生也同样有许多关于战争的体验。顾先生的故乡江阴也曾遭罪恶的日军占领和蹂躏。我听说顾先生每每在日本兵入侵的时候就搬到别的村子去住，而且光小学就不得不转学六次。在此我想请顾先生谈谈在青春时代的战争记忆中印象最深刻的事。那是一段辛酸的往事，但为了下一代，就请您敞开心怀说一说吧。

对战乱的记忆至今仍是梦魇

顾

我的童年和少年时代是在战争的炮火下和贫困中度过的。1937 年七七事变，我正读完小学二年级。抗日战争开始，江阴县城遭到日军飞机的轰炸。

我们一个远房亲戚本来在城里开一爿石灰行，战前还建了一个防空洞，但并未顶用，还是在这次轰炸中被炸死了，他的儿子走出防空洞到河边洗手，反而幸免于难。炮声一打响，大家纷纷逃难。

有钱人家逃到上海租界去了，有的逃到苏北泰州等地。我们则是逃到乡村，一年辗转多个村庄，先是贯庄，继而北㵐、周庄、华墅。有时夜里住在村里，白天就逃到山上。

一年以后，时局稍为稳定，我们就搬到离城不远的小镇金童桥。但日军不时会下乡来清乡，一听说日本兵来了，我们就赶快逃到另外的村子里躲起来。这样躲躲藏藏一年多，学业也荒废了。这一年只上了几个月的私塾。所谓私塾，实际上是金童桥的一位郎中（即乡村医生）先生，他一面给人看病，一面收了几个生徒。他的学生有四五个人，年龄不等，记得有比我年纪小的，也有年纪大一点的，最大的也不过十来岁。因为年龄不等，所以学习的内容也不同。

初入学的学《三字经》，最大的一个读《孟子》，老师让我读《大学》①天天让我们背诵，也不讲解。读了几个月，最后只记得"大学之道，在明明德，在亲民，在止于至善"②。至于什么意思，完全不明白。

后来到城里去上小学，要走好几里地。经过城门，有日本兵站岗，经过的中国人必须向他鞠躬，否则他便用枪托打你。

正如池田先生所说，抗战八年，由于流离失所，我上小学就先后换了六所学校。到小学六年级时我们返回江阴县城，在实验小学读书。学校操场隔壁恰是日本宪兵队驻地，我们常常听到无辜的老百姓被拷打的惨叫声。日本宪兵队常常在夜里出来查户口。我们晚上睡觉的时候，一听到远处犬

---

① 蒙学教材。据传为南宋王应麟（1223—1269）所编，但也有他说。一般三字一小句，六字一大句，如："人之初，性本善。性相近，习相远。"行文押韵，容易记忆。可一边识字（全文376小句，1128字），一边学习历史、儒家道德、地理、天文及一些常识，是中国历史上最为普及的蒙学教材，此外还有《女儿三字经》《佛教三字经》《道教三字经》《医学三字经》等类书。朝鲜、越南也编有相似的教材，日本也编有《本朝三字经》（1853年）。《本朝三字经》用三字句教日本的历史，为大桥玉（若水）所编。而《论语》《中庸》《大学》《孟子》则被作为儒教正典（"四书"）被广泛阅读。

② 金谷治訳注『大学・中庸』岩波文庫、31頁、33頁。

吠或沉重的脚步声，就知道日本兵又来了，赶快吹熄灯火，屏住气，不敢出声。这八年在物质上和精神上受到沉重的苦难。直到现在，夜里如果做噩梦，还会遇上日本兵，这种受难的印象太深了。

过去我从来没有对日本朋友讲过这些，如果不是您问起我这段经历，我也不会去讲它。因为我认为中日两国的老百姓都受到战争的苦难，当时的日本青年成了战争的炮灰，就像您的哥哥那样。许多日本家庭也是家破人亡。

1980 年我第一次访日时，有许多日本友好学者向我道歉，说日本侵华战争给中国人民造成了苦难。我常对他们说，用不着你们来道歉，你们和我们一样受到极大的苦难。应该由日本政府来道歉，由那些政治家、侵略者来道歉。

其实中国老百姓是很宽容的，只要正视现实，以史为鉴，保证历史的悲剧不再重演，就达到了和平的目的。我想您也是这样想的。

由于童年经历了战争的苦难，所以我特别珍惜和平。我和您一样，2001 年 "9 · 11" 恐怖事件使我十分震惊，中东的战争、民族的不和使我心里非常难过。人类为什么要互相残杀？使人百思不得其解。我们要为世界永久和平而努力。

中日两国是一衣带水的邻国，历史上就有许多友好的交往，日本侵华战争仅仅是中日交往历史长河中的一小段。我们要珍惜长久的友谊，忘记一小段不愉快的历史，让中日友谊世世代代延续下去，这就需要我们认真地教育下一代，正视历史，以史为鉴。

教育是培养未来社会的人才。只要我们年青一代懂得和平的意义，懂得人民之间的友好的重要，世代友好就有了保障。

池田

衷心感谢您第一次为我们提供了重要的历史证言。日本曾对贵国施以多少残暴！我们日本人绝不能忘记正因为有包括顾先生在内的中国人民的难以估计的宽大之心，才存在的两国友好之路。怒向战争、愿向和平，这是世界人民共同的心声，把人民心与心紧密地联结起来，才是实现 "世界不战"与"恒久和平"的王道。为此，我衷心希望推进对话与交流！并把它们不断地积累和拓展下去！

4 希望的源泉——年轻时的读书生活

与历史上伟人的对话是黑暗中的灯塔

池田

我 17 岁那年（1945 年）8 月，日本战败了。那是一个一片荒凉和大混乱的时代。虽然是个炎热的夏季，但杜甫《春望》中的"国破山河在，城春草木深"两句尤其让人内心难以平静。

那时我十几岁，感情丰富，却是在这种激荡的年代中度过的。对我来说，有不少书成为我青春的希望和勇气的源泉。只要是攒了一点钱，我就跑到东京神田的古旧书店去，买来心爱的书，贪婪地读起来。与历史伟人的心灵对话，成为黑夜中的灯塔。

想必顾先生也一定有相同的感受吧。听说顾先生在学生时代与同学们组织了文艺团体，还以一种"现在人民正处于黎明前黑暗的世界，但曙光必将来临"的信念创办了《曙光》杂志。我虽不及顾先生博学，但也与亲近的朋友组织了一个自主读书的团体，彼此交换各自的读后感。我们反复读了卢梭的教育小说《爱弥尔》以及歌德、席勒、拜伦等人的世界文学作品，我把我的感动写到了日记之中①。

---

① 让·雅克·卢梭（1712—1778），生于瑞士的法国哲学家。《爱弥尔》（1762 年）用教育小说的形式描写了一位教师从爱弥尔出生到结婚这段时期对他的教育。卢梭认为人出生时是"善"的，但是在成长过程中将受到社会上"恶"的熏染，因此要根据儿童固有的成长规律发展儿童本来的善性，其主张常被称作"发现儿童"，《爱弥尔》也成为教育思想史上的经典。本书第四章第二节也引用了《爱弥尔》开篇中的句子。约翰·沃尔夫冈·冯·歌德（1749—1832），德国文学家、政治家、自然科学家。他的朋友约翰·克里斯托弗·弗里德里希·冯·席勒（1759—1805）是德国诗人、剧作家和历史学家。乔治·戈登·拜伦（1788—1824）是英国诗人，在参加希腊从奥斯曼帝国独立的战争中牺牲。

我也喜欢读《三国志》等中国的古典。《三国志》是很受日本人欢迎的书，因为得到贵国文化部和国家文物局等各界的协助，我们在日本各地举办了"大三国志展"（东京富士美术馆策划），作为与中国有关的展览会，参观人数已超过一百万人，这是历史上参观人数最多的一次。

我也非常喜欢读鲁迅[①]的作品。在我 32 岁时，在就任创价学会第三任会长三个月以前，我记过这样的日记："翻开《鲁迅评论集》——'什么是路？就是从没路的地方践踏出来的，从只有荆棘的地方开辟出来的。以前早有路了，以后也该永远有路。'"（1960 年 2 月 4 日）这是鲁迅《生命之路》中有名的一段。

一定要开辟出一条民众的胜利与幸福之路！——与大文豪的呐喊一道，这种抱负正是我作为学会的"青年会长"在向世界和平迈进的日子里鲜明地悟到的，而这一信念至今也丝毫没变。

后来，我有缘与上海的鲁迅纪念馆和北京的鲁迅博物馆有了交流，并两次见到鲁迅的儿子周海婴[②]先生。周海婴先生曾在 2004 年访问了创价学园，并衷心地对学生寄以期望："未来由大家创造。"[③]次年开始，周先生还在每年的毕业生中颁发"鲁迅青少年文学奖"，这对学生们的向学是一个巨大鼓舞。

我听说顾先生做青年教师的时候，熟读过高尔基、陀思妥耶夫斯基等

---

① 鲁迅（1881—1936），为中国近代文学奠基的作家、教育家。评论与翻译作品非常多。本名周树人，浙江绍兴人。其弟周作人（1885—1967）也是作家、日本文化研究家。其弟周建人（1888—1984，顾明远先生的夫人周蕖女士之父）是生物学家。鲁迅曾留学日本，并先后在弘文学院、仙台医学专门学校学习，后来认识到要救中国，精神革命更重要，故弃医从文。回国后，成为五四运动时期新文化运动的旗手。后来参加中国左翼作家联盟。参与许多论争，其文风深刻尖锐，被评为"寸铁刺人，一刀见血。"代表作有《阿 Q 正传》《狂人日记》等。此处的《生命之路》引自第一短评集『熱風』（1925 年）所收「随感録」六十六、竹内好訳。

② 周海婴（1929—2011），鲁迅与许广平（1898—1968）的儿子。名字的意思是"出生于上海的婴孩"，7 岁丧父。曾在华北大学、辅仁大学学习，1952 年进入北京大学物理系学习，研究无线电通信。1960 年以后在现在的国家新闻出版广电总局工作，曾负责彩电和立体声播放的部门。历任全国人民代表大会代表，全国政协委员，上海鲁迅文化发展中心理事长，中国鲁迅研究会名誉会长，北京鲁迅博物馆、绍兴鲁迅纪念馆、厦门鲁迅纪念馆名誉馆长，北京鲁迅中学、绍兴鲁迅中学名誉校长，上海鲁迅纪念馆顾问等。其著作译为日文的有『わが父 魯迅』集英社等。参见第 4 章。

③ 「聖教新聞」2004 年 3 月 12 日。

俄国文学家的作品。[①] 我也曾热衷于阅读扎根于民众的土壤、深入地挖掘人性的俄国文学作品，读后的感动我至今不能忘怀。特别是在战争刚刚结束时我读了高尔基的《在底层》，其中"人，这个字眼听起来多么自豪"[②] 这一节，有如一道闪光，那鲜明的感动一下涌遍我的全身。1975 年，我在莫斯科大学以《东西文化交流的新路》为题演讲的时候也谈到了这一段，我说，俄罗斯文学把焦点放在人民不屈的意志上，这种人性观与我们创价学会的民众运动理念是一致的。

读书，是人生一大宝。我确信，要培养真正的人，读书是不可或缺的要素。顾先生，您青春时期读过的最不能忘怀的书是什么？请您也为我们谈谈读书的重要性以及读书的若干心得。您年轻的时候，书是很难买到的吧？在努力读书的过程中有过怎样的辛劳？还有，您也讲一讲您读鲁迅著作的往事吧。

为追求民主的曙光而学

顾

小时候我就很喜欢读书，小学五年级时读了中国四大名著之一《三国演义》[③]。那时书里许多字还不认识，但囫囵吞枣地读了下来。印象最深的是刘（备）关（羽）张（飞）桃园三结义、三顾茅庐、赵子龙长坂坡救主

---

① 玛克西姆·高尔基（1868—1936），俄国作家。以其贫苦的生活体验站在工人阶级的立场上进行创作，被认为是社会现实主义文学的奠基人。虽然他是俄罗斯文学向苏联文学过渡的代表性作家，但逐渐与政府保持距离。在斯大林清洗时期曾遭软禁，最后死因成谜。代表作有《母亲》《在底层》《海燕之歌》等。费奥多尔·米哈伊洛维奇·陀思妥耶夫斯基（1821—1881），俄罗斯最著名的文学家之一，还被称为"世界文学史上最伟大的心理学家"。代表作有《罪与罚》《白痴》《群魔》《卡拉马佐夫兄弟》等。

② 《在底层》第四幕中赌徒萨金的台词。

③ 明代通俗历史小说，以从东汉末年至西晋初这一急剧变迁的历史时期为背景，基于以蜀汉为正义代表的立场进行的创作。与正史《三国志》不同，已是可读性很强的故事，所以称"演义"。被认为是流传于坊间的讲谈、说话的集大成者，但作者不明，有人推断是元末明初的施耐庵或者其门下的罗贯中所著，与《水浒传》《西游记》和《金瓶梅》并称为中国四大奇书。

等片段，但只注意故事的有趣情节，感到这些英雄特别讲义气，并没有从历史的角度去认识这部书。

中国儒家思想的核心就是礼和义，这部小说全部贯穿了礼和义的思想。《三国演义》完全是按照儒家正统思想编造出来的，对中国人的思想影响很大。孔子被中国人奉为圣人，关羽被奉为武圣，全国各地都有关帝庙，说明关羽讲义气的思想在中国影响之大。

到了中学，我开始读现代小说，如鲁迅的《狂人日记》《阿Q正传》，巴金的三部曲《家》《春》《秋》，老舍的《骆驼祥子》等①。我青年时代追求进步，忧国忧民，所以喜欢看进步作家的作品。

抗战胜利以后，民主运动高涨，我们中学生也受到民主思潮的影响，积极参加民主运动。我们几个活跃分子开办了"文艺社"。因为当时感到国民党统治的黑暗，期望光明早日到来，所以取名"曙光文艺社"。开始只是办墙报，用道林纸写好了贴在墙上，但设计很讲究，有文章、有插图，图文并茂。第二年我们又办起了油印刊物，后来又办起了铅印的正式杂志。办"曙光文艺社"并没有什么政治背景，更没有政治后台，只是为了搞文艺，当然是倾向了民主进步运动，期盼着民主的曙光。

我们当时还在寒暑假组织读书会。记得1947年暑假，在上海、南京上大学的学长们回乡来和我们共同在中山公园办了一个暑假图书馆，他们把自己的图书放到图书馆供市民阅读。

我第一次读到苏联奥斯特洛夫斯基的《钢铁是怎样炼成的》，一下子被

---

① 巴金（1904—2005），出生于四川成都大官僚地主家庭，受五四运动的影响，1927年到法国留学。回国后，以自己的家庭为原型创作了揭露封建社会家族制度的残酷、号召人类解放的长篇小说《激流三部曲》（《家》《春》《秋》）和《爱情三部曲》（《雾》《雨》《电》），获得了高度评价。在"文化大革命"中，遭遇严酷的批判与迫害。"文化大革命"结束后的第二年即1977年，就任中国作家协会主席。一百岁前夕，他被中国政府授予"人民作家"称号。巴金与池田大作先生曾见过四次（1980年先后会见于日本静冈和中国上海，1984年先后会见于日本东京和中国上海巴金先生家中）。老舍（1899—1966），满族小说家、剧作家，北京师范学校毕业后曾任教员。留学伦敦期间开始从事创作活动，回国后，在抗日战争时期发表了描写日军占领下北平市民痛苦生活的《四世同堂》（1946年完成）等以抗日为题材的很多作品。老舍以贫困的少年时代为原点，以温暖的胸怀描写平民的悲欢离合，被称为"人民艺术家""语言大师"。"文化大革命"期间遭遇迫害而悲惨地死去。话剧《茶馆》也是其代表作之一。

书中写到的革命热情所吸引。特别是这一段话："人最宝贵的是生命，生命属于人只有一次。人的一生应当这样度过：当他回首往事的时候，不会因虚度年华而悔恨，也不会因碌碌无为而羞愧。在临死的时候，他能够说：'我的整个生命和全部精力，都已献给了世界上最壮丽的事业——为人类的解放而奋斗。'"①

这种豪迈的气概深深影响了我，我决心做一个这样的人。书中的主人翁名叫保尔·柯察金，我曾取"柯金"二字为我的笔名，可见当时对我的影响。

讲到解放全人类，一般人可能认为这是共产党的口号。其实也是孙中山先生讲的世界大同②，就是让全人类都有饭吃，都有衣穿，都能过上幸福的生活。从今天来讲，首先要世界和平，有了和平才有幸福的生活。因此追求和平也是我毕生努力的方向。

我的经历使我感到，读书对人的成长的重要。

满怀激情的教育家——鲁迅

顾

在"文化大革命"中，闲来无事，想读点书。那时似乎什么书都是毒草，只有鲁迅的书被认为是最革命的，于是我就读起《鲁迅全集》来，越读越有兴趣。特别是在处境困难的时候读鲁迅的书最有味道。

---

① 尼古拉·奥斯特洛夫斯基（1904—1936），苏联作家，生于乌克兰，一边做机车上的锅炉工和船夫一边完成了小学学业。1919 年，他在俄国革命时期的内战中参加了红军，但因负重伤而退伍，退伍后一边做电机工人一边积极投入到党的活动之中。但健康不断恶化，1927 年瘫痪，卧床不起，第二年的年末双目失明。他以不屈不挠的精神，希望通过文学继续为革命做贡献，从而开始了写作，创作了自传长篇小说《钢铁是怎样炼成的》（1932—1933）。这部小说描写了一位贫穷的少年在反抗欺压弱者的社会体制、全身心地进行斗争的过程中成长的故事，不仅在社会主义阵营有重要影响，也为期盼社会变革的世界各国人民所喜爱。他在创作第二部长篇小说《暴风雨所诞生的》时去世。引自金子幸彦译、岩波文库、下卷 102 页。这句话是主人公柯察金在给革命同志扫墓时的自言自语。

② 旨在实现《礼记》所说的"大同之治"的孙文思想。

由于一个教师的"职业病"，我总要从教育的观点来看问题。我发现鲁迅的作品不仅针砭时弊，而且很关心下一代的教育问题。其实这也很自然，任何一个关心社会问题的人都会关心教育问题，因为青年是社会的先锋、民族的未来。

鲁迅作品中许多地方讲到教育，并且有几篇是专门讨论教育问题的，如《我们怎样做父亲》《我们怎样教育儿童的?》《从孩子的照相说起》等。他的教育思想是一贯的，而且很先进，有些话说得很精辟。于是我就萌发了开展鲁迅教育思想研究的想法。尤其我还是鲁迅的亲戚，我的妻子周蕖是鲁迅的亲侄女，似乎有一种家族情结，觉得有责任把鲁迅的教育思想总结出来。

过去鲁迅被人视为文学家，"文化大革命"中又被奉为革命家。其实鲁迅还是一名教育家，他的第一个职业就是浙江两级师范学堂的教师，后来又在教育部任佥事，在北京大学、北京师范大学、北京女子高师、厦门大学、中山大学等校任教授，从事教育工作达十七年，是实实在在的教育家。

"文化大革命"以后我想研究鲁迅教育思想的愿望更为强烈。刚好，那时杭州大学教育系的金锵和鲁迅早年的学生、时任杭州学军中学校长的俞芳老人也正在做鲁迅教育思想研究，他们到北京来找我，我们一拍即合，就联合起来一起研究。我们略做分工，我收集鲁迅从事教育工作的事迹和整理他的教育思想，他们去访问鲁迅当年的学生，请他们写回忆的文章。从 1977 年开始，一直到 1981 年，刚好在鲁迅一百周年诞辰前夕成稿，并由人民教育出版社出版，书名为《鲁迅的教育思想和实践》。此书 1983 年被日本国立教育研究所的横山宏先生翻译成日文，由同时代社出版。2001年在鲁迅诞辰一百二十周年时我又修订出了第二版。

鲁迅先生是日本朋友最熟悉的中国作家之一。他早年留学日本；他写的《藤野先生》一文感人至深。这篇文章种下了中日友谊的种子。现在种子已经长成大树了，我愿它万年常青。

池田先生对于鲁迅先生的作品有何感想呢?

池田

我读过您的大作《鲁迅的教育思想和实践》（日文版），感触很深，也受益良多。

关于鲁迅文学，我以前就曾找机会发表过读后感。此外，我还跟我所深爱的创价大学、创价女子短期大学、创价学园、美国创价大学的学生们多次谈过鲁迅先生的思想与为人。作为我的这些想法的总结，我在学习了顾先生的研究成果的基础上，于2005年在创价大学举行毕业典礼时做了一场题为《谈革命作家鲁迅先生》的特别文化讲座。

正像顾先生敏锐地指出的那样，鲁迅先生作为教育家，也留下了不朽的功绩。您在您的书中，用感人的笔触，描写了鲁迅先生抱病到很远的大学讲课，满足学生们的要求，真诚地帮助他们、鼓励他们，学生们则为鲁迅先生的伟大人格所吸引而围聚在先生身边。鲁迅先生是一位信任青年、爱青年、鼓舞青年的教育家，他丝毫没有形式主义和权威主义，对青年是不惜生命地给予——给予那些崭新的、深邃的和有价值的东西，他为了那些肩负未来的青年奉献出整个自己，这就是真正的教育家。

顾先生所提到的鲁迅先生与藤野先生之间的师生佳话，也是大放异彩的"人间教育"。藤野严九郎先生[①]是日本仙台医学专门学校（现在成为东北大学医学部）的老师，鲁迅先生留学时，他通过批改课堂笔记对鲁迅先生进行了严格而热情的指导。他希望鲁迅成为大家，青年鲁迅很快就感觉到了这种期望。一段很有名的佳话是，在鲁迅为了服务中国人民而中途退学回国时，藤野先生送了鲁迅一张自己的照片，就题了"惜别"二字，这张照片后来一直挂在鲁迅先生的书桌旁边，成为唤起青年鲁迅良心与勇气

---

① 藤野严九郎（1874—1945），毕业于爱知医学校（现在的名古屋大学医学部）。1901年任仙台医学专门学校（现在的东北大学医学部）讲师。1904年7月升任解剖学讲座的教授。同年9月，比他小七岁的留学生周树人（鲁迅）入学，至1906年3月退学期间接受藤野先生指导。1915年，该校成为东北帝国大学医科大学，非帝国大学出身的藤野氏被剥夺教授资格，旋即辞职。之后回到故乡福井县当开业医生。作为仁医，他深受地方人民爱戴。二战结束前的8月11日，他在去出诊的路上摔倒，不幸去世。福井县芦原市有依其旧居的样子所建的"藤野严九郎纪念馆"。

的重要力量。我们创价大学也有很多贵国以及其他国家的留学生，我总希望留学生们能有像藤野先生和青年鲁迅这样的心灵交汇。

顾先生在书中说，鲁迅先生在讲课时总是跟学生说要勇敢、要前进、要无所畏惧，让学生区分正义与邪恶，让学生要有与邪恶斗争之心、勇敢之心。我被鲁迅先生的勇敢与慈爱深深打动。创价学会第一任会长牧口先生比鲁迅先生大十岁，他年轻的时候在弘文学院①教地理学，包括青年鲁迅在内的很多中国留学生都在那里学习。当时浙江来的留学生出了本月刊叫《浙江潮》，上面登了鲁迅先生的文章，同时也摘译了牧口先生的《人生地理学》。《人生地理学》中文版是 1907 年出版的，听说北京师范大学图书馆也藏有此书，我非常高兴。

牧口先生也是非常卓越的教育家，他常讲："非足以成恶人之敌之勇者，难成善人之友。教育者终究为善恶之判断者，且须为实行之勇者。"②牧口先生从四十几岁开始在东京的六所小学当过近二十年的校长③，不管在哪里，他都是为了孩子们的幸福而教。在全社会都对国家权力阿意曲从的时代风潮中，牧口先生不畏权威，坚持信念，因而遭到当权者的反感并几

---

① 急于近代化的清政府在 1896 年派遣十三名留学生（一说是包括一名候补学生）到日本。受清国公使委托，负责学生教育的西园寺公望文部大臣（兼任外务大臣）又将之委托给东京高等师范学校校长嘉纳治五郎（见第 3 章）。嘉纳以私塾的形式开始办教育，1899 年扩大规模创立"亦乐书院"。即便如此也难以应对留学生的激增。他借用当时牛迁区的大住宅，1902 年开设"弘文学院"（之后在东京各地增设分校）。据说后来改名为"宏文书院"是由于许多留学生避讳乾隆帝"弘历"的"弘"字。清政府废除科举及日俄战争中日本胜利（都在 1905 年 9 月）后，留学生又增加，1906 年达到最盛，在校生超过 1600 人。但是，清政府担心留学生在日的革命运动，因而改变留学政策，再加上留学生对日本政府颁布《清国留学生取缔规则》的反抗，导致留学生人数锐减，1909 年学校停办。这七年间入学人数达 7192 人，毕业者为 3810 人。毕业生对于中国近代化的贡献很大。有关日本留学的相关内容见第 3 章第 5 节。
② 『創価教育学体系』第三卷・第四篇「教育改造論」第三章第二節「教員の気質と其の階級」。引自『牧口全集』第六卷，71 頁。原文为："无法成为恶人之敌的勇者，则无法成为善人的朋友。被利益冲昏头脑，善恶不分者没有做教育者的资格。能分善恶却不能实践的教育者没有价值。教育者必是善恶分明且具有执行力的勇者。"
③ 牧口常三郎 1913—1931 年 19 年间历任东盛寻常小学、大正寻常小学、西町寻常小学、三笠寻常小学、白金寻常小学、麻布新堀寻常小学校长。其中，还兼任东盛、大正、三笠、麻布新堀的夜校校长。他为没能带便当的儿童准备面包和味噌汤。在白金寻常小学担任大约 10 年校长期间，发生了关东大地震（1923 年），牧口曾呼吁，并召集了 250 名学生进行救灾。

度左迁。

无论在哪个时代，教育者都需要明辨是非并勇敢地对恶字说"不"。只有以这种高洁的人格在担负未来的孩子们的清澈心灵中耕耘，才能使他们茁壮成长。

5 与难忘之师的相遇

师者一言，开启孩子的未来之门

池田

跟书一样，在年轻的时候遇到一位好老师，也是人生不可替代之宝。

我尤其记得在我小学五、六年级时的带班老师桧山浩平先生。

有一天，桧山先生挂起世界地图，问全班同学："同学们想去哪里啊?"我就指了亚洲大陆的正中央，老师笑着对我说："是嘛！池田君，那里有一个叫作敦煌的大宝藏！"那是我对历史悠久的中国特别是对敦煌萌生憧憬的一件事，至今还印刻在我的脑海中。印度的佛教在四世纪由遥远的丝绸之路传到中国，经过上千年之后，佛教文化在敦煌开花结果了。八世纪时，日本奈良也迎来了天平文化的繁盛期，因为它受到了丝绸之路文化的巨大影响。遗憾的是我至今未能实现去敦煌的愿望，不过我们创价学园的不少老师都去过了，而且我还与"敦煌的守护人"常书鸿先生①出版了对话录《敦煌的光彩》（德间书店出版）。在与许多朋友的密切交往中，我得知敦煌艺术的精湛绝妙。因此1985年我们在东京富士美术馆举办了"中国敦煌展"。

童年正是"人生的早晨"，此时播下的种子和照射的光会决定整个人生。

---

① 常书鸿（1904—1994），敦煌文物研究所首任所长，敦煌研究院名誉院长。在巴黎留学期间，常书鸿于塞纳河畔的古书市场上看到敦煌图录，深感祖国的美。回国后，1943年他开始远赴边疆敦煌，在艰苦的环境中，为人类的瑰宝"沙漠大画廊"的研究和保护奉献了一生，奠定了"敦煌学"的基础。曾任全国美术家协会、中国考古学会、壁画学会、全国文学艺术代表大会的理事等。

老师一句简单的话会燃起孩子的希望，教师一个简单的动作也会开启孩子无限的可能性，相反，一些缺乏体谅的言行举止也会让孩子们放弃和悲伤。

我听说，顾先生强烈地主张"教师要有爱"，严厉地告诫教师不能安心居于权威与权力之上，而且顾先生长期以来为提高教师素质倾注了心血，推动了具体的改革。

同样是教育，教师是否能够相信孩子内在的可能性与创造性，如何对待学生，是有天壤之别的。当教育充满了爱与信任的时候，孩子才会有自信，即使他们陷入困境，也会把它变为成长的机会不断向前迈进。这种力量虽是孩子自身就具备的，但要把这种力量引发出来，好教师是不可或缺的。

不能认为孩子幼稚、不成熟而看轻他们、瞧不起他们。小看儿童就是小看人，应把儿童当作一个个体的人格来尊重。而且，孩子是主角，要有意识地与他们"一起成长""一起上进"，这时，孩子才会意识到自身的伟大力量，才能茁壮地成长。

教育是人与人之间的一种传递。绝不是仅靠制度和好教材就可以成功的。对孩子来说，最有影响力的教育环境正是教师。因此，我一贯认为，教师的成长对孩子有非常重要的影响，教育革命应从教师革命开始。

顾先生在著作中回顾道："我的初中和高中时代是中国的黑暗时期，但我幸运地遇到了几位好老师。"还说："我的成长是教师的功劳，我也要像老师们那样培育下一代。"① 请为我们讲讲您与敬爱的老师相遇的往事，讲讲印象深刻的老师，并谈一谈教师的作用吧。

教师的重要性远在设备及课程之上

顾

我的小学时代是在战乱中度过的，就像池田先生说的那样，六年小学

---

① 李敏谊编：《顾明远教育口述史》，北京师范大学出版社，2007 年，第 6、10 页。

换了六所学校，所以对小学老师的印象已经不深了。

上初中的时候已经是战争后期，沦陷区已较平静，我就进入了南菁中学，那时被汪伪政府改为江苏省立第九中学。虽然学校已被日军轰炸，破烂不堪，但我们的老师还是很好的。幸而学校中有几位好老师，使我的青少年时代没有虚度。

我记忆最深的几位老师，有初中一年级教算术课的章臣顺老师，她讲四则算术，常常用图解，如讲两车对开，时速不同，在一定距离内何时相遇等此类问题，都用图在黑板上画出来，就很容易懂了。

另外一位是教初三平面几何的胡静莲老师，她那时才二十多岁，患有肺结核，但给我们上课时却总是精神抖擞，看不出是有病的人。讲几何要画图，她图形画得又准又好，极富艺术性。考试时除普通的考题外，她常常出一些附加的难题，同学可以做也可以不做，不记在一百分以内，做对了另外加分，第一名交卷也能加分，用这种办法来鼓励我们学数学。我就非常喜欢数学课，常常把难题做出来了，而且第一名交卷，因此我的数学成绩总是可以拿到一百多分。不幸的是，在抗战胜利那一年，她因肺结核不治去世了。这时候我们才知道她一直带病为我们上课。出殡那天，虽然天下着雨，但同学们都去为她送行。

我总结在南菁中学的六年生活中还有一条，就是不死读书，而是开展各种活动，生活极为丰富多彩，没有现在这种高考的竞争压力。我们学数学，不仅学数学知识，还把它当作一门艺术，如学立体几何时要画图，图还有阴阳面，大家比谁画的图漂亮，作业本都比谁的作业做得最整齐。记得初中二年级时我弄到一本《芥子园画谱》①，于是大家就学起画来；班上有的同学喜欢书法，大家都练起字来。在初中时我们就成立了足球队，还

---

① 清初编辑的手绘本，通常是将秘藏的画师技法以木版多色印刷版画的作品及绘画论的形式介绍给读者，作为绘画教科书备受珍视，得到普及。三集中，第一集按剧作家、小说家、出版人李渔（1610—1680）的意思，于1679年刊行。以江南名士沈心友（李渔的女婿）所藏明代山水画谱为模板，增补整理，书名中的"芥子园"是李渔别墅名称或书店名。第二、三集是花鸟画谱，1701年刊行。日本元禄时代传到日本，成为南画·文人画的一个来源。版画技术也影响日本浮世绘。也称《芥子园画传》。

办墙报。刚才说到到了高中我们成立了曙光文艺社，办起了杂志，关心国事。种种活动锻炼了我们，使我们能够得到比较全面的发展。南菁中学的这种传统非常符合我们今天提倡的教育理念。

我非常赞成池田先生您说的这句话："儿童时代正是'人生的早晨'，此时播下的种子和照射的光会决定整个人生。"

这说明老师在儿童成长中所起的重要作用。我自己深有体会，后来我报考北京师范大学，决心当教师，与中学老师对我的教育不无关系。我是在老师的爱护下长大的，所以我觉得，当一名教师首先要有爱心。

"没有爱就没有教育"，这是我坚信的教育信条。我认为，老师对学生的爱是超乎血缘亲子的爱，是一种对民族的爱、对人类未来的爱。反过来，学生对老师的爱、对老师培养的恩情要始终铭记在心。中国有一句古话："一日为师，终身为父"①，要把老师当作自己的父亲来看待。

我从儿时的经历深深体会到教师的重要。教师不仅给学生知识，更重要的是教育学生做人。我经常说，办学校必须具备三个要素：校舍设备、课程教材、校长教师。而其中教师最为重要。孔子讲学，那时没有校舍，也没有教科书，他带着学生周游列国，一生培养了三千弟子，其中七十二贤人，凭什么？全凭孔子自身的知识和智慧。中国抗战时期的西南联大②校

---

① 语出古代蒙学教材《太公家教》中"一日为君，终日为主。一日为师，终身为父。"《太公家教》流传甚广，版本不一。一说出自《曲礼曰》说明版本，即"《礼记》的《曲礼》中如此云云"的说明。但"现行《礼记·曲礼》中并没有这样的词句。这是民间谚语为寻求权威性而编造的"（伊藤美重子「敦煌写本『太公家教』と学校」、『お茶の水女子大学中国文学会报』第十二卷、78 页）。其他古代典籍也曾使用这语句。例如元代关汉卿戏剧《玉镜台》第二折等。但由于《太公家教》很早就传到日本，之后中日双方都遗失了。直到 19 世纪末在敦煌文书中重新发现。《太公家教》被认为在敦煌的许多学校都使用过。

② 西南联合大学（1938—1946），抗日战争时期为避战火而设立于云南省昆明市，是由北京的北京大学、清华大学以及天津的南开大学组成的战时联合大学。1937 年，三校曾避难于湖南省长沙市，称"国立长沙临时大学"，但很快西迁至云南，改名为西南联合大学，于 1938 年 5 月开学。包括 5 院 26 系及 2 个专修科。虽然是在疏散地临时办学，但西南联合大学的教学和研究均极优异。如文学院院长闻一多（1899—1946）曾写过长篇论文（伏羲考），认为传统上所说的伏羲与其妻女娲均为多居住于云南的苗族的祖先神。这是在疏散地极不便利的情况下，反而用其地利而进行的研究。闻一多『中国神话』中岛みどり訳注、平凡社、東洋文庫所收。杨振宁（1922 年生），1942 年毕业于西南联大，1945 年留学美国，1957 年获诺贝尔物理学奖。

舍设备十分简陋，我90年代去参观过，只有几间破平房，但培养了像杨振宁等这样的人才，靠什么？主要靠高水平的教师。我儿时的南菁中学校舍也是破旧不堪，设备更是谈不上，不也是培养了许多人才？当然时代不同了，现在缺了校舍设备不行，缺了课程教材不行，但这些硬件都需要教师来掌握和运用。在学校中，教师是最重要的不可替代的资源。

我很想请教池田先生，在日本的军国主义时期，教师是用什么样的思想来教学生的？池田先生的青少年时光是在军国主义时期度过的，后来您是如何背弃了那种教育而走向和平教育之路的？您对教育的大彻大悟是经过了怎样的修行？我想您的经历一定会给大家很大启发。

片刻未忘恩师十年的熏陶

池田

日本在军国主义时期进行皇民化教育，鼓励孩子为了国家牺牲自己。当时全社会都是一片战争气氛，打出的口号竟是"冲啊，一亿只火球！"天皇和国家居于所有价值观的核心。我生在一个普通家庭，但在这种对战争一片赞美的风潮之中，我并不是发自内心地拥护，因为就像我刚才说到的，我所敬所爱的兄长跟我讲过日军在中国的暴行，而且幸运的是，我也遇到了好老师。

但我也总会受到当时教育的影响，军国主义教育的可怕之处就是要在少年纯洁的画布上画上他们所需要的颜色。我自己曾一度想当海军少年航空兵（称"海军飞行预科练习生"），甚至想过在迎来青春绽放的年龄之前就把自己的生命奉献给战场。当然，在我的内心深处，还是希望战争早日结束。我背着父母，偷偷递交了当少年航空兵的志愿书，但很快就被父母发现，父亲大骂了我一顿，那天他那怒气冲冲的样子，在我的记忆中似乎只有过一次。那时我们家已经有三个儿子入了伍，而且我三哥的部队不久就要出征了。我是家里老五，父亲决意无论如何也不让我进部队了。当时我很不情愿地放弃了自己的志愿，但今天却对父亲感激不尽。

后来我也问过那些当了海军飞行预科练习生的学兄，他们真诚地对我说："你身体比较弱，还是别来了，这儿并不像外边传的那样好。"这些话让我记忆犹新。记得在那个"不是军人就不是人"的鄙俗的时代，我也曾对那些蛮横自大的军人感到愤慨。看到我家的房子在空袭中被烧毁，看到母亲接到上战场的哥哥的死讯时的恸哭，我真是彻入骨髓般地理解了战争的残酷和悲惨。毫无疑问，这种活生生的体验，成了我走向和平教育道路的契机。

战后，以前的价值观都分崩离析了，大家都从战争中获得了解放，但今后将走向何方？生活应以何为根？当时人们对于未来还很彷徨，精神上处于饥渴的状态。我也同样如此。

决定我的人生的，是与创价学会第二任会长户田城圣①先生的邂逅。那是 1947 年 8 月 14 日，户田先生 47 岁，而我只有 19 岁。我被朋友拉着第一次去参加在东京蒲田举行的创价学会的座谈会，看到当时创价学会的理事长户田先生也出席了。

虽然是第一次见面，但我感受到了户田先生温和的作风，我很坦率地提出了我以前反复思考的问题："什么是正确的人生？"听了我的提问，先生非常诚实地、强有力且明快地作答，他还像一个老朋友那样微笑地问我："池田君，多大了啊？"没有一点架子。

先生那毫不做作的人品，让我感受到了少见的高尚的人格。在战后急剧的变化中，渴望得到正确人生观的我，在那里见到了一缕光明。现在看

---

① 户田城圣（1900—1958），生于石川县。曾在北海道任教，1920 年到东京。与终身之师牧口常三郎相见，接受其熏陶。1923 年设立实践牧口教育理论的私塾——时习学馆。以私塾中使用的算数复印教材为基础，出版参考书《推理式指导算数》，并成为畅销书。1928 年左右，继牧口之后，信仰日莲正宗，负责牧口毕生著作《创价教育学体系》的编辑和费用，并将《创价教育学体系》第一卷出版的 1930 年 11 月 18 日作为"创价教育学会"的创立日。户田作为理事长，与牧口会长一起为教育改革、宗教改革奔走。但是，在战争情况下，政府对于宗教、思想的压迫加强，1943 年 7 月学会干部全部被捕。户田也以违反治安维持法及不敬罪的嫌疑而遭逮捕。被迫在牢狱中度过两年。户田对老师牧口在此期间死于狱中感到非常痛心与激愤。户田在狱中读《法华经》，自觉"佛即生命"及自己是受佛委托到此世道的"地涌菩萨"之一。出狱后，将学会改称"创价学会"，并加以重建。1951 年就任会长，在不到七年时间里信众达 75 万户。东西方冷战激化中，1957 年 9 月发表《禁止原子弹氢弹宣言》。

来，我是发现了一道永不磨灭的光芒。

后来，我才知道，户田先生在战时曾因对抗军部政府而受到检举，并被投入监狱两年，但他始终坚持自己的信念。当时我对宗教还是存着怀疑的态度，但"大义凛然地与军国主义战斗！还被收监！"这对我来说是一件决定性的事。我确信"这样的人是可信的"！我因此决心踏上师徒之道和信仰之路。

户田先生的狱中斗争，是他的恩师牧口先生的斗争的延续。1943 年 7 月 6 日，反对军国主义的牧口先生是在去静冈的伊豆下田传教时被捕的，户田先生是在位于东京白金台的家里以"违反治安维持法"和"不敬罪"的嫌疑被逮捕的。当时牧口先生已经 72 岁，他在单人牢房中开始了严酷的岁月。在一连串的镇压下，另有其他十几名干部被捕。在严酷的审问下，很多人在当年就变节了。学会被完全摧毁，余下的弟子只有户田先生一人。

牧口先生在总共只有三张榻榻米大的黑暗的单号牢房中研读佛法圣典日莲大圣人的书，始终坚持自己的信仰。在审讯中，他堂堂正正地宣示和平与正义的信念，这在当时的审讯记录中均有记载①。第二年（1944 年）11 月 18 日，他在狱中结束了 73 年崇高的一生，今年（2009 年）正是他殉教 65 周年。

牧口先生的弟子户田先生在 1945 年 7 月 3 日活着出狱，在战后的一片焦土中一个人站立起来。他从零开始重建创价学会。

我们不能忘记，当时的日军侵略了对我们有传播文化之恩的贵国和其他亚洲各国，不能忘记他们蹂躏他国的暴行。要以史为戒，为了和平的未来开拓友好之路。这是我从先师、恩师那里继承的一贯的信念。

在与户田先生相遇一年零数月以后，我就到了恩师经营的一家出版社工作，并担任少年杂志《冒险少年》（后改名为《少年日本》）的总编。我

---

① 『牧口全集』第十卷收录了「創価教育学会会長牧口常三郎に対する訊問調書 抜萃」，它是「内務省警保局保安課『特高月報』昭和十八年（一九四三年）八月分（昭和十八年九月二十日発行）」末尾作为宗教运动研究资料的摘录。此外，『昭和特高弾圧史4 宗教人にたいする弾圧』(太平出版社) 中也有收录。

从小就想当新闻记者，所以我工作很努力。我作为编辑能见到很多知名的作家，也非常高兴。但那时的日本经济一片混乱，杂志只好停刊。恩师想从金融方面寻求出路，但不久又陷入困境，事业愈发困难。1950 年正月，恩师对我说："你能不能放弃在夜校读书？"决心以弟子之道终生师从先生的我，当即答应从大世学院（现在的东京富士大学）夜校休学，并开始了为恩师的事业重建东奔西走的日子。

很多人都咒骂并离开了大恩之师，而我却跟着恩师孤军奋战。最后，不仅先生的事业，而且当 1951 年 5 月户田先生就任创价学会第二任会长时，在所有方面，我都开辟了先生的胜利之路，这是我人生的自豪。这时候，户田先生利用每天早上开业之前的时间，为我进行个人指导。户田先生在为事业进行恶战苦斗的旋涡之中，以一种不惜生命的刚毅的胆魄，为我讲了佛法的精髓，而且教了我经济、法学、化学、天文、历史、汉文、政治学等各种学问。我怀着对恩师的感谢，把这种一对一的个人教学称作"户田大学"。

户田先生很重视对话，他一边启蒙弟子不断发问，一边讲课。我想起有一天在上汉文课的时候，户田先生问我：

"大作，人类教师之一的孔子，他的弟子中你最喜欢谁？"

我当时二话没说就答道：

"颜回！"

颜回比孔子小 30 岁，户田先生与我的年龄之差也大体如此，颜回是"孔门第一贤者"，他不屈服于迫害而始终尽弟子之道，颜回之名也寄托着我的想法。

颜回这样赞叹自己的老师："仰之弥高"①，恩师愈仰望愈高大，这的确是真实不虚的感受！

进而，颜回谈起老师的教学法："博我以文，约我以礼。"也就是通过学问和礼仪来锻炼弟子、培养学生——户田先生正是具有这句话所说的那

① 《论语》子罕篇第九。吉田賢抗『新訳漢文大系 1　論語』明治書院、199 頁。部分标记有改动。

种人格的人，是睿智的人，是有信念的人，也是实干的人。

为了培养创价学会下一代领导人，户田先生建立了一个由青年男子参加的小组"水浒会"，这个名字源于贵国的古典小说《水浒传》。这凝结了恩师培养众多肩负日本，不，是肩负东方和平事业的青年的宏大誓愿。

我在"水浒会"也读了许多经典作品。如《永恒之城》《九三年》《基督山伯爵》《美人如玉剑如虹》① 以及《三国志》等。当时物资匮乏，一本书要在同志间来回传看。

在《十八史略》中，有这样几句话：

"以古为镜，可以知兴替；以人为镜，可以明得失。"②

对书中人物了如指掌的户田先生把英豪们织就的家国兴衰故事像电视连续剧一样绘声绘色地讲给我们听，教育我们怎样才是一个领导人。而且，户田先生经常强调"史观"的重要性，他这样呼吁：

"要做站在民众立场上的领导人！"

"不要成霸道，而要成王道！"

恩师的教育是非常严格的，但他比任何人都爱青年，绝对信任青年，恩师是把所有的未来都托付给了我们青年。在这些难得的岁月中，恩师的一言一行、一举手一投足所体现的全人教育在我生命的深处积聚起来。在刚才您的提问中，赠我以"对教育的大彻大悟"这种过奖的话，如果说我有其万分之一的话，那都是十年间户田先生教育熏陶的结果。

顾老师应该也有不能忘怀的恩师，这位恩师是怎样的人呢？请您谈谈与恩师的相遇、恩师的为人、您所受到的恩师的熏陶、你们师徒间美好的往事。

---

① 《永恒之城》是英国霍尔·凯恩（1853—1932）之作。 《九三年》是法国文豪雨果（1802—1885）之作。《基督山伯爵》是法国大仲马（1802—1870）之作。《美人如玉剑如虹》是出生于意大利的英国小说家撒巴契尼（1875—1950）之作。

② 《十八史略》卷五。唐代太宗李世民于贞观十七年（643 年），悲叹谏臣魏征之死而发。他说："夫，以铜为镜，可以正衣冠；以史为镜，可以知兴替；以人为镜，可以明得失。魏征没，朕亡一镜矣！"林秀一『新訳漢文大系 21　十八史略　下』明治書院、635 — 636 頁。部分标记有改动。原话见太宗言行录《贞观政要》卷二·任贤第三 （原田種成 『新訳漢文大系 95　貞観政要上』 明治書院、 119 頁）。

决心培养为人民服务的人

顾

池田先生遇到了像户田城圣先生这样的智者，影响了池田先生一生。我虽然没有这样一位恩师，但也遇到了许多好老师，比如前面我说到的中学老师。对我一生影响最大的还是我的第一任老师——我的母亲。她教育我怎样做人，做什么样的人，这我在前面已经说过了。

解放以后我遇到许多老师。在北京师范大学学习的时候，侯外庐先生教我们社会发展史、汪奠基先生教我们康德哲学、董渭川先生教我们教育方针、林砺如先生教我们中等教育等。这些先生都是中国有名的学者，他们不仅教给我们知识，而且指明我们的人生方向。

当时中国刚刚解放，大家对建设新中国的热情很高。所谓解放就是解放劳苦大众，建设新中国就是要让中国的劳苦大众都过上幸福的生活。

老师都教育我们，教育就是要培养新中国的建设者，为人民服务，为中国劳动大众服务。这就决定了我的一生，要把毕生精力献给教育事业。

6 奉献给教育的人生

把恩师的遗愿作为自己的誓言

池田

创价学会原本是 1930 年发起的创价教育学会，它是教育者的团体。牧口先生是个地理学家，他当过小学教师和校长，他是一位罕见的教育家，著有毕生之作《创价教育学体系》。他的弟子户田先生也当过小学教师，还在私塾、时习学馆教过书，并通过出版教育图书培养了很多英才，也是一位世所稀有的教育家。他的著作《推理式指导算术》是一部销售超百万册的畅销书。

创办创价学园和创价大学，是牧口先生和户田先生相约而定的共同构想。

1950 年 11 月，我从恩师那里第一次听到创办大学的构想，那正是老师事业上最艰难的时候。他说：“大作，办一所创价大学吧。我健在的时候能建成当然好，但也许不行。如果不行，大作，就拜托你了！”

恩师的愿望成为我的誓言。我把这个出发点放在心里，在“教育才是我最后的事业”的想法日益深入的过程中，我创办了创价大学、创价女子短期大学、美国创价大学、东京和关西的创价学园（包括小学、初中和高中），在很多国家创办了创价幼儿园，建构起了“创价一贯教育”。创价大学是以培养能为创造和平社会做贡献的人才为目标而发展起来的。它也是战后第一个接收新中国正式派遣的留学生的日本大学，这一历史也令创价大学感到自豪。我作为创办人，只要时间允许就会去创价大学或创价学园，与每个学生对话，努力地去鼓励他们。可以说我为教育倾注了心血，因为我相信，教育的精髓，正在于与每一个个体的碰撞。

美国创价大学属于文理学院，它实行小班授课制、师生一对一地研究，一贯重视“人”的教育，很多有识之士对此都颇为赞同。截至 2009 年，它已经迎来了 9 届学生，毕业生也开始在各行各业表现出引人注目的成绩。学生是大学建设的主体，顾先生认为“提高教育质量的关键是教师”，我也持有完全相同的信念。

顾先生作为大学教师和行政的一员有丰富的业绩，并在北京师范大学附中担任过教职，具有中等教育第一线的经验。您总结的“教育是师生间的相互作用”“教师队伍是学校的灵魂”[1] 等令人叹服，我想顾先生的这些哲理也正是您有了教育第一线经验的结果。您是否记得大学毕业后第一次当中学教师时的情景？请您谈谈与学生接触印象最深刻的事情。顾先生从事了诸如“半工半读”等许多具有独创性的实验，请您为后学谈谈其中成功和失败的例子。

---

[1]　顾明远：《杂草集——顾明远教育随笔》，福建教育出版社，2001 年，第 212 页。

一个新教师的摸索

顾

1956 年我从苏联毕业回国，回到北京师范大学教育系当助教，当时系主任分配我到地理系教授教育学。虽然我常带领学生到中学见习、实习，但讲的课却都是概念、原则、理论，简直是纸上谈兵，不能联系实际，自己也觉得讲得很枯燥。

1957 年教育系又派我到西城师范学校教书并做学生的班主任，这时我和学生有紧密的接触，了解到他们的想法，才有了真正教书的感觉。

1958 年我又被派到北京师范大学附属中学任教导处的副主任，相当于贵国中学的教头。当时中国正在搞"大跃进"，教育部门正在搞"教育大革命"。

我到附中以后第一件事就是大炼钢铁，在操场上搭起了小高炉、小平炉，高中的学生都参加劳动，用废旧烂铁炼钢。当然结果可想而知，炼出来的连废铁都不如。但有一点收获，就是知道了什么叫钢，含碳多少，钢在工业化中的地位，长了这方面的知识。

什么是"教育大革命"？"教育大革命"也是"大跃进"的一部分，要大干快上，要缩短学制，要与生产劳动相结合，学生要参加生产劳动。

我到附中的任务本来是帮助校长制订新的教育改革的方案。搞了两个方案：一个是缩短学制的方案，把本来的三年初中三年高中改为四年一贯；另一个方案是半工半读的方案，即用四天学习两天劳动来安排教学活动。

其实我当时初出茅庐，什么也不懂，对各学科的内容既不熟悉，又没有去请教专家，自己凭着教育学上的书本知识就随意制订了多个方案，现在想起来还是十分可笑。这种过"左"的试验，当然不会取得成功。

1959 年三年困难时期开始，全国进入了一个"调整、巩固、充实、提高"的时期。我们的改革试验也就停了下来。1959 年开始转到狠抓教育质量上来。

那个年代，教育学习苏联的模式，很重视教育与生产劳动的结合。师大附中就设有劳动车间，有几台车床，还有铣床和钻床。学生每周都要到车间劳动一天。老师也跟着去劳动。我也学会了开车床。暑假要去农村帮助农民收割麦子，秋天也要到农村帮助秋收。

因为我是教导处的副主任，因此常常是由我组织全校一千多名学生到北京附近的农村去劳动。一千多名学生要分散在几个村庄，我每天都要骑着自行车到各村去巡视，生怕学生发生意外。

我当时年轻气盛，同时受到苏联教育中师道尊严的影响，对学生要求很严厉，动不动就训斥学生，因此学生背地叫我"凶主任"。现在想起来，那时做了很多不符合教育规律的事情。

除了教导处的工作外，我还承担了初中一个班的俄语课教学。我当时没有什么教学经验，备课的时候觉得教学大纲中的要求太低，词汇量太小，教学进度又太慢，学生学了后面的忘了前面的，怎么能学得好？因此我根本不管教学大纲中的要求，增加了识字量，加大了进度和难度，结果效果还是不错的。

在师大附中的几年里虽然做了很多蠢事，但我的收获是很大的，我亲身经历了中国中学教育的实际，得到了很大的锻炼。我在实践中探索了教育教学的一些规律，特别是通过后来的反思，悟出了一些道理，为我后来的教育理论探索奠定了实践的基础。

我听了许多老教师的课，感悟到教学真是一门艺术，每个教师的教学风格、教学技巧都不同。当时像数学组就有韩满庐、申介人、曹振山三位老师，不仅在师大附中很有名，在北京市名气也很大，由于他们的特长和风格，被人称为"韩代数""申三角""曹几何"。

"没有爱就没有教育，没有兴趣就没有学习"

顾

我在附中工作的最大收获是，把我学到的书本上的教育理论与教育实际联系起来。一方面，这使我对教育理论的理解加深了。特别使我体会到两句话的真谛，即"没有爱就没有教育，没有兴趣就没有学习"。这两句话成为我一生的教育信条。

"没有爱就没有教育"，我在一个学生身上领悟得比较透彻。1958 年秋天，全国轰轰烈烈大炼钢铁，学校也不例外。我所在的中学里，操场上小平炉林立，师生们彻夜奋战，欲夺取"大跃进"胜利。一天清晨我忽然发现会议室里睡着一位女学生。第一天没有在意，以为炼钢炼得太晚了，无法回家。可是一连几天这个女孩子都没有回家。这引起了我的注意，我问她为什么不回家，她回答说不愿意回家。再三劝说、教育都不愿意回家。经过调查了解，才知道她是一位领导同志的孩子，生于革命战争的艰苦年代，出生后就被寄养在老百姓家里，解放后才被接回家，因此与父母思想感情上有一些距离。再加上母亲要求过严，据说姥姥还有点重男轻女的思想，对待她与对待她的哥哥不一样，孩子觉得缺乏家庭温暖，因此拒绝回家。经过再三工作都无效，我只好把她安排在学生宿舍里。之后我曾经多次和她母亲联系，劝她多给孩子一些温暖，有了感情才能对她提出要求。但是，她的父母却觉得学校对她的要求不严，因而使她的思想不稳定，学习成绩欠佳。我们在教育思想上发生了分歧。

这时我就想到马卡连柯[1]的一句话："只有尊重学生，才能要求学生"。对学生的爱，首先在于尊重他，相信他，同时满足他的合理要求也是对他的尊重和信任。只有在这种互相信任的基础上，才能互相理解，互相敬爱，达到教育的目的。

"没有兴趣就没有学习"，我是从许多学生的学习中看到的。我发现有些学生喜欢数学，有些学生喜爱语文，凡是他们喜爱的课程，学得就很好，

---

[1] 马卡连柯（1888—1939），苏联时期著名的教育家，在少年院从事不良少年的矫正教育，认为人不是生活于无人岛，因此重视集体在儿童人格成长中的作用。其注重"忠诚""服从""合作"的"集体主义教育"理论对各国教育都产生了影响。晚年，其理论以诗和小说等形式出版，在新中国成立初期，他的《论共产主义教育》《父母必读》被译成中文。他的思想在日本也广受关注，《马卡连柯全集》全八卷（马卡连柯全集刊行委员会译）在日本由明治图书出版。

不喜欢就学得不好，因为他们根本就不想学它。有些学生喜爱某门课程，开始的时候并不是对课程本身有什么了解，有什么兴趣，而是由于老师讲得好，引起了他的兴趣；还有些学生对某门课不喜欢，并非因为对该门课的厌恶，而是因为对任课老师不满，换了一位老师，学生的兴趣又能被调动起来。总之，"没有兴趣就没有学习"，这是颠扑不破的真理。

不过如何引起学生的兴趣，却是一门教育科学，也是一种教学艺术，值得去探究。从这里也可以看出教师的重要，教师要善于启发学生的学习兴趣；教师还要用自己的知识和智慧，用自己的人格魅力去影响学生。

池田

您的每一句话都是宝贵的证言，非常感谢您的坦率。一个伟大的教育家的真实人格、一个无比诚实的人格，着实令我感动。

7　经受考验

强大的内心变苦难为成长的机会

池田

在此，我想就"文化大革命"听听您的意见。

顾先生在"文化大革命"中被批判为"走资本主义道路的当权派"①，我听说这也是一位您最亲近的朋友对您的批判，而这些批判的行为又源于"害怕自己被批判"。我很想了解，那时顾先生的心情是怎样的。

人在遭遇历史大事的时候，会分为真实的人和虚伪的人。只有身处逆

---

① 走资本主义道路的当权派，简称"走资派"。"大跃进"政策失败后，以国家主席刘少奇（1898—1969）和国务院副总理邓小平（1904—1997）为中心，开始推行经济重建，实施了自由市场、农产品收购价格上涨、包产到户等措施，促进了经济的恢复。但这一政策的成功使毛泽东的威信相对下降。1965 年，毛指出存在"走资本主义道路的当权派"问题。第二年，走资派成为"文化大革命"的打倒对象，刘少奇等很多人被扣上这个帽子而遭到迫害。

境的时候，才会看到人的真实本质。这也是我自己看过几多人间冷暖以后的真情实感。

我听说，顾先生曾在 1971 年后的两年间经历了在农村的重体力劳动，但却在这个过程中加深了对农村的理解，并增长了知识，而且曾经虚弱的身体也得到了锻炼而变得强健起来。我也曾在年轻时与疾病苦斗，那时我体质虚弱，患了结核，医生曾宣布我活不了多久。但我在恩师户田先生身边拼命工作的过程中，病却好了。健康是赢得人生的重要条件。

以前，我从许多中国人那里听到过关于"文化大革命"的珍贵证言。顾先生说年轻时喜欢读人民作家巴金的书，我曾见过巴金先生四次，在 1984 年 5 月我与他第三次聊天的时候，他回顾了"文革"往事，强调他是以"真理总会战胜邪恶"的信念在那个风雨飘摇的时代中活下来的，这些话我至今不能忘怀。巴金先生还说："虽然吃过很多苦，但那时我想的唯一的事，是战斗、战斗，战胜它们活下去。人总会死，但我作为一个作家，作为一个人，要为后世留下真实。"①我很为这句话感动。正是这种不屈不挠的精神才是战胜困难的根本支柱。顾先生把逆境看作进步契机的人生态度，对青年而言是一种多么好的鼓励啊。我从青年开始，就喜欢"大浪遇阻，其势愈坚"这句话，直面严酷的逆境和苦难，正是自己成长的最好机会。只有这样生活的人才是真正的勇者，才是幸福之人。教育，就是赠人以这种强大的内心。

顾先生，您在"文化大革命"中是以怎样的心境活下来的呢？

最大的灾难——"文化大革命"的波澜

顾

一帆风顺的人生是没有的，一个人一生总会遇到某些大大小小的劫难。我小时候遇到的劫难是日军侵略使我几乎家破人亡，工作以后遇到的最大

---

① 「聖教新聞」1984 年 5 月 12 日。

劫难就是"文化大革命"。外国朋友可能不大理解这是怎么一回事。

1966 年 6 月到 1976 年 10 月中国经历了一场史无前例的"文化大革命"。现在的年轻人都不太了解,也不能理解这场运动的残酷和后果。谁也说不清楚当时毛泽东为什么要发动这场"革命"。我想他是对当时的形势做出了错误的判断。当时中苏对立,毛泽东就认为苏联变成修正主义了,资本主义在苏联和平演变了,是赫鲁晓夫批判斯大林,使苏联走上了资本主义和平演变之路①。所以他总是说我们身边有没有赫鲁晓夫。运动一开始,矛头就对准了当权派,发动群众整"走资本主义道路的当权派"。本来他认为运动搞上两三年,跟上他的正确路线就收场,但是林彪、江青"四人帮"②钻了空子,掌握了中央的权力,想把老一辈革命家都打下去,于是出现了天下大乱,控制不了局面。直到 1976 年 10 月"四人帮"被打倒,"文化大革命"才结束,中国重新走向健康发展的道路。

1962 年我从师大附中回到北京师范大学任教,1965 年开始担任教育系副主任兼外国问题研究所副所长。当时教育系没有正主任,由我主持工作。因此"文革"一开始就冲着我开炮,因为我是教育系的"当权派"。先是老师、学生起来贴大字报,责问我"为什么要执行北京市的黑帮路线?"(当时把中共北京市委的领导批判为"黑帮")。外国问题研究所的造反派更是抓住了我的"把柄"。因为 1965 年开始,我奉学校党委领导之命编辑出版《外国教育动态》杂志,介绍外国教育改革及发展的经验和动向。虽然杂志的发刊词中早已申明,介绍外国的教育是为了知己知彼,为了供大

---

① 斯大林(1878—1953)死去三年后的 1956 年 2 月,苏共第一书记赫鲁晓夫在苏共第 20 次党代会上,在将外国代表排斥在外的情况下所作的秘密报告。报告公布了斯大林发动的大规模的残酷的清洗,批判了他的个人崇拜、官僚主义、独裁政治和苏联中心主义。斯大林此前被视为世界上的绝对伟人,对他的批判在苏联内外造成了强大的冲击。毛泽东批判了赫鲁晓夫对斯大林的批判和他的与西方和平共存观点,中苏对立由此日趋严重。

② 林彪(1907—1971),历任国防部长、国务院副总理、中共中央副主席等职。1969 年国家主席刘少奇病逝后,被指定为毛泽东的接班人。1971 年,政变计划泄露后逃往苏联途中在蒙古境内坠机身亡。"四人帮",指主导"文化大革命"的江青(毛泽东夫人,1914—1991)、张春桥(国务院副总理,1917—2005)、姚文元(中共中央政治局委员,1931—2005)、王洪文(中共中央副主席,1935—1992)四人。

家批判。但是造反派还是认为我在散布资本主义国家、修正主义国家的教育思想，所以我是一个地地道道的"走资本主义道路的当权派"，应该被打倒。

1966 年 6 月 11 日，我被外研所的造反派揪出去批斗，要我回答为什么要利用《外国教育动态》散布资本主义国家和修正主义国家的教育思想，用心何在。这是第一次批斗，因为运动刚刚开始，比较文明，还让我坐着挨批。到 6 月 17 日，教育系的批斗就没有那么客气了。不仅让我在前面站着，不断有人喊"低头"（低头就是向大家认罪），而且把我的妻子周藁也揪上台陪斗。而把周藁揪出来的，却是与我来往最密切的学生，她在附中就是我的学生，在大学又是我的学生。但是我倒丝毫没有责怪她的意思，我很理解她，即使在当时也是这样。我认为她之所以对我批得最狠，正因为同学都知道她与我的关系最密切，在当时的形势下，她不这样做也是不行的，所以我从来就没有怪过她。"文化大革命"以后，我们仍然来往很密切。她现在常住在美国的女儿家里，去年秋天回来，还特地约了其他同学来看我。

但有一种人却是不能原谅的。我们外国问题研究所还有一位副所长，他为了保护自己，和造反派沆瀣一气，故意歪曲我的讲话。另外一位男老师，到三十多岁尚未结婚，同事们关心他，想帮他介绍女朋友，他却揭发说是在拉拢他，用资产阶级思想腐蚀他。这就不是一般想摆脱关系的想法了，这是一个人的人品问题。中国古话说："疾风知劲草"①，只有在患难之中才能暴露一个人的真实面貌。

"文化大革命"中许多老师被迫害致死，因为忍受不了人格被辱。

"文化大革命"初期，我也是惊惶万状，吃不下饭，睡不着觉，嘴里觉得发苦。是我的妻子周藁劝慰我。她说，听说延安整风时比现在还厉害，

---

① 《后汉书》列传第十，王霸传。王霸（？—59），后汉武将，助光武帝统一天下的二十八功臣"云台二十八将"之一。因兴复汉室而转战河北苦战中逃兵不断，刘秀即后来的光武帝见王霸自始至终忠心不二而表称赞，并言"疾风知劲草"。吉川忠夫训注『後漢書』第三册、岩波书店、476 頁。

不是许多人都挺过来了吗？听了她的话我心里宽舒一些。后来，看到被批斗的人越来越多了，心里倒不害怕了，心想哪有那么多反革命！应该说，我在"文化大革命"中受的苦难不算太厉害。1966年8月18日，教育系的"红卫兵"①把我这个"走资派"与"学术权威"（都是一批老知识分子）集中起来劳动改造，让我们每天在校园内拔草。

特别是我很幸运，1962年就回到师大了，如果在附中可能会受皮肉之苦，因为中学生不懂事，常常把文斗变成武斗。

池田先生除了在孩童时代遭受过战争之苦，还在人生道路上尝受过哪些挫折，又是怎样克服的呢？

战胜逆境才有磐石之坚

池田

"文化大革命"迫害的狂飙是何等的惨烈！再次感谢顾先生为我生动地再现苦苦斗争的历史。

您问我尝受过哪些挫折、克服过哪些苦难，我不知道这算不算作是对问题的回答：战后我遇到了创价学会第二任会长、恩师户田城圣先生，此后我的所有苦难就都是师生同当了。

日本诗人土井晚翠写了一首歌叫作《星落秋风五丈原》，是称赞三国人物诸葛孔明一生的功绩的，户田老师非常喜欢，总让我们青年人一遍又一遍地唱。恩师对孔明苦心孤诣的精神世界心驰神往，也经常落泪，但他却坚定地说："绝不允许自己挫折而归。"在进入核时代的世界，觉醒的民众开展和平运动是不可或缺的，一旦遭遇挫折，那就不止在某一个人、某一团体或某一国家的层次上了，而是将导致整个人类、整个地球的未来陷入黑暗之中。所以，恩师常常以绝对不退让的决心，以佛法为基调，通过和

---

① 在"文化大革命"中站在运动前沿从事过激活动的学生与青年组织。1966年5月开始成立。初中以下称"红小兵"。

平、文化和教育运动，点燃起我们的斗志——坚定不移地建设绝无惨祸的世界。而我作为他的不二弟子，与恩师是共享这种精神自觉的。在恩师事业上遭遇困难的时候，或是遭遇到社会上所谓的挫折局面之时，我都坚定地守护着恩师，不使恩师的构想有所后退。不仅如此，我也决不辜负恩师的期望，以实现恩师所有理想的坚定决心克服困难。

在创价学会的建设期，我们渐渐地受到了社会的关注，而我却在 1957 年 7 月 3 日以莫须有的所谓违反选举法的罪名被逮捕，并被拘押两个星期。尽管我反复辩明对选举法毫无违反，当局却栽赃说我在参议院大阪地区的补选中有指示他人做出违反选举法行为的嫌疑。酷暑中的监狱真是难熬，审讯也很残酷，他们阴险地威胁我说如果拒不承认犯罪嫌疑就将逮捕户田会长，权力伸出了它的魔掌。那时户田先生拖着虚弱的身体，为了保护自己的弟子亲自来到大阪地方法院，以激愤之情要求将我释放。他曾在战前坐过牢，却不怕再次入狱，甚至以不辞将死的决心付出了保护弟子的行动，这就是他对不当权力的满腔愤怒。弟子保护老师，老师保护弟子，这种坚定的信念成为贯穿于牧口先生与户田先生、户田先生与我之间的师生精神。出狱后，对我的审判又历经了四年半。当然，事实就是事实，1962 年 1 月 25 日，我终于获得无罪判决，检方也未上诉。

1960 年 5 月 3 日，我继户田先生之后成为创价学会第三任会长，此后的遭遇就更多了。1968 年 9 月 8 日，我面对一万几千名学生发表日中邦交正常化倡言的时候，受到了内外反对势力的强烈责难，各种压迫接踵而至。但我始终坚持这样的信念：中国是日本的邻国，是日本的文化恩人，若两国关系总处在不正常的状态，无论于亚洲之安定，或于两国青年之未来，都必将留下祸根。无论存在何种困难，都必须坚决开辟两国的友好之路。现在四十年已经过去，我仍决心在今后为万代和平友好而竭尽全力。

1979 年，在我辞去创价学会会长职务的时候，也遭遇了嫉妒的阴谋。当时创价学会的发展势头非常迅猛，这引起了那些守旧的宗门僧侣的不快，他们仰仗权威，不断地对我们进行毫无道理的攻击。还出现了一些怀着个人野心进行卑劣策划的人，他们对创价学会的组织进行破坏。后来，这些阴谋的中心人物因制造恶劣的恐吓事件而被逮捕判刑，人生落魄潦倒。

在那个时候，我在会上不能讲话，创价学会的机关报《圣教新闻》要登载关于我的报道也受到严格限制。尽管如此，我作为户田先生的弟子，依然信守我的诺言——要为保护创价学会这个和平建设的平台，要为保护那些可贵的会员而战。我挨家挨户地走访我的战友、同志，激励他们每一个人。我与青年谈心，培育了后继人才。在辞去创价学会会长职务之前，我拜会了访日的周恩来总理的夫人邓颖超①先生，我跟她说将辞去会长一职，而她却鼓励我说："（辞职）还太年轻了，更何况你还得到人民的很多支持。只要有人民支持，就决不能退缩。"的确，正是我们后来获得了越来越多的有心而无名的人民的共鸣，才使国际创价学会（SGI）遍布于当今世界192个国家和地区。

我们所信仰的日莲大圣人②终其一生都遭受着来自当权者的危及生命的迫害，但他未尝退缩半步，始终高呼正义。他说："为愚人所誉，是谓第一耻。"创价学会第一任会长牧口先生与军部政府斗争而被投入监狱，他却说："为愚人所憎，是谓第一光荣。"③他还乐观地说："以大圣人之大难见之，我等之难为九牛之一毛耳。"④

创价学会正是因为不屈服于任何逆境而不断向前，才取得了胜利，开辟了坚定迈向进步的道路。如果没有任何斗争，全在顺境之中，就没有磐

---

① 邓颖超（1904—1992），年轻时便从事妇女解放运动，于直隶第一女子师范学校（位于天津）在学期间参加了五四运动，并与南开大学学生周恩来相识，1925年结婚。参加过长征。曾任全国政治协商会议主席（1983—1988）。先后八次与池田大作会见。此处所介绍的是1979年4月12日在东京元赤坂迎宾馆的那一次会见。

② 日莲（1222—1282），镰仓时代僧人，安房（现千叶）小凑人。12岁入佛门，于各地尽习诸宗佛法。悟到只有《法华经》能令末法世间安稳和平，开始广为说法。以《立正安国论》进谏当时幕府，险遭斩首，被数次流刑。最后获赦，隐栖甲斐（现山梨县）身延山。著有《开目抄》《观心本尊抄》等文章和书信，后经创价学会荟集为《日莲大圣人御书全集》。

③ 「開目抄」、創価学会版『新編 日蓮大聖人御書全集』（以下、『御書全集』と表記）237頁。

④ 前条《御书全集》中的话是牧口的座右铭，牧口是基于这句话的基本含义来谈自己的信条的。"九牛一毛"之句引自「獄中書簡」。这是1943年10月23日牧口常三郎在狱中写给牧口贞子（牧口的第三个儿子牧口洋三的妻子）的明信片中的话。『牧口全集』第十卷、278頁。信中说："彼此信仰为第一。叫它作灾难，不过大圣人之九牛一毛耳。认清此点，便会更加坚定信仰。吾等生活于广大无边之大利益中，决不会对如斯之事心怀怨恨。"所谓"九牛一毛"，言其不足道。

石般的建设。

虽然顾先生说"文化大革命"的苦难算不了什么，但我想十年的岁月中也充满了严酷的日子。我想请您回首往事，谈谈"文化大革命"对您、对贵国产生了什么样的影响，也算是为后世提供一个见证。

大浪淘沙——在迫害之中，看到了人的真实

顾

1968 年，我又被派到第三轧钢厂劳动。该厂在东直门外，是一个非常简陋的小工厂。我被分配在一个轧钢带的车间做小工，把轧钢工人压下来的带钢，约 50 公斤重，搬到一边堆放起来。到了轧钢厂，我才发现我国轧钢之落后，轧 20 公分宽的钢带完全是手工操作，钢带从机器上轧过来，工人要戴着很厚的手套用手摁住钢带让它卷起来，一不小心，钢带会弹起来，其劳动强度和危险之大是难以想象的。钢厂离我家有十几公里，我每天清晨天不亮，顶着刺骨的寒风，骑车到厂里上班。这样我在第三轧钢厂搬了一个多月的钢带，结果手指得了腱鞘炎，至今未愈。

1970 年秋天，林彪一号令，全部学校疏散下乡。我们也都被赶下乡，我被派到北京郊区房山东方红炼油厂，即现在的北京燕化地区劳动。那时那里是一片荒地，国家在那里兴建化工基地。我干的活起初是架子工，搭建工棚，工棚搭好了又去烧锅炉，用蒸汽做混凝土预制板。这项工作的劳动强度也是很大的，每天三班倒，因此常常要值夜班。我们在那里整整当了三个多月的工人。在我们工人班里有一位年轻工人，是当地农村人。他看到我身材瘦小，体力不壮，常常帮助我，我们结成了朋友。"文化大革命"以后他在北京市政工程队工作，还曾带着他家乡生产的大米来看望我，我也送给他香烟或食品。可惜后来失去了联系。我祝愿他生活幸福！

从东方红炼油厂劳动回来，1971 年春节以后我又被发配到山西临汾去劳动。"文化大革命"以前为了备战，北京师范大学就在那里的吕梁山下建

立起了分校,"文化大革命"中就变成了我们劳动改造的"五七"干校。所谓"五七"干校,是根据毛泽东1966年5月7日提出的学生要"学军、学工、学农"而建立的干部劳动锻炼的学校。我们劳动的地方原是吕梁山的一个山坡荒地,从来没有种过庄稼。我们是去开荒,先要把斜坡的荒地开发成梯田才能种庄稼。这是多大的土方工程!没有机械,完全靠双手用铁锹把斜坡土地填平,种上小麦。但因为是生地,没有肥料,结果每亩播了25公斤种子,第二年只收了75公斤。于是第二年就养猪积肥,但第三年也只收到125公斤。除了种地,我们还在那里盖窑洞,打算长期在那里住下去。我们盖的不是老百姓的土窑洞,而是用砖盖了较现代化的窑洞。住这种窑洞冬暖夏凉,当时已是农村最好的房子。

我在那里劳动了整整两年。劳动虽然很累,但很开心,似乎抛开了世间的是是非非,心里比较平静。而且增进了对中国农村的了解,增长了农业知识,增强了身体素质。我从小就很矮小瘦弱,但没有想到不惑之年还能挑起一百多斤的水桶,割麦子也割得很快。第二年来了一批新"战友",应该都是我的学生辈,他们比我年轻许多。但有一次,我把一根输水钢管的一头提了起来,但新来的年轻"战友"却提不起来,割麦子也没有我割得快,可见锻炼的作用。

在劳动的队伍中还有许多老教师,如教育系老主任彭飞先生、历史系何兹全先生、中文系郭预衡先生、数学系吴宏迈先生等,他们当时都已年逾花甲,我们在劳动中增加沟通,增进了友谊,到现在见面时还很亲切,常常以"五七战友"相称。

池田先生问我对"文化大革命"的感受和心情。用一句话来说,就是一场浩劫,无论对国家还是对个人都是一场浩劫。但是正如佛祖所说,浩劫对每个人都是一次洗礼,或者像周恩来总理所说的"大浪淘沙"。这场浩劫把白玉和污秽分得清清楚楚,把一些人的真实面目冲洗出来了。对我来说,也是一次洗礼,正如您说的:"大浪遇阻,其势愈坚。"这十年的历练使我坚定了做人要正直、不能随风倒的信念,所以我总结一条,要像松树一样做人,坚挺不拔。

藐视一切苦难的境界

池田

听了您的话我非常感动！能说出这样的话，恰恰是因为克服了种种无以言状的苦难。顾先生的人生对于后生而言是极好的借鉴。在佛法中，有"霜后之松，耸立为王"的说法①。顾先生历经磨难，可谓王者。

牧口常三郎先生是创价学会发展兴旺的永恒原点，为了纪念恩师殉教，我们创价学会在东京都八王子市建了东京牧口纪念会馆。纪念馆里挂着一幅高 3 米、宽 5 米的巨幅绘画，这幅画见赠于"敦煌的守护者"常书鸿夫妇，画的是世界最高峰珠穆朗玛峰。与顾先生一样，这幅作品是常书鸿夫妇在"文化大革命"中为了鼓励自己克服所有的艰难困苦、不断朝着文化的最高峰迈进而创作的，常氏夫妇曾向我披露过作画时的心境："这幅画画的是登上五六千米的海拔高度时所看到的景象。只有登到高处，才能真正感受到厚厚的冰层与道路的险峻。而即使如此，也要锐意前行，这就需要体力，更需要精神力量。当时我们处境艰难，但精神上却不受任何人的束缚，所以画的时候是怀着仰望珠峰的心情——希望是无限的，我们的希望正在于藐视一切苦难而前行。"② 只有忍受得极限的考验、怀有不屈不挠的勇气与希望的人，才能最后达到顶点。

顾先生在不断克服和超越苦难的过程中，达到了中国教育界的最高峰，并强有力地引领着贵国的教育，这便是最好的佐证。

---

① 原文是："松，霜后可见为木王。"「兵衛志殿御書」、『御書全集』1095 頁。接下来的句子则是："菊，百草枯后可知为仙草。治世不见贤人，乱世方显圣愚。"
② 「聖教新聞」1990 年 11 月 7 日。

第2章

教育与文化
——追求多元的世界文明*

为超越自我的局限而学

顾

去年（2009 年）11 月，我有幸访问了池田先生创办的创价大学，接受了大学给我的名誉博士学位。我深感这是池田先生和创价大学对我的厚爱，并把它看作日本学者对中国教育学者的友谊。我在创价大学处处看到池田先生的理念的光辉，尤其在"周樱"碑旁，看到池田先生为纪念与周恩来总理会晤而栽种的樱花，枝繁叶茂，令我感动不已。我想，中日人民友谊一定会像樱花树那样万古长青。

没有想到，池田先生还赠送给我一首满怀深情的汉诗，令我感铭至深：

功在教育六十载，
高比泰山思想新。
明言兴趣成学业，
远瞻教育须爱心。

---

* 本章内容曾刊载于《东洋学术研究》第 49 卷第 1 号（2010 年 5 月）。

承蒙池田先生过奖，我由衷地表示感谢！创价大学如朝日出海，蓬勃发展，我得到创价大学的名誉学位，深感荣幸。在中国教育学会创立三十周年之际，这于我也是锦上添花。

池田

能授予尊敬的顾明远先生名誉博士学位对于我们创价大学而言也是莫大的荣幸。顾先生身体力行地指导现代中国的教育，是一位不断探索的智者，创价大学以 "'人间主义'的最高学府" 自许，授予您名誉学位对于创价大学来说也是无上的荣誉。在授予仪式上，顾先生强调说："教育交流与合作利在当代，功在千秋。教育才是和平的种子，教育才能架起中日友好之桥。"我们深切地感到，表彰顾先生也将成为一道照亮未来的光芒。顾先生还说："在瞬息万变的当代社会，只有学习才能产生新的创造，才能立于不败之地。在今天，学习不仅仅是为了生存，而且是超越自我局限的重要手段。学习会提高我们自身的文化素养和思想品位，使我们享受幸福的生活。"顾先生是从本源性的层次上深刻地阐述教育的意义，很多教职员和学生都感铭至深，他们在学习之道、创造之道与不败之道的决心也更加坚定了。

前些日子，我也得到了顾先生送我的珍贵的汉诗：

大道之行天下公，
作诚至善为人民。
德重如山智仁勇，
高尚理想是和平。

顾先生对我的过誉高度地凝结在这诗的一字一句之中，令我诚惶诚恐。我对顾先生周到细致的用心，表示最诚挚的感谢！

在著名的《中庸》里，有"博学之，审问之，慎思之，明辨之，笃行之"① 的句子，它是走向正确人生道路的行动规范，而顾先生则为我们做

---

① 赤塚忠『新釈漢文大系2 大学・中庸』明治書院、275 頁。

出了榜样。与顾先生的对话，对我而言，是一种宝贵的精神食粮，助我迈向新发现和新进步的大道。

1 汤因比史观的多元性

克服"自文化中心主义"

池田

说到"对话"，我想起了我与英国大历史学家阿诺德·汤因比博士令人难忘的对话①。博士是一位 83 岁高龄的大学者，我则是一个远远年轻于他的 44 岁的学生，我们就人类和世界所面临的各种问题进行了对话。那正是"五月花时节"（May Flower Time），在一年中最美的伦敦之绿的映衬下，博士和夫人满面春风地接待了我，当时的情景我至今不能忘怀。

两年过去，在经过了四十个小时对话的最后一天，博士意味深长地对我说："只有对话，才会对世界上各种文明、各个民族、各种宗教的融合发挥极大的作用。为了让人类全体团结起来，你这样的年轻人要把这种对话推广开去。和俄国人、和美国人、和中国人……"我就是按照这个约定，与世界上的有识之士不断地展开了对话。

正如您所知道的那样，汤因比史学的一大特色就是摆脱"西方中心史观"。毋庸置疑，西方中心史观就是一种将现代西方文明定位于人类进步顶点的历史观。在这种史观中，现代西方文明独自成为启蒙与进步的胜利者，它被定位为文明的优越者，统治和教导着其他诸文明。对此，汤因比博士认为西方文明绝不是处于睥睨其他文明的绝对地位上，而不过是人类孕育的诸文明之一，从而公平地将西方文明相对化了。而且，他将"文明"定

---

① 1969 年秋，汤因比（1889—1975）来信："希望能对现在人类面临的各种问题进行有意义的意见交换"。汤因比博士由于年事已高，希望对话能在伦敦进行，池田大作先生便于 1972 年 5 月访问了博士家。翌年 5 月又进行了一次对话。对话录《展望 21 世纪》得到各国的高度评价，截至2012 年，被翻译成 28 种语言。

位为进行相互比较研究的一个可能的单位，通过描述从古至今各种文明的荣枯盛衰及相遇相接，来重新记述人类史。

顾

汤因比博士是我们高山仰止的大学问家，他有着大学者的宽阔胸怀，用比较客观的眼光来公正地评价东西方文化，真是了不起的人物。其实，据考古学和人类学研究的结果，人类文明的起源就是多元的，并无所谓哪个文明是中心，只是有些文明起源得早一些，有些晚一些。只是到了近代资本主义崛起，而且通过殖民主义的征服和掠夺，西方文明得到迅速发展，西方的物质文明开始领先于东方。西方学者也因此用傲慢的眼光来看待东方文明。其实西方学者所认为的欧洲现代文明，比起古代四大文明来讲晚了几千年。

所以汤因比博士主张"所有文明社会在哲学上都是属于同时代的"，并认为，人类文明不过几千年，比起人类产生来讲，只是短暂的一瞬，所以"所有一切那些堪称'文明'的社会的历史，在某种意义上都是平行的并且是同时代的"①。他在《历史研究》一书中，还专门批评了"文明的统一"的思想。所以，不存在哪个文明是中心的问题。

但是汤因比博士最终并未真正摆脱西方中心主义的幽灵。他在《历史研究》一书中，认为世界 21 个文明或"停滞发展"或"僵化"或"解体"，只有西方文明现在也许还活着。这种论断显然带有西方中心主义的烙印。

我们不承认西方文明中心，但也反对东方文明中心。中国过去夜郎自大，以为自己是世界的中心，不是吃了大亏吗？汤因比博士曾引用中国清王朝乾隆皇帝给英王的信，来说明清王朝的傲慢和无知。而清王朝最终在西方的坚船利炮下覆灭。

---

① 『試練に立つ文明』第一章「わが歴史観」。深瀬基寛訳、現代教養文庫、社会思想社、10—13 頁。

所以，任何以"我"为中心的思想都是不正确的。世界文明是多元的，民族文化是多种多样的，只有各国、各民族互相尊重、互相学习，世界才能和平，各民族的文化才能得到发展，世界才能丰富多彩。

东亚的八大历史遗产

池田

各国和各民族相互学习才能建设丰富的世界与和平的世界，我对此非常赞同。当学习停止时，人生、社会、文明都因此而陷于停滞；只有在不断学习的氛围中，才会有新的前进，生动的创造力才会如泉似涌，取之不尽，用之不竭。汤因比博士在与我的对谈中，非常坦率地承认，他也不得不站在了西欧的角度。但他对于我这样一个年轻的东方人和大乘佛教的年轻信徒却敞开了胸襟，力求学习东方的智慧。

在这个过程中，博士予以特别深切关注的就是中国文明。与此同时，他对印度文明、伊斯兰文明等其他各种文明也投以敬重的目光。特别在谈到贵国的时候，汤因比博士在与我的对话中列举了八个方面，高度评价了以中国为核心的"东亚的历史遗产"，即：

第一，中华民族的经验——它在过去长达 21 个世纪中，为了成为世界性国家而维持了一种作为区域性榜样的帝国；

第二，中华民族所掌握的世界精神（ecumenical spirit）；

第三，儒教的世界观中所体现出的人文主义（humanism）；

第四，儒教和佛教所具有的理性主义；

第五，东亚人民对宇宙神秘性的认识，以及关于人若要主宰宇宙将招致自我挫折的认识；

第六，"人的目的不是支配自然，而是与人以外的自然保持和谐共生"这一信条；

第七，东亚人在将科学应用于技术方面优于西欧人这一事实；

第八，敢于向西方挑战的勇气。①

我想，这里有些对 21 世纪的今天仍有重要启发。正如第一点和第二点所说的那样，贵国在反复的王朝治乱兴亡之中，将四方不同民族包容于“文明”之下，长期维持和发展了广阔的文化国家，这是贵国的经验。这一经验是其他文明所没有的，为了今后的世界和平应该充分发挥这种经验。是什么广泛地体现了“世界精神”的存在？这让我想起了华侨。我的朋友当中有很多华侨，有的来自新加坡、马来西亚等东南亚国家，有的来自北美、澳洲，他们一方面为自己的民族而自豪，一方面又在当地成为奉献社会的典范。我想，在华侨广泛散布全球之中，不正可以看到贵国所具有的一种世界精神吗？

另外，第三点至第六点指出，儒教和佛教中所内含的人文主义与理性精神，以及道教等东亚宗教中所贯穿的与自然共生和谐的人生观，也可以成为人类文明的精神支柱。

在第七点和第八点当中，汤因比博士指出东方民族有卓越的智慧、勇气和力量。今天为了世界和平与人类繁荣，也应该发挥这种勇气和智慧。无可争辩的事实是，在信息工具、汽车等领域，近年贵国、日本和韩国的产品已在全世界流通。汤因比博士期望，在下一个阶段，这种卓越的资质应转向世界的和平建设。

无论如何，汤因比博士预见了人类将扬弃东方文明和西方文明（的二元对立），在物质上和精神上向高度的人类文明迈进，而他洞察到前进的主轴是东亚，特别是中国。我对此也深表赞同。

这一前所未有的道路绝不是平坦的。但东亚的经济圈和区域共同体构想已在多方讨论当中，正如汤因比博士所预见的那样，在 21 世纪的世界中，东亚特别是贵国的作用已日益彰显。我想，这一事实本身，就显示出汤因比博士的文明论在克服西方中心主义——自文化中心主义（ethnocentrism）方面所表现出的前沿性、适切性和卓越性。

---

① 『二十一世紀への対話』第二部第四章第二節「東アジアの役割」。『池田全集』第三卷、436 — 437 頁。

中国文化的包容性及对和谐与中庸的尊重

顾

池田先生谈到汤因比博士对以中国为核心的"东方的历史遗产"的思考与论述，汤因比博士对之赞美有加。其实世界上许多著名思想家都十分关注中国，因为中国毕竟是东方最大的国家，而且有五千多年的历史，是世界四大文明的发源地之一。例如法国启蒙思想家伏尔泰就特别赞赏中国的文化，他在《风俗论》一书中用大量的篇幅论述了中国的历史、文化、政治制度等①。

英国哲学家罗素也对中国文化有较高的评价。他曾于20世纪20年代初访问过中国，写了《中国问题》一书。他赞美中国人说："白种人有强烈的支配别人的欲望，而中国人的美德是统治他国的欲望比较淡薄。"他指出，中国传统文化有三个显著特征："一是使用表意符号来书写，而不是用拼音文字；二是在受教育阶层中，孔子的伦理学说取代了宗教；三是执掌政权的不是世袭贵族，而是通过科举选拔出来的文人学士。"② 他对中国的评价与汤因比博士有极相似之处。

池田先生对汤因比博士对中国的八点评价做了很好的概括。我基本上同意池田先生的观点。我只想补充几点来应和池田先生的观点。

中国文化的最大特点是具有包容性。中国俗话说"海纳百川"。中国古代由于地域宽广，各地环境不同，在公元前7000年至公元前2300年间就产生了华夏、东夷、南蛮三大文化集团，又可细分为中原的仰韶文化、东

---

① 伏尔泰（1694—1778）的《风俗论》也被译为日文，如『歴史哲学——「諸国民の風俗と精神について」序論』安斎和雄訳、法政大学出版局。

② 罗素（1872—1970），1920年受北京大学之邀作为客座教授来华讲学，在北京大学讲授哲学至1921年夏。在《中国问题》一书中，罗素称赞中国文明的伟大及中国人的美。希望中国将来真正独立，不是走英国那样的帝国主义而是发挥和平创造的力量的道路。读此书后孙中山说道："（罗素是）唯一真正理解中国的西方人。"日版为牧野力译，理想社刊行。引用的前半部分为《中国问题》218—219页的概要。后半部分为41页，部分有所概括。

部的龙山文化、江浙一带的良渚文化、西部的巴蜀文化①。但这些地区的文化都互相交融，融入到中华文明之中。几千年来，中华文化不断吸收外来的文化，使中华文明不仅经久不衰，而且日益丰富。正如梁启超②所说："吾中国不受外学则已，苟既受之，则必能尽吸其所长以自营养，而且变其质，神其用，别造成一种我国之新文明，青出于蓝，冰寒于水。"最明显的例子是佛教东传。本来佛教的理念与中国传统文化有很大的矛盾，佛教主张出世，中国文化重视现世。但有一点是相通的，佛教劝人为善，中国儒学也总是教育百姓要做一个善良的人。佛教传入中国以后，受到儒学的影响，反而得到发扬光大。自汉朝以后中国文化还通过丝绸之路吸收了许多中东地区的阿拉伯文化。中国文化的这种包容性正如池田先生所说，具有"世界精神"，是今后推动世界和平过程中应该充分重视的经验。

中国文化另一个特点是"贵和尚中"。所谓"贵和"，就是重视和谐，主张"和而不同"；所谓"尚中"，就是主张中庸，不偏不倚，不走极端。世界事物是多种多样的，不同事物相配合而达到平衡就叫作"和"，和才能产生新事物。而相同的东西在一起会互相排斥，不会发展。例如音乐，各种声部合唱，得出和声，就很悦耳；鲜美的菜肴也需各种调味配置。孔子把"和"与"中"联系在一起，反对极端，认为"持中"才能达到和谐。

---

① 中原即中华文化的发祥地的黄河中下游地区。仰韶文化（公元前5000？—公元前2500？）因1921年发现于河南省仰韶村而得名，这一时期已种植粟和黍、饲养猪等家畜和制造彩陶，其晚期还使用金属器。龙山文化（公元前2500？—公元前1700？）与仰韶文化共同构成中国新石器时代的两大文化，1936年被发现于山东省龙山镇。因出土了大量黑陶，亦称黑陶文化。晚期有铜器铸造，饲养山羊、牛等。良渚文化（公元前3300—公元前2000）属于长江流域新石器时代晚期的文化，因其遗迹1936年发掘于浙江省良渚镇而得名。有制造水准很高的丰富的玉器，有养蚕、绢织与麻织。以鼎、壶或豆为一套的祭器见于后来的历代王朝，故被指有传承关系。此时社会阶层开始形成，估计有王的存在。巴蜀文化（公元前3000？—公元前316，被秦所征服）繁荣于上江上游的巴州（今重庆一带）和蜀州（今四川成都一带）的文化，在广义上包含近年颇受关注的三星堆文化，青铜器上刻有与汉字系统不同的巴蜀文字（巴蜀记号）。有人将此三者称为黄河文明、长江文明和四川文明。

② 梁启超（1873—1929），为中国的近代化做出不懈努力，与康有为共同推动清朝的变革运动（变法运动），失败后逃往日本。辛亥革命后回国，晚年研究东西文明的融合。参见第3章第4节。

"贵和尚中"的思想已经成为中国人协调各种人际关系的行为准则。中国人识大体，顾全局，重和谐，求稳定，促进了中国56个民族的大团结，也促进了中国人民与世界各国人民的友好交往。周恩来总理在万隆会议①上提出的"求同存异"的国际交往的"五项原则"，我想也是这种"贵和尚中"思想在国际关系中的继承和发展。

这一点是否符合池田先生对汤因比博士所说的"东方民族有卓越的智慧、勇气和力量"的解读呢？

我非常同意池田先生的意见——儒学和佛教确实都内含着人文主义和理性精神，中国的道教和贵国的神道当中也蕴含着东亚宗教中所贯穿的宇宙观、与自然共生和谐的人生观，也可以为人类的精神文明提供滋养。

汤因比博士非常看重东方文明。确实，东方文明有许多卓越的、睿智的东西。但是我想，任何文明都是发展的，它总是根据自己的条件不断发展。汤因比博士把这种发展过程表述为文明的发生、生长、衰落和再生的过程。中国文化也经过了发生、生长、衰落和复兴的过程，但中国文化几千年来虽有衰落的时期，但没有中断过，一直绵延至今。中国文化传统中有许多优秀的东西，但也有不少落后的东西，或者不符合今天时代要求的东西。所以中国人还应该谦虚谨慎，虚心向世界先进的文化学习。

我想，东亚在近代受到西方列强的压迫，崛起的愿望非常强烈。今天我们发展起来了，东方文化再一次受到世界的重视。东亚国家应该团结起来为世界和平做贡献。我们提倡和平发展，决不做欺侮别国或其他民族的事情。这就是中国文化"贵和尚中"的思想。

---

① 即1955年4月在印度尼西亚爪哇岛的万隆召开的第一届"亚非会议"。包括日本在内的29个国家参会，以和平共处五项原则（互相尊重主权和领土完整、互不侵犯、互不干涉内政、平等互利、和平共处）为基础制定了万隆会议十项原则。亚非会议没有召开第二届，故万隆会议等同于亚非会议。

佛教的"宽容性""缘起·中道"

池田

顾先生形容中国文化的特点是"海纳百川",这个词所象征的"包容性"及"贵和尚中",我有很深的感触。中国文化传统中的这两个特点其实也贯穿于佛教思想。而且,这种融合与和谐的思想会对今后世界的发展做出很大贡献。

就第一点而言,佛教的很多经典在论述法的特征时都用"海"和"河川"做比喻。比如在日莲佛法中,是这样论述大海的"包容性"的:"大海的一滴有五味。"① 它的意思是说,江河的一滴只有一味,而大海的一滴却融入了五味,所谓五味,是指甜、酸、苦、辣、咸,五味俱全,说明具有包容性。佛典中还有"众河入大海,而大海不返河水"②的句子。意思是说,大海接纳了那么多的河川,却不会把它们再挤回河流之中,这也是说大海的宽容性。日莲佛法通过这些比喻来通观佛教史,来论证《法华经》的包容性。

就第二点而言,相当于"贵和尚中"的佛教思想是"缘起"和"中道"。"缘起"是说一切存在的"相依相资",它是佛教的根本法理。一切存在都不是固定化的实体,而是在相互关联中生成和消灭,它们形成整体而有力的和谐,这正是宇宙本然的面貌。基于"缘起"的基本真理观,佛教提出了"色心不二""依正不二"的共生哲学,并进一步发展了"空""诸法实相""三谛圆融"的终极真理观,真正的智慧就应领悟这种真理观,而"中道"正基于这种智慧。比如释尊就指出了基于缘起观、不为苦

---

① 「上野殿御書」、「御書全集」1567 頁。
② 「椎地四郎殿御書」、『御書全集』1448 頁。

乐左右、追求丰富精神的"中道"人生观。印度的龙树①则从八不（不生、不灭、不常、不断、不一、不异、不来、不去）的彻底的空观论证不执于无（即空）也不执于有（即假）的"中道"自在智慧。中国的天台大师智顗从空、假、中这三个相即不离的侧面来把握真理，提出了"圆融三谛说"，提出了基于圆融无碍、无所偏执的"中道"智慧的"一念三千"生命观②。因此，作为中国佛教精华的天台宗是在吸收了佛教的"缘起""中道"的思想和哲学的基础上又进行了发展，最后开花结果。我想，这里既包含了佛教的中道论，也包含了中国本土的"贵和尚中"精神。

2 文明与文化的定义与渊源

难以区分的"文明"与"文化"

池田

在谈论文明史以前，我想首先确认一下"文明"与"文化"的定义。顾先生说，文化的定义超过二百个③，说明弄清什么是文化是多么不易。为了使我们的对话方便进行，我就暂且做一简要的归纳。

汉字中的"文化"和"文明"由来于贵国的传统。所谓"文化"即是"文治教化"，所谓"文明"即是"文采飞扬"或"文化普遍"。但这两个词作为解释人类社会的关键词是近代以后的事。现在，日本使用的"文明""文化"是译自英语的"civilization"和"culture"。它们都是在西欧近代启

---

① 龙树（约150—250），大乘佛教第一位伟大论师。集"空"的理论之大成。其后大乘佛教皆受其影响，故在日本有"八宗之祖"的说法。"有·无"中道（非有非无的中道）思想依据是一切现象的缘起理法，不生亦不灭，否定存在和非存在。这是认识论里肯定与否定二者的并存。

② 智顗（538—597），中国天台宗的开山鼻祖，以《法华经》为中心整合了中国佛教。三谛指"三个真理"。依据龙树的《中论》讲述诸法实相。空谛（真理的否定面）谓诸法空无自性，体不可得。假谛（真理的肯定面）谓诸法宛然而有，施设假立。统和空谛和假谛则是中谛。中谛谓诸法其体绝待，不可思议，全绝言思。各自观法的空观、假观、中观并称"三观"。

③ 顾明远：《教育：传统与变革》，人民教育出版社，2004年，第176页。

蒙主义和民族国家形成的背景下，从 18 世纪后期开始才大量使用的新词汇。特别是，作为与未开化和野蛮相对，表达启蒙、进步、教养等含义的概念，法国主要用"文明"（civilisation），而德国主要用"文化"（Kultur）。在日本，福泽谕吉的《文明论概略》①所体现的英法"文明开化论"曾一度流行，但在明治中期以后，随着德国思想和哲学的输入，更加强调内在的精神性和艺术性的德语的"文化"（Kultur）概念开始浸透。由于这种历史经纬，日语中的"文明"主要关乎物质进步，而"文化"则主要体现精神活动的产物。当然，除了"科学文明""物质文明"以外，有时人们也说"精神文明""儒教文明""基督教文明"等，可见"文明"一词也不简单地对应于物质。无论如何，"文明"与"文化"无法做出截然的区分，两个概念在意义上是有交叉的。不过在说"文明"的时候，含有一种价值判断在内，有"进步""开化"的意涵②。

因此，是不是可以做这样的假设："文明"是"文化"的总体，是整合了"文化"的"框架"性的东西；而宗教、思想、教育、艺术活动、科学技术等这些表现形式不同的人类活动的成果，则是"文化"。

关于"文化"的定义，顾先生对张岱年③先生这样的定义表示了赞同："文化是人类在处理人与世界关系中所采取的精神活动与实践活动的方式（应该包括宗教、言语、习惯等等吧）及其所创造出来的物质和精神成果的总和，是活动方式与活动成果的辩证统一。"这里所说的"精神活动与实践活动的方式"应当包含了宗教、语言、习惯；这个定义还特别强调文化是"人类的活动及其成果"。我也认为这是一个必要而充分的定义。

---

① 福泽谕吉（1835—1901），活跃于幕末到明治时期的启蒙家、教育家。《文明论概略》于 1875 年刊行。具体探寻西洋和日本文明的发展，强调文明开化和个人自主独立的必要性。

② 文化、文明的概念参照『伊東俊太郎著作集 7　比較文明論 I 』麗澤大学出版会、西川長夫『増補　国境の越え方　国民国家論序説』平凡社。

③ 张岱年（1909—2004），中国著名哲学家、哲学史家、国学家。曾任北大教授。引自顧明遠『中国教育の文化的基盤』大塚豊監訳、東信堂、15 頁。原出自张岱年、程宜山《中国文化论争》，中国人民大学出版社，1990 年，第 3—4 页。

顾

我非常赞同池田先生说的，"文化"和"文明"是有密切联系并有一定交叉的概念。其实文化也包含着人类活动的物质成果。目前中国学者普遍认为，文化有三个层面：物质层面、制度层面、精神层面，也有人主张四个层面，即加上行为习俗层面。文化也是在不断传播和接受中发展的。只能说，文明比文化更显性一些，物质性更强一些。

我个人的认识是，文明是相对于野蛮而言的。大约在新石器时代，距今一万年至四千年，人类进化摆脱蒙昧时代进入文明时代，于是世界上出现了古代四大文明。也就是从这个时期开始，人类开始有了文化。因此，文明实是文化的表现，是文化的一种状态，文明、文化有同一内涵。中国的《辞海》在对"文明"这一词的释义中，第一义就是"犹言文化"，第二义是"指人类社会进步的状态，与'野蛮'相对"。平时我们评议一个人的举止，说这个人不文明，就是指他的行为比较粗鲁。因此，如果说文明与文化有所区别的话，文明总是指文化的优秀的、积极的一面，而文化中会同时包含落后的、消极的一面。

池田先生对中国文化的造诣很深，对汉字中的"文化"和"文明"的含义理解得很透彻。汉语中"文化"二字在中国古代确实是从"文治教化"而来。按中华书局 1936 年出版的《辞海》解释第一义："文化，谓文治教化也。《说苑·指武》'凡武之兴，为不服也，文化不改，然后加诛。'"[①]"文治教化"是封建王朝维护其统治的办法。当然现在不是这样来解释了。

从英语来讲，"文明"（civilization）和"文化"（culture）两字相差甚远。英语的 civilization 是市民阶层出现以后常用的一个词，是指教化、开化的意思，也是相对于野蛮、黑暗而言。汉语中的"文明"和"文化"两个词都是以"文"为首，看起来两者更相似。

---

① "圣人之治天下也，先文德而后武力"之后的句子。整段的意思是："有智慧的人治理天下，会先用文德教化天下再用武力征服天下，因为用武力对方不会心服。先用文德治理但是却也改变不了的，就可以诛罚他了。"高木友之助『说苑』明德出版社、232 頁。

文明即使毁灭，其成果亦将残存

池田

有人说"文"这个汉字就表示"人"的正面，所以我想，这象征着无论"文明"还是"文化"，其根本都在于"人"。

下面我想就文明、文化的渊源回顾一下往古的历史。

在古代，中国、美索不达米亚、埃及和印度这"四大灌溉文明"最为著名。受黄河与长江、底格里斯河与幼发拉底河、尼罗河、印度河的泽被，这些地区的农耕得到了发展，积累了较高的生产力，大约在公元前4000年至公元前3000年间，形成了高度的城市文明和早期的王朝。在东方（埃及和美索不达米亚）的影响下，产生了古代地中海文明，后来发展为古希腊文明。印度河流域文明衰落后，从西方入侵的雅利安人在恒河流域又创造了古代印度的文明。

在这些文明的富饶大地上，公元前8世纪至公元前2世纪之间，出现了世界史上非常重要的各种思想及其代表人物。如贵国有孔子、老子、墨子、庄子、列子等哲人，印度有《奥义书》哲人和释尊，伊朗有佐罗阿斯塔，巴勒斯坦有《旧约圣经》的先知们。在古希腊，自然哲学家们和体现了哲学深化的苏格拉底、柏拉图、亚里士多德师徒，还有雅典的民主主义，可以说高水平的文化之花竞相绽放。

众所周知，德国的哲学家雅斯贝尔斯将这个时代称作"轴心时代"①。

————————————

① 德国存在主义哲学家雅斯贝尔斯（1883—1969）在《历史的起源与目标》（1949）第一部分所提到的一个概念，意为"成为世界史基轴的时代"。这一时期在亚欧大陆各地同时出现了很多优秀的思想家阐述"应该如何生存"。当时是人类精神觉醒时代，其影响一直延续至今。中国有孔子和老子（同为公元前6世纪—公元前5世纪）、墨子（公元前5世纪—公元前4世纪）、庄子（公元前4世纪）、列子（公元前5世纪—公元前4世纪?）等诸子百家；印度有讲述梵我如一的《奥义书》哲学家（公元前7世纪—）、释迦牟尼（公元前6世纪—公元前5世纪）；伊朗有佐罗阿斯塔（公元前7世纪左右）、以利亚（公元前9世纪）、第一以赛亚（公元前8世纪）、耶利米（公元前7世纪—公元前6世纪）、第二以赛亚（公元前6世纪）等预言家；希腊有自然哲学家（公元前6世纪左右）、苏格拉底、柏拉图、亚里士多德（以上三者同为公元前5世纪—公元前4世纪）；这些人之间并没有直接的相互影响却同时出现。

但我们也不能忘记公元前 1000 年前后的中美洲文明和公元前 2000 年前后南美的安第斯文明已开始形成。因此，现在将“四大文明”扩大为“六大文明”的见解普及开来了。

其后，在欧洲以古希腊、古罗马和基督教等为基础形成了西欧文明，在南亚形成了印度文明，在中东形成了伊斯兰文明，等等，各地独特的文明建立起来了。

汤因比博士认为，衰亡的和现存的这些世界史上的各种文明共有 21 个（后来他修改为 23 个，最后修正为 31 个）。另外，曾给汤因比博士以巨大影响的德国历史哲学家斯宾格勒提到过八大文明①。

在人类史上，很多大放异彩的文明多元存在，它们不断地“交流”“冲突”“转变”，既有像中国文明那样长期存续的文明，也有像安第斯文明那样因欧洲人的入侵而被灭绝的文明。但在今天的世界，文化与文明都是多元存在的。在我们对话开始时谈到的美国塞缪尔·亨廷顿教授的《文明的冲突》，这本书的简单框架是不可行的，我想也是可以回避的。

顾

大家比较普遍地认为，古代世界有四大文明，即古埃及文明、古巴比伦文明、古印度文明和古中华文明。为什么有的文明消失了或者中断了呢？汤因比博士在《历史研究》一书中做了详细的论述。如果简单地说，主要是因为战争或其他天灾人祸，有些文明或被别的文明所替代或逐渐消失了。当然正如汤因比博士讲的，文明转换和消失总有文明内部的原因。而作为文明的成果（文化）总是会遗存下来。例如古埃及文明几经变化，公元前 332 年马其顿入侵，曾经与希腊、罗马文明融合；公元 639 年阿拉伯人入侵以后，逐渐阿拉伯化，但埃及的古代文化至今仍然闪耀着光芒，而且古埃

---

① 斯宾格勒（1880—1936）在《西方的没落》（1918、1922 年）中提出，文化如同生物一样会经历生长和衰落。他列举了八个“高度的文化”：埃及文化、巴比伦文化、印度文化、中国文化、古希腊·罗马文化、阿拉伯文化、墨西哥文化（玛雅·阿兹特克）、西洋文化（欧美）。

及文化对西方文明和非洲文明都产生过重大影响。

正如池田先生提到的，公元前 8 世纪至公元前 2 世纪之间，世界上出现了许多非常重要的哲人，如中国的孔子、老子、墨子等，印度的《奥义书》哲学家和释迦牟尼，巴勒斯坦的预言家们，古希腊的苏格拉底、柏拉图、亚里士多德等。他们所处时代的文明有的已经变化，有的已经消失，但他们的精神和思想至今犹存。

从某种文明的中断和消失来看，文明是人类族群活动的一种状态，而文化则是一种精神以及族群实践活动的产物，某种文明可以中断或消失，但族群创造的精神财富和物质财富还会遗存下来。

我之所以赞成中国哲学家张岱年先生对文化的定义，即"文化是人类在处理人与世界关系中所采取的精神活动与实践活动的方式及其所创造出来的物质和精神成果的总和，是活动方式与活动成果的辩证统一"，是因为这个定义强调了人类活动方式（动态的）和活动成果（静态的）的统一；人类的活动方式又包括了精神活动和实践活动两个方面；活动的成果既包含了物质成果，又包含了精神成果。这个定义说得非常全面。

儒教的复兴——近代的挑战与中国的应战

池田

即使文明消失或中断了，文化作为人类活动的精神的与物质的成果还将残存，顾老师的这一洞察对于思考"传统与现代化"这个题目是颇值玩味的。

说到文化，我想一般人容易把它放到"传统"的范畴里面。但是，如果从不断变化这一角度来理解文化的话，那么也就不能说它与"现代化"的方向是相反的。可以说，文化的生命力就在于能否在"传统"（持续力）和"现代化"（自我革新性）之间保持一种张力。如果借用汤因比博士的考察，可以说，回应现实的严峻挑战（考验）的坚强应战（克服）才是新文化（文明）的摇篮①。顾先生也提到，文化既有固定的“民族性”，也有与时俱进的“时代性”②。其中，您明确地指出，文明的传播与变迁都有“传递（导入）”“选择”“发现”和“创造”四个环节，我觉得这是您对复杂过程的脉络的一种高明的概括。

不同文明间的相遇及文化在时间轴上的变化，都是（对文明的）一种挑战。这个时候，如果只是重在“传递”，只是强调自己不变的固定性，那么就会走上文化衰退之路。但另一方面，如果一种文化能够强有力地走上“选择”“发现”和“创造”的应战之路，那么就会使文化爆发出新的生命力。我想，汤因比博士的“挑战与应战”学说与顾先生的学说也是可以对应的吧。

关于文明与文化的“挑战与应战”或者文化的发展，有一件令我格外关注的事情，那就是现代社会中的儒教复兴。

儒教可以说是中国精神文化的精髓。近年来，日本经常报道说，贵国人民掀起了儒教的学习热，而且还报道说，去年（2009 年）时值孔子诞辰 2560 年，9 月《孔子世家谱》在时隔 72 年后完成了长达 10 年的续修③。

在经济发展的同时，拜金主义蔓延等伦理道德的衰退及其他社会问题的发生是各国共同的难题。这可以说是对现代文明的一种“挑战”吧。把儒教作为精神支柱的贵国在精神复兴方面的努力，正是中国文明对现代社会严峻挑战的一种“应战”吧。如果运用顾先生的学说的话，那也是一种“发现”与“创造”的过程。

前些年，我与哈佛大学的杜维明教授围绕着贵国的“儒教复兴”进行了对话。杜教授说 1987 年中国的国家教育委员会承认了儒教是学术研究的正统科目，同时也开始了研究儒教人文主义复兴的十年计划，他认为这是

---

① 在『歴史の研究』第二部「文明の発生」中有论述。收录于经济往来社版第二—四卷。
② 前揭『中国教育の文化的基盤』17、23 页。
③ 「産経新聞」二〇〇九年九月二十七日付・大阪朝刊（香港時事）。

对儒教复兴具有划时代意义的事①。

回顾历史，儒教虽然经历了秦始皇焚书坑儒②的残酷镇压，但依然顽强地存活下来，终于在西汉成了国家的指导思想。儒教虽然曾是中国的精神支柱，但在19世纪以后的现代化浪潮中，它作为旧时代的遗物遭到了猛烈的批判。众所周知，大文豪鲁迅也激烈地抨击以儒教为基础的封建社会的遗制。但在21世纪的今天，儒教这一中国文化的精神源泉再次受到热烈的关注，的确是颇值玩味的。

儒教穿越了二十几个世纪的惊涛骇浪，以其不灭之光照耀着现在，我从这个事实当中，看到了人类孕育出的"文化精华"的强大生命力。

对"传统与现代化"这个问题，顾先生是如何考虑的？特别是您对儒教复兴的成果及其问题、精神复兴的挑战给社会带来的影响有何种看法？

继承优秀传统，实现现代化

顾

关于传统和现代化的关系，我的看法是：传统是基础，现代化是发展。正像汤因比博士说的，任何一个文明都有发生、生长、衰落、再生的过程。现代化总是在传统的基础上发展起来的，不可能凭空出现一个现代化。即使是从别国引进现代化，也必须经过本土文化的改造，使之本土化，才能稳固地生长和发展。例如贵国的明治维新，引进了西方的君主立宪制度，但贵国的政体与西方的又有许多不同，有着日本民族的传统特点，日本的教育渗透着"和魂洋才"的精神。

---

① 对谈集『対話の文明—平和の希望哲学を語る』第三文明社、112 頁。杜维明，1940 年生于中国云南。2001 年联合国"文明对话年"召开"知名人士小组"会议时，杜维明作为儒教文明的代表参加。哈佛大学教授。曾任哈佛燕京研究所所长。现任哈佛大学亚洲中心高级研究员、北京大学哲学系终身教授、北京大学高等人文研究院院长等。

② 秦始皇（公元前 259—公元前 210）根据宰相李斯的建议而实行的思想镇压政策。

但是传统又对现代化有阻碍的一面。文化传统是一个族群经过长期的历史积淀而形成的对现实社会仍产生巨大影响的文化模式。它包含了民族的基本精神，但又有许多旧的内容。因此国家在实现现代化的过程中，总要对旧的文化传统进行鉴别、选择和改造，选择优秀文化和民族精神加以继承和发扬，否定和抛弃一些落后的不符合时代要求的内容；而且对过去优秀的要素也要根据现代的要求加以改造和丰富，从而建立符合时代要求的新文化。

正确处理传统和现代化的关系是国家现代化建设必须重视的问题。中国近年来的"国学热"，反映了中国人对传统和现代化的一种选择。众所周知，中国在走向现代化的过程中过多地看到传统的消极阻碍作用，一度曾经有人否定一切传统，主张实现全盘西化。特别是在"文化大革命"中，所谓革命青年"破四旧"的行动，对传统文化起到了极大的破坏作用。"文化大革命"以后，拨乱反正，人们深感中国传统文化受到极大破坏，对于一个民族的文化素质的养成极为不利，也不利于中国的现代化建设。所以许多有识之士提出实现中华文化的伟大复兴，重视传统文化中的优秀精神，弘扬中华传统美德。

我的看法是，中国现在的"国学热"包含两方面的内容：一是普及国学知识，传播中华文化精神，提高国民对中华传统美德的认同和他们的文明素养，例如现在许多地方提倡中小学生诵读经典；二是开展国学研究，培养国学大师，使中国的典籍文化得以传承和发展。

中国传统文化的核心是儒家学说。儒家学说也有一个发展变化过程。我认为，儒家文化的发展分三个阶段：第一个阶段是孔子、孟子、荀子的时代，是原始儒家文化的时期①，以"仁"和"礼"为核心；第二个阶段是汉武帝时代，董仲舒"罢黜百家，独尊儒术"，把儒学归于"三纲五常"②，"三纲"即君为臣纲、父为子纲、夫为妇纲，"五常"即仁、

---

① 公元前 6 世纪至公元前 3 世纪，即从春秋时代到战国时代。

② 给战国时代画上句号的是秦朝对儒教的镇压，而西汉第 7 位皇帝即武帝（公元前 141—公元前 87 年在位）因董仲舒献策而将儒教作为国家的官学，此后儒教传统绵延不绝。

义、礼、智、信，确立了一套封建伦理道德；第三个阶段是宋明理学①的建立，主张"存天理、灭人欲"，使儒学愈趋僵化。今天我们提倡国学，或者重视儒学的传承，不是为了复古，更不是重新宣扬封建道德，而是恢复、传承和弘扬中华传统文化的优秀精神，弘扬中华传统美德，振兴民族精神。而且在传承过程中要进行选择和改造，剔除一些封建糟粕，赋予现代意义，从而在传承文化传统的基础上，建设现代化的新文化。

最近十多年来，经过全社会的努力，包括教育的重视、媒体的宣传，中华文化传统受到各地政府和人民大众的重视。各地都大力保护文化遗迹，许多非物质遗产也得到重视和复兴。学校中开展各种弘扬传统文化的活动，如诵读经典名著、课程中增加中华文化的元素，使青年一代受到中华文化的熏陶。

对于提倡国学，我反对复古倾向，也希望防止形式主义。时代是发展的，社会是不断进步的，历史不可逆转，提倡国学也好，振兴儒学也好，需要传承的是一种基本精神。当然这种精神也渗透在各种物质文化遗产和人们的行为习俗中，但没有必要都恢复到古代的状态。

3　日本与中国的文化发展

从中国与西方"导入""选择""发现""创造"

池田

正如顾先生所说，任何传统文化如不发展性地、创造性地继承反而会带来弊害，因此与其他文化或文明的交流是不可或缺的。

---

① 宋（10—13 世纪）和明（14—17 世纪）时期的儒学不注重训诂而注重探究天人之"理"，故称宋明理学。亦称理学、新儒学，分为很多流派。关于儒教文化的三个阶段，参见第 3 章第 3 节。

追求"文化多元主义"的英国思想家以赛亚·伯林这样写道:"人所追求的目的是多种多样的,但人们都是充分理性和人性的,是可以互相理解、共同感受和互相学习的。"① 我想,这句话跟顾先生所说的"各种文化应该互相交流、互相学习并使各自的文化更加繁荣"的道理是相通的。

人一定能彼此心灵相通。"善的人性"存在于所有人的身上,并能互相起到启发作用——这就是我所坚信的东西,也是我能够超越文化与宗教上的差异而坚持在世界上对话的原因。

交流可使文化、文明获得发展。为了证明这个结论,我也想借用顾先生关于文化发展过程中的"导入""选择""发现""创造"的理论来回顾一下日本文化形成史上几个重要的时期。

2008 年 5 月 8 日晚,我与来日访问的胡锦涛主席再次相见,就青年交流和文化交流进行了交谈。那天下午胡主席在早稻田大学的"日中青少年友好交流年"开幕仪式上这样说道:"日本人民善于学习、善于创造,勤劳智慧、奋发向上。远在 1400 多年前,日本就先后 20 多次向中国派出遣隋使、遣唐使,借鉴中国的制度、典章、律令,引入佛教、汉字、技术,结合自己的实际形成了独具特色的日本文化。明治维新以后,日本人民努力学习吸收世界先进文明成果,逐步发展成为亚洲第一个现代化国家。日本人民以有限的国土资源创造出举世瞩目的发展成就。"② 我向胡主席以友好的目光看待日本表示了衷心的感谢,同时也向作为日本文化大恩人的贵国再次表达了最大的敬意。

正如胡主席所说,在古代日本,经由中国以及朝鲜半岛东渡到日本的人和由日本派往中国的使节传到日本的文物、技术和思想的影响是非常大的。其中,我特别看重日本在 6 世纪全面吸收佛教和儒教的史实,因为它正具有文明开化的意义,正是文化的"导入"。

---

① 『理想の追求』(バーリン選集 4)、福田歓一他訳、岩波書店、15 頁。以赛亚·伯林(1909—1997)出生于沙皇专制下的犹太人家庭,俄国革命胜利后移居英国。

② 见早稻田大学主页,http://www.waseda.jp/jp/news08/080508_02_p.html。

　　圣德太子制定了《十七条宪法》，作为日本国的精神支柱①。可以看到，其内容正是对佛教和儒教的接受（"导入""选择"和"发现"），并致力于"创造"国家的统一事业。如第一条"以和为贵，无忤为宗"就出典于《论语》第一篇的"礼之用，和为贵"；第二条"笃敬三宝。三宝者，佛、法、僧也"则是在阐明对佛教的"皈依"。

　　此外，《三经义疏》（《胜鬘经义疏》《维摩经义疏》《法华经义疏》）虽然是否为圣德太子所撰尚存疑问，但它对大乘佛教有深刻的理解，并涵养了日本民族的精神与伦理。此后，日本成为大乘佛教之国，通过与中国的交流，一方面逐渐接受了佛教思想，一方面在奈良佛教、平安佛教的基础上使镰仓佛教这一日本佛教的独创性思想开花结果。其蕴含的传统一直传承到室町文化、江户文化。

　　在制度方面，古代中国的律令制在日本的大化改新中作为国家的统治制度而得到了移植，在接受过程中有非常巧妙的取舍与改变，最终建立了适合日本的制度。这里也可以看到"选择"的过程。

　　在平安时期，日本人将汉字改创为独自的假名文字，日语多彩的表现形式由此形成。日本民族在"导入"中国汉字文化的过程中，一边"再发现"日本自古以来的传统文化，一边在"选择"和"导入"汉字文化的基础上创造了日本的国风文化。其中的一个精华，是以宫廷女性为主要写作者的世界最早的长篇小说《源氏物语》、随笔杰作《枕草子》以及敕撰歌集《古今和歌集》等，以"假名"为表现形式的日式文化和文艺日渐丰富起来。在这一精神土壤里，以《法华经》为首的大乘思想也贯穿其中。

　　后来，古代从中国传来的儒教加入了日本派往中国的留学生和中国到日本的学者们带来的知识，经过很长时期以后逐渐融入日本人的生活，培育了日本民族的深层伦理。

---

　　① 圣德太子（574—622），作为推古天皇的摄政于604年制定《十七条宪法》。该法是主要针对官僚和贵族的道德规范。

在这一历史当中最值一书的是近世日本由中国"导入"的"朱子学"[①]。"朱子学"成了江户幕府的官学，被各大名家所接受，并通过寺子屋普及到一般民众当中。其缘由一是当时的中国（明清之际）把朱子学尊为官学，二是朱子学认为，如果能够明明德，便可成为与尧舜一样的道德高尚的人。从朱子学被日本接受的过程也可以看到"选择""发现"和"创造"的机制。在日本，虽然"仁"等明德的方面被大家接受了，但日本却对朱子学所倡导的根本性法理缺乏关注，只学了道德规范方面的内容。17 世纪日本的儒学家中江藤树晚年倾心于阳明学[②]，同时提倡回归儒教古典的"古学"[③] 确立起来，但它也是与日本人的精神风貌相适应的儒学思想。这也可以说是日本式儒教的"创造"。另外，在日本，科举制度最后未被采纳。

进入明治时期，日本受到来自西方科学技术文明的强烈冲击（挑战），现代日本在对它回应的过程中形成了。西方文明的影响涉及从科学技术到衣食住等生活方面，以及法律、经济、军事、教育、医疗、福利以及思想哲学等精神层面。特别是第二次世界大战以后，在美国的影响下，日本在从重工业到电子学等广阔的领域内发展了科学技术。地下资源贫乏这一国土条件反而使日本的加工贸易获得成功。这里可以说也经历了"传递（导入）""选择""发现"和"创造"的过程。

---

① 宋明理学（新儒学）的一部分。南宋朱熹（1130—1200、朱子为敬称）集大成。他在《理气论》中认为构成万物的"气"中必然有普遍性的理法"理"。通过学习能够获得"理"的人即可成为执政者（修己治人），之后可以平天下。其重视作为理的名分，即强调君臣父子等关系（即"名"）中应体现忠、孝等作用（即"分"）。"朱子学"后来作为维护现行秩序的意识形态而被利用。在朝鲜王朝（1392—1910）、日本的德川幕府时期（1603—1867）都作为官学。

② 宋明理学（新儒学）的一部分。明代王阳明（1472—1529）提倡。朱子学在明代作为官学已经僵化，王阳明批判了为了科举及第和维持体制的学问，提出要恢复原来的儒家"圣人之学"。主张"知行合一"的道德实践。在日本被称为"近江圣人"的中江藤树（1608—1648）及其弟子熊泽蕃山（1619—1691）是有名的阳明学大师。阳明学对大盐平八郎（1793—1837）的起义及幕末的倒幕运动影响很大。

③ 儒教的一派。反对朱子学和阳明学等新儒教，主张不依靠后来的注释，直接研究原始的《论语》等经典。希望回到受佛教和老庄思想影响之前的古代中国的圣王之教。以山鹿素行（1622—1685）的圣学、伊藤仁斋（1627—1705）的古意学、荻生徂徕（1666—1728）的古文辞学为代表。将古学的方法运用到日本古代研究的即为日本的国学。

但是，由于日本过于追求国家利益，忽视了民众的幸福，更发动了那场悲惨的战争，给贵国和亚洲带来了极大的灾难，这一历史也是不能忘却的。

冲突与融合——中华文明的"多元"与"一体"

顾

池田先生回顾了日本发展的历史，说明日本是吸收了别国民族的文化，经过选择和改造，创造了独特的日本民族文化。池田先生的论述也支持了我关于文化的传播、选择、发现和创造的理论，我感到十分高兴。日本的发展历史充分证明了胡锦涛主席在日本早稻田大学演讲时讲的："日本人民善于学习、善于创造，勤劳智慧、奋发向上。"我到过贵国二十多次，最长的一次住了四个月，深深体会到胡主席讲话的正确。我十分惊叹，贵国能把传统和现代化结合得如此完美。

池田先生讲到日本历史上受到中国儒学的影响，接受了朱子学等思想，把中国视为日本文化的大恩人。其实，中国又何尝不是向日本学习的呢！中国近代化的许多东西都是向日本学来的。

别的不说，就拿教育来说，中国近代教育发轫于清朝末期传教士办的教会学堂，但第一个新学制却是从贵国引进的。连第一本教育学教材也是由王国维从日本立花铣三郎的《教育学》翻译过来的①。清末民初，中国大批留学生涌入贵国，他们带回了许多新思想。孙中山先生领导的民主革命，也得到贵国人民的帮助。日本也可以算作中国近代化的老师。所以，

---

① 1901 年发行的杂志《教育世界》（上海·教育世界社刊）第九—第十一号刊载了立花铣三郎讲述、王国维翻译的《教育学》。它是立花受聘京师大学堂师范馆（北京师范大学的前身）时所做的讲述。立花铣三郎（1867—1901），福岛县出生的学者。最早将达尔文的《物种起源》译成日文。在伦敦、柏林进行过教育学研究，在回国船中病逝。王国维（1877—1927），清末民初的学者，在文学、美学、史学、哲学、考古学等领域均留下硕果。1901 年秋至翌年夏天留学东京物理学校（东京理科大学的前身），这一翻译是留学前完成的。

文化总是在交流中，在互相学习中发展起来的。而中国文化因为历史久远，而且在两千多年以前的先秦时代就基本形成完整的体系，所以它在东亚的影响比较大。

中国文化也有一个形成和演进的过程，也是通过多民族文化融合和吸收不同民族的文化元素而逐步形成的。中国史学界对这个过程有不同的看法和分期。2006 年中国出版了一部由北京大学袁行霈等四位教授领衔主编的《中华文明史》（四卷本），该书在开篇中就提出："考察中华文明史，不能脱离世界文明的大格局。"该书认为，中华文明的演进包含多元一体格局的形成、多民族的融合、对外来文明的吸收、雅与俗的互动、以复古为革新等方面。据考古资料证明，中华文明的发祥地，不只是黄河流域，还包括长江流域。而且中华文明不仅包括居于黄河、长江流域的农耕文明，也包括若干以游牧为主的少数民族文明。中华文明是多元的，在演进过程中，不是互相灭绝，而是互相整合。多元一体的格局最晚在西周①就建立起来了。该书指出，在中华文明演进过程中，有两方面值得特别注意：首先是民族的融合，其次是对外来文化的吸收②。

我在拙作《中国教育的文化基础》一书中，对中国文化的形成和演进做了概括，现在简要地介绍一下：

中国文化的诞生和初始阶段　约在公元前 7000 年至公元前 2300 年间。那时在中国大陆上产生了华夏、东夷、南蛮三大文化集团，均属于氏族制度文化。据考古挖掘表明，这个时期的文化在物质方面主要是火的使用和石器、木器、骨器、陶器的制作和使用；在观念方面主要表现为原始宗教崇拜、祖先崇拜和图腾崇拜，那时已经出现了以龙为徽记的

---

① 西周存在于公元前 11 世纪中叶至公元前 771 年。推翻殷王朝而建国的周定都于镐京（今西安附近），周后来逐渐衰微并陷入混乱，公元前 770 年迁都于洛邑（今洛阳附近）。迁都以前史称西周，东迁以后则称为东周，东周开始进入"春秋时期"。

② 参见袁行霈、严文明、张传玺、楼宇烈主编《中华文明史》（全四卷），北京大学出版社，2006 年，第 12—14 页。

图腾画①。

周朝宗法制度的确立　许多学者把这个时期称为"从神本走向人本"的时代。这个时期中国先民由原始的氏族公社制社会逐步转变为贵族奴隶制的宗法制社会②。到周代，宗法制度的国家已初步形成，同时产生了一套礼乐制度（后称礼教）。这种礼乐制度后来成了儒学的基础。

春秋战国时期的百家争鸣　这是中国从耒耕农业向犁耕农业转化的时期。周朝衰落，诸侯割据，国家未能统一。在经济上，由井田制过渡到名田制③。在学术上，诸子蜂起，学派林立，有阴阳、儒、墨、名、法、道等家。百家争鸣的时候是互相攻讦，但又互相吸收，其结果是学术思想得到

---

①　图腾崇拜是指将自己部族、血缘集团同某种动物、植物等建立神秘的、象征性的特别联系。这时，将自然物称作"图腾"，各集团以图腾的名字相称。对图腾的信仰和崇拜形成图腾制度，具有关于图腾的神话与礼仪、禁忌。

②　宗法制规范宗族（同一祖先的父系集团/一族或一门）的秩序体制。此前，在漫长的原始氏族共同体制社会之中，生产工具是公有的，产品也是共同体平等地分配的，但有人开始将剩余产品私有化而成为贵族，战争中的俘虏被当成奴隶，氏族共同体制开始过渡到有奴隶和奴隶主这种阶级划分的贵族奴隶制。此外，以前的母系共同体演变为父系社会，宗法制度的国家开始形成。在周王朝的宗法制度下，政治和财产继承权由嫡长子世袭，其他诸子则获得次一级的政治地位和财产。大宗（本家）统制小宗（分家），统一实施祖先祭祀、共同飨宴及同宗不婚等制度。以周室为共主的各地诸侯也世袭其位。根据这种身份制度，人际关系中的礼节、祭祀、仪式中的礼制、音乐演奏等都有严格规定，礼乐制度由此发展起来。

③　井田制是周代实行的一种土地制度（也有开始于商代之说），将方圆一里的田地用"井"字九等分，中央一区为公田，周边八区为私田分给各家，八家要共同耕作中间的公田，仅用公田的收获作为租税，《孟子·滕文公章句上》中将井田制作为一种理想的制度。名田制是秦汉时期实行的土地制度，对于它的实际情况和变迁众说纷纭。一说认为与井田制相似，是将田地与宅地按身份分配。但是，井田制是世袭的，因此田宅比较稳定；而名田制中的身份会因军功等个人贡献与业绩而发生变化，所以不世袭，甚至有降格和爵位剥夺的情况，因此田宅的所有权是变化的。从井田制到名田制，反映了土地从血缘性所有到家（家长）所有的转换，反映了从以宗族为基础的统治向中央集权政府直接对人民进行统治的转变。

很大的发展①。可以说，这个时期是中国文化最辉煌的时代，它奠定了中国文化的基础。

儒家主流文化的确立　经过多年的兼并战争，秦王嬴政终于完成了统一中国的大业。秦始皇在政治改革的同时，出台了一系列文化政策：全国实现了文字的统一、货币的统一、度量衡的统一，所谓"书同文、车同轨、度同制"。这对中国文化的建设起了不可估量的作用。

汉灭秦后，武帝采纳了董仲舒的建议，实行"罢黜百家，独尊儒术"的文教政策，并把儒学改造为以"三纲五常"为核心的封建伦理道德。从此，以儒家思想为主导的统一的中国传统文化基本上确立下来，绵延了两千多年。

佛教对儒学的冲击　这是中国儒学受到的第一次大的冲击。佛教在东汉传入中国②，魏晋南北朝大动乱时期，因适应当时统治集团的需要，得以广泛传播。本来佛教的思想与儒学不同③：佛教主张出世，儒学主张入世；佛教脱离家庭，儒学却以家为根本。但几经冲击，佛教逐渐吸纳儒学的思想，逐渐与中国传统伦理相结合，产生了许多具有中国特色的宗派。而佛

---

① 指诸子百家进行的思想与学术活动的盛况。诸子百家是春秋战国时代出现的思想家（诸子）和思想学派（百家）。司马迁在《史记》中援其父司马谈之说分为六类，即阴阳家、儒家、墨家、名家、法家、道家。班固在《汉书》艺文志中，基于刘向与刘歆父子编的书目《书略》中的分类，又加了四家（纵横家、杂家、农家和小说家）而成为十家。一般说诸子百家时也将孙子的兵家纳入其中。在对话中谈及的阴阳家是从阴气与阳气运动的角度解释世界；法家倡导严厉的法治，成为战国时代的霸主秦的统治思想；名家追求一种逻辑学，力图阐明名（语言）与实（实体）的关系。这一时期之所以出现很多学派，其背景是在战国乱世之中各国力图通过采用富国强兵之策以在竞争中取胜。为寻求和实施新的国策，各国不拘一格任用人才，也很重视教育和学术发展。当时农业中铁器的广泛使用提高了生产力，也使发展教育和学术成为可能。此外，宗法制度的解体使以因世袭制而被垄断的学术和知识传到民间，从而扩大了思想的自由。随着各国间交通的便利，在一国不被认可的学者可较容易地移至他国，这也使各个学派能够相互刺激，思想水平也因此而得到提高。

② 佛教传入中国的时间有多种说法。比较有名的是，东汉明帝（57—75 年在位）在梦中见到金人，遣使西域，得僧人和佛经典籍。也有人认为周朝、秦朝就已经传来了。北魏正史《魏书》中《释老志》（佛教与道教的历史）有西汉传来的记载。据其记载，西汉武帝元狩二年（公元前121 年），攻击匈奴，获得匈奴休屠王的金人，并对之礼拜，即为佛像传入的由来。再者，出使西域的张骞，听闻"浮屠教"（即佛教）的说法；此外传说哀帝于元寿元年（公元前 2 年）从大月氏使者伊存那里得到了《浮屠经》的口授亲传。

③ 见本章第 1 节。

教对中国的哲学、文学、艺术、建筑也都产生了巨大的影响。

南北朝也是中华民族大融合的时期。北方民族纷纷到中原建国，为了巩固他们的政权，都提倡"汉化"。极大地促进了北方民族与中原汉族的融合。汉民族吸收了许多北方民族的文化，使中国文化进一步丰富和发展。

隋唐时期东西文化的交流　隋唐时期中国文化进入了气势恢宏的隆盛时代。科举制度确立后，中下层士子可由科举进入仕途，极大地激发了庶族寒士参与政治的积极性。唐代也是诗歌、绘画创作最活跃的时代。

唐朝通过丝绸之路吸收了许多西方文化的精华。中国的造纸、丝织、火药、冶金技术也传入阿拉伯帝国，然后传入欧洲。隋唐时期中国不仅与西方交往频繁，与东方各国来往也很密切。日本、高丽、安南（越南）都多次派人入唐。可以说，隋唐时期继承魏晋时期多民族文化的交融发展，以更开放的姿态，兼容并包的恢宏气派，大胆吸收了各民族文化，对中国文化的发展有着重要意义。

宋明理学的形成　宋明理学是儒释道经过长期斗争后融合的产物。宋朝儒学家吸收佛、道两家的思想，革新儒学，创立了理学。理学以"穷理尽性"为主要内容，并提出了"存天理、灭人欲"的思想，并把汉儒推崇的"三纲五常"等政治伦理道德说成是至高无上的天理。但物极必反，宋明理学禁锢了人们的思想，使儒学失去了活力，中国文化开始走向衰落。

西学东渐对中国文化的冲击　明末清初，西方传教士开始到东方来传教，带来了西方的近代科学和技术。它冲击了中国传统文化的世界观、价值观和思想方法。中国接受西方文化经过了艰苦曲折的过程，大致经过拒绝、被迫、自觉三个阶段。明末清初，西方传教士来华传教，遭到了清政府和儒士们的拒绝；鸦片战争中，西方用坚船利炮轰开了中国的大门，中国被迫开展"洋务运动"，企图"师夷之长技以制夷"；直至辛亥革命①和五四运动，才自觉地要吸收西方的科学和民主思想。中国传统文化开始解

①　辛亥革命于 1911 年（辛亥年）10 月爆发，并最终推翻清朝。中国摆脱了漫长的君主制，建立了共和制的中华民国。

体，中国文化走上现代化之路。

中国文化在新旧交替过程中走过了曲折的道路。新中国成立后，批判、废除封建旧文化，这是十分必要的。但是在批判旧文化的过程中对传统文化的优秀精华保存和弘扬得不够，特别是"文化大革命"对传统文化破坏严重。改革开放以后，我们总结过去的经验教训，再一次提出中华文化的复兴，在全社会弘扬中华优秀文化，提高民族精神，推动现代化建设。

从中国文化的演进过程可以看到，中国文化是在不断地冲突和融合中发展过来的。每一次冲突和融合，都是文化的选择和创造。中国文化演进过程中，凡是优秀的部分总是要被保留下来，并且通过改造和创新，更加发扬光大；凡是拙劣的部分，就要被抛弃。

我认为，现在中国还在建设新文化的过程中，我们一方面要弘扬中国优秀文化传统，另一方面要吸收世界一切优秀文明成果。所谓中国文化的复兴，不是恢复到旧的文化，而是在继承优秀传统文化的基础上，吸收一切优秀文化，创造一个新的先进的文化。为此，我们一定要坚持改革开放。改革就是冲破旧的、阻碍现代化发展的思想和制度；开放就是实行国际化，开展国际的广泛交流与合作。

改革开放以来，随着国际交往的频繁，西方各种思潮涌入中国。在北京、上海乃至商业发达的小城市都有许多外国人，他们带来了西方文化。这又是一个东西文化大冲突、大交融的时代。我相信，这一定会促进中国文化的再一次繁荣。

佛教各宗在与中国思想的融合中发展

池田

感谢您用简明流畅的语言娓娓道出了悠久的中国文化史长卷，指出中国通过与其他许多国家和民族的交流使文化得到不断的发展变化而有新的创造，其中谈到了佛教与儒教的交流史。我作为佛教徒，很赞同您对中国历史上佛教的传入、变迁所做的深入考察，但我还想以佛教史为主做一点补充。

公元元年前后，印度佛教传入中国，但与当时中国文化差异很大。佛教是在与中国文化的相互影响中不断变化的。印度佛教对中国的思想、文学、艺术、雕刻、建筑乃至风俗习惯都产生了巨大影响，但与此同时，它也在接受中国文化影响的过程中转变为中国佛教并大放异彩。

印度佛教与中国文化的宏大对话是在从梵文经典向汉译经典的翻译中开始的，这两大异质的思想体系之间的规模巨大的翻译成为一种思想的哲学的对话，堪称人类历史上的壮举。

首先产生了格义佛教①。从 401 年鸠摩罗什②到达长安以后，真正的佛教传入就开始了，中国人开始准确地理解大乘佛教的"空"、中道论、业论等等。在庞大的佛典翻译的基础上，宏大的中国佛教也结出硕果。六朝之后，时至隋唐，印度佛教中所没有的中国佛教即宗派佛教开始形成。众所周知，从印度经丝绸之路、西域传来的印度佛教经典被不断译出，于是开始有了中国佛教的"教相判释"③，它建立在中国对经典的比较与价值判断的基础之上。

由是，宗派佛教竞相发展，终于形成了真正的中国佛教。天台宗以《法华经》为中心，三论宗以《三论》为主。唐代以后，有了以《净土三部经》为中心的净土宗、以《华严经》为中心的华严宗、现在禅宗的雏形南禅宗、法相宗、俱舍宗，唐代中期以后，还从印度传来了密宗。几乎所

---

① 佛教在传入中国初期，中国很难从经文直接理解思维方式迥异的佛教思想，因此，佛教僧侣试图将中国本土的思想与佛教思想进行类比加以解释。例如，将"空"的思想解释为老庄的"无"。这种方法称为"格义"，以此为基础的佛教称为"格义佛教"。在西晋（280—316）末期到东晋（317—420）兴盛一时。但受到释道安（314—385）等人的强烈批判，5 世纪初，经鸠摩罗什的大量翻译，中国形成对佛教思想的体系化理解后，格义佛教衰退。

② 鸠摩罗什（344—413/350—409），父亲为印度贵族，母亲是龟兹国王族。从小被誉为神童。384 年，成为进攻龟兹国的吕光的俘虏，度过了 18 年的囚徒生涯。401 年，受后秦姚兴的邀请进入长安，仅仅用十年的时间就翻译了包括《妙法莲华经》在内的约三百卷佛经，同时培养了众多门生。一般认为，中国佛教以及东亚佛教是由其奠基的。

③ 指将佛教的经典根据内容、形式、说法的顺序等判定其特征和优劣的佛教经典解释学。由于佛教经典传入中国时前后没有关联，所以学者们通过判断排列经典，以究佛教的根本真理，佛教修行的终极目的等。以天台大师智𫖮的《五时八教》最为著名。

有这些宗派都传入朝鲜半岛，并经由朝鲜半岛传入日本，培育了日本人的精神土壤。在日本，有圣德太子以后的南都（奈良）六宗、有平安时代的天台宗和真言宗，特别是在天台宗这一支，出现了以日莲大圣人为首的镰仓佛教的师祖。

在中国的宗派佛教中发挥了先驱性作用的人当推讲述《法华经》的天台大师智顗。智顗讲述了《法华三大部》①，通过这些著作整合了各种佛教思想，并以《法华经》为基础论证了“一念三千”的法门②，为一切众生可以平等成佛提供了理论根据，论证了在这个充满生死苦恼的现实世界达到理想境界的可能性，即“生死即涅槃”。这就形成了中国佛教的现世主义，为在家佛教即居士佛教开了方便之门。

才华横溢的研究者刘继生在以《佛教与儒教的两千年对话》为题的论文③中对天台宗和法相宗进行了比较，提出了这样的见解：“佛教中有许多宗派，富于多样性。在诸多的宗派之中，既有天台宗这样历经重重苦难而不断发展的宗派，也有法相宗这种短命的宗派，其原因取决于是否积极地与中国的思想进行融合。”他认为，天台宗的“《摩诃止观》关注到了人性中的恶，要求我们做严格的自我反思，也就是说那些难以获救的人通过自己的修行就够成佛”。而法相宗却倡导“五种姓说”，否定一切众生皆能成佛之说④。他认为，天台宗与儒教的性善论或者人人可为圣人之说是有相通

---

① 亦称“天台三大部”，指的是智顗综论鸠摩罗什译的《妙法莲华经》之深意的《法华玄义》，解释其经文的《法华文句》，基于《法华经》对全部佛教修行（称“止观”）加以体系化的《摩诃止观》三书。三书皆是其高足章安灌顶（561—632）笔录的智顗讲义并多次校订的成果。

② 指的是三千相都具足于一念之中。《摩诃止观》中对此做了阐释，《御书全集》中引用了以下句子：“夫一心具十法界，一法界又具十法界、百法界。一界具三十种世间，百法界即具三千种世间，此三千在一念心。”参照第5章第3节。

③ 創価大学通信教育部学会編『創立者池田大作先生の思想と哲学』第三卷、第三文明社、第十章。引自237頁、238頁。

④ “五种姓说”将众生的宗教素质（种性/种姓）分为五类，并强调是天生决定的，无法改变。这五类种姓为：（1）声闻种姓（定性声闻）；（2）缘觉种姓（定性缘觉）；（3）菩萨种姓（定姓菩萨）；（4）不定种姓（三乘不定性）；（5）无种姓（无性有情）。（1）（2）（3）由修行所得之果决定，（4）可能改变，（5）无法悟到任何。这种说法由于认为只有（3）（4）有成佛的可能，引起许多争论。

之处的，而法相宗则固守教义，拒绝与中国传统思想相融合，因而衰退了。

正如刘先生所分析的那样，天台宗以《法华经》为中心融合了佛教思想，同时又尝试与中国传统的儒教和道教思想相融合。方才顾先生在论及佛教东传时，也指出佛教与儒教的共同点有"佛教劝人为善，中国儒学也总是教育百姓要做一个善良的人"。天台大师智顗在《摩诃止观》中把儒教伦理的源泉"五常"与佛教善的基础"五戒"相对比，指出它们都是使人向善的伦理。佛教是与烦恼和恶业斗争的，是锤炼自我的，是向着善心与善业而促进变革的，是用"十善"和"五戒"来阐述自我磨炼的伦理的①。

4 "人间主义"的支柱——儒教的仁与佛教的慈悲

中国文化底色中的"尚文"之风

池田

我想再稍微与您讨论一下中国文化的特质。

德国的大文豪歌德曾对他的弟子艾克曼说道："在文化水平最低的阶段你总会发现存在最强烈的仇恨。但会有那样的阶段——民族仇恨会彻底消失，即超越了民族，把邻国人民的哀乐看作自己的哀乐。"② 这是一段非常具有启发意义的话，因为它提出了这样一个观点，即把是否具备控制人类和国家具有的野蛮兽性的内发力看作衡量文化或文明发展程度的指标。

我想在有五千年历史的贵国，正具有这样一种高度的文化和文明的力

---

① "五常"指的是"仁、义、礼、智、信"五种道德。"五戒"指的是"不杀生、不偷盗、不邪淫、不妄语、不饮酒"的戒规。"十善"指身、口、意三方面做到善行。身为"不杀生、不偷盗、不邪淫"，口为"不妄语、不绮语、不恶口、不两舌"，意为"不悭贪、不嗔恚、不邪见"。

② エッカーマン『ゲーテとの対話（下）』山下肇訳、岩波文庫、271 頁。对话是在 1830 年 3 月进行的。

量。我曾就这一点于 1984 年在北京大学进行了演讲①，我谈到了中国独特的传统，并指出中国历史的原动力在于一种不"尚武"而"尚文"的气质之中。正是因为有这种"尚文"的精神特质（道德特质），因此在悠久的中国历史中，中国文明具有一种抑制事态全面倒向武力的文化力量。虽然也有例外，但我想中国文明中是有这种文化力的。

就这一点，作家金庸②曾跟我说过很有意思的话，他说："在中国的传统中，更重'文官'而不是'武官'。""比如说，在排队向皇帝致敬的时候，首先排文官，然后才是武官。""文官和武官在一起的时候，总是文官为上。"以高度的文化和文明为自豪的中国，就是这样以文制武。

那么，为什么中国形成了不尊武而尊文的文化呢？我想，它的渊源可以在以"仁"为代表的儒教精神中找到，"仁"与"义""礼""智""信"并列成为儒教思想的根基。顾先生也指出"孔子学说的核心可以概括为一个'仁'字"，并指出其"最主要的精神是克己与爱人"③。"仁"是指以"爱人""体恤""同情""共感"之心实现共生的实践伦理，而且为使仁成为可能就要"克己复礼"——也就是抑制自己的欲望以恢复礼义，其特点是不论他人如何，首先将着眼点放在如何控制自身欲望这种内在的部分。另外，从语源上说，"仁"表示"两个人"，既有把人与人联系起来的道德的意思，也有一种安坐于座位上的意思，通过坐垫而放松心情，从而延伸为和亲与仁爱等意思④。这种"仁"的精神培育了中国人强烈的伦理规范和伦理感，成为构建尚文的、和谐的及和平的社会的原动力。

我想请顾先生就中国"尚文"的风尚谈谈自己的看法。

---

① 講演「平和への王道—私の一考察」。1984 年 6 月 5 日在第 6 次访问北京大学时的演讲。收录于『池田全集』第一卷。

② 香港小说家，武侠小说的代表人物，被称为"东方的大仲马"，在世界华语圈有众多读者。1924 年生于浙江省，在香港创办《明报》，作为著名的言论界人士与多国首脑进行对话，曾在规范回归后的香港社会的《香港基本法》起草委员会中担任委员。1995 年以后，与池田大作先生进行过五次对话，出版了对话录《追求一个灿烂的世纪》。

③ 前揭『中国教育の文化的基盤』65 頁。

④ 参见白川静『字通』平凡社。

追求仁爱的"大同世界"

顾

池田先生谈到中国文化"尚文"的气质。我想，总体上是这样。儒家文化的核心就是一个"仁"字。仁者爱人，爱人就不能靠武力。所以战国时期，孔子、孟子周游列国去宣传他们的"仁"的精神，劝说君王要以"仁""义"治天下。然而在那个争战兼并的年代，孔子、孟子到处碰壁，并未如愿。但是儒家尚文的精神一直流淌在中国人的血脉中。中国人总是希望和平，厌恶战争。

中国古代关于世界和平的思想集中体现在《礼记·礼运篇》中有关"大同"的一段文字中。这段文字是这样写的：

大道之行也，天下为公。选贤与能，讲信修睦。故人不独亲其亲，不独子其子。使老有所终，壮有所用，幼有所长，鳏寡孤独废疾者皆有所养。男有分，女有归。货恶其弃于地下，不必藏于己；力恶其不出于身也，不必为己。是故谋闭而不兴，盗窃乱贼而不作，外户而不闭。是谓大同。[1]

这就是中国人追求的大同世界。这个世界是以"仁爱"为精神支柱的。所谓"完善的人格"也以此为标准。儒家主张培养"君子"。"君子"就是有"完善人格"的人，是讲仁义、有道德的人。所以许多学者都认为，中国文化是一种伦理型文化，重视人伦关系。在家庭中重视"父慈子孝、兄友弟恭、夫敬妇从"，在社会上对朋友讲"信"和"义"。前面我曾谈到[2]我以前背诵过儒家经典《大学》，它开首第一句话就是："大学之道，在明明德，在亲民，在止于至善。"[3] 学习知识就是为了完善道德。儒家提倡"修身、齐家、治国、平天下"。就是从自身修养开始，进而把"仁爱"扩

---

① 竹内昭夫『新釈漢文大系27　礼記　上』明治書院、327—328頁。部分表述有改动。
② 见第 1 章第 3 节。
③ 金谷治訳注『大学·中庸』岩波文庫、31頁、33頁。

大到家庭、国家及至世界，求太平大同的世界。

追求慈悲的"立正安国"

池田

顾先生所谈到的《礼运篇》，近代学者康有为①是很关注的，他写了《大同书》，他在书中用佛教的四谛（苦谛、集谛、灭谛、道谛）来论证实现"大同"这一和平世界的过程。但与佛教中的出世立场不同，他追求的是要在现实世界中去实现这个理想。正像康有为所注意到的那样，中国佛教中的天台哲学和华严哲学中贯穿着一种佛教理想，它与"大同"思想相同，是要把充满苦恼的现实世界改变为和平的世界。

我曾在夏威夷的东西方中心演讲②时介绍过释尊的和平论，这是贯穿于整个佛教的和平思想的基点。我谈到了释尊与《礼记》大同理念根本上相通的观点，那就是下面这段逸话：

当时，印度有一个大国叫马嘎塔，这个国家派了一个大臣来见释尊，传达了要攻打瓦基人的意向，释尊就问了弟子们关于瓦基人的七个问题：

一、他们尊重会议与协商吗？

二、他们尊重合作与联合吗？

三、他们尊重法律与传统吗？

四、他们尊重老人吗？

五、他们尊重妇女和儿童吗？

六、他们尊重"精神性"吗？

---

① 康有为（1858—1927），清末民初政治家、思想家。推动旨在对清朝进行改革的变法自强，1898 年戊戌变法失败后流亡日本。其后始终坚持对清朝进行政治改革，追求立宪君主制，故不赞成旨在推翻清朝的革命运动。在其代表作《大同书》中，描绘了一个统一的、没有歧视与束缚的、全人类自由平等的乌托邦式的未来。

② 1995 年 1 月 26 日的演讲。「平和と人間のための安全保障」。收录于海外諸大学講演集『21 世紀文明と大乗仏教』聖教新聞社、『池田全集』第二卷。

七、他们尊重文化人士与哲人并与他国开放地进行交流吗？

弟子们的回答都是"是的"。释尊听到回答后说，如果这七条都做到了，那么瓦基人必繁荣无疑。也就是说，释尊悟到，马嘎塔国的国王是不可能征服瓦基人的。这七条原则后来被称为"七不退法"。我认为释尊的这种原则理论，与中国理想的"大同"世界是有共同指向的。

日莲大圣人继承了印度佛教和中国佛教的成果，发展了日本佛教的精华，他提出了为实践世界和平的"立正安国"思想。这里的"立正"，意思是要确立起基于佛教慈悲的尊重人、尊重生命的思想，把它作为指导全社会的不变的原则；"安国"则是指建设以"人间主义"的思想为行动准则的社会，生活在这种社会的民众可以安享幸福。

顾先生指出，普及"仁爱"的过程就是实现中国人理想中的"大同"世界的过程。大同世界以"仁"为精神支柱；立正安国以"慈悲"为精神支柱。可以说儒教中"仁"的精神和佛教所说的"慈悲"是相通的。

在龙树所著的《大智度论》①中有"给一切众生以乐为'慈'，拔一切众生之苦为'悲'"的论述，也就是说，慈悲就是解除人们的痛苦，给予他们喜悦与快乐（拔苦与乐）。这不仅仅是个体内在的伦理，也是对关心他人的苦恼、给予他人快乐这种积极行动的促进。日莲说："而自他共有智慧与慈悲，是云喜也"②。所以"慈悲"与"智慧"一道成为佛教者的基本精神。

天台大师的《摩诃止观》说："矜养慈悲，不害他者，即不杀戒。"③把佛教的"慈悲"与儒教的"仁"看作同义。这里所说的"不杀戒"即是显示生命尊严的"慈悲"之戒，即是不害他者，爱他人之体恤之心。从这个基本戒出发，去展开佛教的其他戒（伦理规范）。作为大乘佛教伦理基调的"慈悲"与儒教的"仁"的共同之处在于，这种促进人与人相互联系的

① 『大智度論』卷二十七（釈初品大慈大悲義第四十二）卷頭。『大正大藏経』第二十五卷、256 頁中。

② 「御義口伝」、『御書全集』761 頁。

③ 『摩訶止観』卷六上。『大正大藏経』第四十六卷、77 頁中。

行动，是自身本来具有而非从他者那里获得的精神性和伦理性。

在儒教中有孟子的"四端说"①，它表达了对内在于人类生命的善性的强烈信心。在佛教中，天台宗以《法华经》为基础，指出"当知佛之知见蕴在众生也"②，也就是说所有的人都具备"佛性"这种伟大的善性。

所以，儒教和佛教的方向都是以人为焦点，旨在开发与高扬人本身的内在"善性"，我们把这种实践性思想称作"人间主义"，与贵国所说的"以人为本"是一个意思。

不是孤立地、片面地看人，而是终究将人与人结合起来，坚信人的无限可能性和善性，这种精神体现在"仁"与"慈悲"之中。我想，全世界凡是希冀和平的有心之人，都会希望文化或文明的发展以"仁"与"慈悲"中所体现的"人间主义"精神为理念。

前面谈到，"仁"与"慈悲"都是追求开发实践德性的。我想贵国所提倡的"提升人格"，也是要培养具有实践性伦理的人。您认为"仁"的精神给了现代中国文化和现代的中国民众怎样的影响？

顾

我所知道的佛教"慈悲"应该也是爱人、与人为善之义，这是与儒学相通的地方。佛教自东汉传入中国以后，逐渐与中国文化相融合，提倡德行教育。《增一阿含经》中就提出："诸恶莫作，诸善奉行，自净其意，是诸佛教。"③ 可见佛教的"慈悲"就是劝人为善。同时佛教主张自我修炼，自我觉悟，这与儒学中讲的"仁爱"、与人为善、自我修养都有某种相通之处。所以宋明理学吸收了许多佛教的精神。

仁爱是人间最重要的伦理道德。有了爱才能互相理解，和平相处，互

---

① 即指任何人都有恻隐、羞恶、辞让、是非之心。此四者为仁、义、礼、智四德的萌芽。能够磨炼自己的四端，就可为圣人。出自《孟子》公孙丑章句上，参照第4章第2节。

② 《法华玄义》卷二上在论及《法华经》的"开示悟入"时写道："如经为令众生开示悟入佛之知见。若众生无佛知见。何所论开？当知佛之知见蕴在众生也。"『大正大藏経』第三十三卷、693页上。

③ 『増一阿含経』序品第一。『大正大藏経』第二卷、551页上。

相帮助，共同发展。现在中国正在建设和谐社会，提倡互相友爱。2008 年
5 月 12 日中国四川汶川大地震，2009 年台湾花莲遭暴风袭击，都牵动了中
国人民的心，全国上下纷纷捐钱捐物，帮助灾区人民渡过难关，充分表现
出中国人的仁爱之心。今年（2010 年）4 月 14 日青海省又发生了大地震，
全国都在全力救援，努力进行灾区重建。还有些支持是来自国外的。

战争文化是野蛮的渣滓文化

池田

对此我表示衷心的慰问！我深深为亡灵祈福，也祝愿灾区的复兴早日
实现。

今年，加勒比海的海地和南美的智利也发生了大地震。近年来，日本发
生过阪神·淡路大地震、中越大地震等，受灾相当严重。另外台风带来的灾
害也持续不断。从这些灾害的经验中，我们更深切地懂得了互相守护、互相
支持、携起手来共同面对困难的重要性，所以志愿者活动、各地的防灾抗灾
活动已经深入人心。其中，我们国际创价学会的青年们作为佛教徒也燃起强
烈的使命感，在救灾及地方重建方面忘我地奔忙。从这个意义上说，佛教和
儒教中都富于提升人性、促进社会协调与和谐的智慧。无论社会取得了何种
进步，如果失去"仁爱""慈悲"这些精神，那也必将走向颓败。

顾先生在著作中谈到文化与人的关系："文化是人创造的，同时文化又
创造着人，人是在一定的文化环境中成长的。因此要特别重视文化的人文
主义精神，丧失人文主义精神的创造成果不能称之为文化，或者只能称之
为'垃圾文化'、'文化渣滓'。"[1] 正如您所说，人文主义或人道主义的精
神非常重要。在"文化"这个词中，有着人性的、温雅的芳香。但在现实
中，也存在着企图统治他人的、将非人性的暴力最大化的"文化"，可以说
战争正是"垃圾文化"的产物。"战争的文化""歧视的文化"是戴着文化

---

[1] 前揭『中国教育の文化的基盤』28 頁。

面具的野蛮，可以说是人性的失败。20 世纪是"战争的世纪""暴力的世纪"，产生仇恨和暴力的"战争文化"可以说就是"文化渣滓"。我们要把笼罩了整个 20 世纪的"战争的文化"变为"和平的文化"！这才是我们可以留给后代的最大的文化事业，是 21 世纪应当履行的使命。

您认为今后的世界要根除"文化渣滓"的毒害需要做些什么呢？您认为在当今世界中，"人间主义"的思想应该发挥什么样的作用？

人类迎来了自我觉醒的时代

顾

正像池田先生所说的："20 世纪是暴力的世纪。"在和池田先生的对话中我几次谈到塞缪尔·亨廷顿，他把它归因于文明的冲突。他在 1996 年出版的《文明的冲突与世界秩序的重建》一书中说："最普遍的、重要的和危险的冲突不是社会阶级之间、富人和穷人之间，或其他以经济来划分的集团之间的冲突，而是属于不同文化实体的人民之间的冲突。"[①] 其实，亨廷顿只看到当今世界冲突的表面现象。文明是离不开经济的。人类文明是在经济发展的基础上不断进步的，世界不同文化实体也是由不同的利益群体在历史长河中形成的。民族、种族不仅仅是血缘意义的实体，也是在共同经济政治活动中长期形成的，是有着共同利益的群体。文明的冲突掩盖了集团利益的冲突，当今世界的冲突不只是表现在不同文化实体之间，同一个文化实体不也是不断发生冲突吗？几百年来欧洲的多次战争不是在同一种文化，甚至在兄弟之间发生的吗？两次世界大战都发生在欧洲文明之中的事实都反驳了亨廷顿的观点。但有一点亨廷顿的分析是对的，他指出："未来的岁月里，世界上将不会出现一个单一的普世文化，而是将有许多不同的文化和文明相互并存。"[②] 因而他要唤起人们对文明冲突的危险性的注

①　塞缪尔·亨廷顿：《文明的冲突与世界秩序的重建》，新华出版社，2002 年，第 7 页。
②　见作者为《文明的冲突与世界秩序的重建》中文版写的序言。

意，促进整个世界上的"文明的对话"。

确如池田先生所说，在"文化"中也有对人类而言非常危险的东西。战争和暴力可以产生"战争的文化"，但这是"文化渣滓"，不是人类应有的文化。科学技术的发展，物质生产的高度丰富，都具有两面性：一方面丰富了人类的物质生活，另一方面又使人类的物欲膨胀，并且运用先进的科学技术制造武器，互相残杀。

人类该到自我觉醒的时候了。如果大家都能践行儒家所提倡的仁爱，佛教所提倡的慈悲，就会认识到战争的危害，世界和平才有希望。这就是池田先生说的"人间主义"吧！

这里我又想提到教育，教育实在太重要了。其实儒学也好，佛教也好，都是在教育人们从善。我们今天的教育切不能教育后代互相仇恨，而是要教育后代互相理解，互相学习，互相帮助，共存共荣。

以生命尊严为一切之坐标

池田

对此我有深深的共鸣。顾先生所指出的"文化的人文主义精神"是非常重要的，也就是要把"人"和"生命尊严"作为一切的坐标。这就是"人间主义"。要不松懈地与人自身的野蛮性做斗争，最终取得人性的胜利！

无论是文化还是文明，究其根本，都是由"人"所创造的。一切决定于人。因此，我确信，只要把旨在开发人的无限"善性"的"人间主义"教育作为根本，就一定会超越民族和思想等方面的差异，共同产生多彩的智慧，真正创造出丰富的文化与文明。

第 3 章

比较教育学之光
——关于中国与日本的教育*

顾

今年（2010 年）是创价学会创建八十周年，我首先要向贵会和池田先生表示热烈的祝贺，我也由衷地赞美创价学会为人间播撒的爱，为世界和平做出的贡献！

创价学会是在牧口常三郎先生的领导下，为了救助苦难的民众而成立的，它高举教育改革的旗帜。学会由于在二战时期强烈反对国家神道和军国主义而受到了日本军部政府的镇压。牧口先生身陷囹圄，被迫害致死。这是多么惨痛的历史！可见侵华战争不仅给中国人民带来灾难和痛苦，也给日本善良的人民带来灾难和痛苦。创价学会的后任几位领导，包括池田先生您在内，能够接过牧口先生的旗帜，坚持实现全体民众的和平与幸福的使命，值得钦佩！

池田

谢谢您温暖的话语。首任会长牧口常三郎先生曾言："只要有一个有勇

---

　*　本章内容曾刊载于《东洋学术研究》第 49 卷第 2 号、第 50 卷第 1 号（2010 年 11 月、2011 年 5 月）。

气的大善人，就能成就大事。"①顾先生正是这样的一个人，能得到您这样深深的理解，牧口先生该会多么欣慰！

我之前也介绍过②，为了纪念不屈不挠的正义斗士牧口先生，我们在牧口先生的 50 年忌辰的 1993 年秋天，在东京八王子市创价大学附近建立了"东京牧口纪念会馆"。纪念会馆耸立在高岗上，像是在守护着创价大学的每一个学生，这所学校正是他遗愿的结晶。今天，纪念会馆还迎来了全世界倡导和平与人道的领袖们及许多其他创价的同志们，成为文化和教育的殿堂。

祈望和平、为青年们开辟道路的牧口先生的精神，正被年青一代广泛地继承。

1　文化与教育的关系

教育是文化的一部分

池田

在前一章对话的基础上，让我们谈谈教育与文化的关系。

文化是大地，在富饶的文化大地上，盛开着丰富的人性之花。

顾先生认为，在比较教育学研究中，如果不能与对象国的文化传统相联系来思考，那么就很难理解其教育的理念与实践。您很敏锐地观察到"文化"的问题。

在您的著作《中国教育的文化基础》中，您这样写道："影响教育的因素应该分为政治因素、经济因素、文化因素等等，其中文化因素对教育的影响尤为深刻，尤为持久。"

---

①　"羊虽千匹，不及狮子一头。狮子至，则羊即逃遁。与其有成千臆病之小善人，不如有一有勇敢之善人可成就大事。人才者，非数量也。"辻武寿编『牧口常三郎』第三文明社、27 頁。
②　见第 1 章第 7 节。

我也有同感，不看文化而言教育，就成了"只见树木不见森林"的空谈。特别是您认为"教育是文化的一部分"的以下论述，更是指出了问题的关键："文化的思想、意识、观念层面的影响，渗透到关于教育者和受教育者的教育价值观、人才观、教学观、师生观等方面，影响到教育价值观的确立，教育目标的制定、教育内容的选择、教育制度的建立等等。"

无论教育的哪个方面，都不同程度地打上了文化的烙印。因此，深入理解文化的眼光对研究各国各民族的教育实际是不可或缺的。

被贵国译为中文的《法华经》中有七大比喻，例如《药草喻品》中有这样的描写：广袤的大地受到雨露的润泽，生长出大大小小的草木。这一宏大而有力的"三草二木之喻"直接地说明在佛的智慧之雨的滋润下所有的人都可以成佛的道理。

不仅如此，我还联想到在大宇宙妙不可言的恩泽下，包括人在内的所有存在，都有着丰富的个性，它们热情地讴歌生命，形成了万物共生的局面。

上次与顾先生谈到，"文化"包括科学、艺术、宗教、思想、道德、法律、学术，也包括风俗、习惯和制度等。从这种极为丰富而复杂的文化土壤中，产生了包括教育在内的所有人类活动及其成果。如果把这种"共生的大地"比作"文化"，那么"草木"正是包括教育在内的所有人类活动。正是从富饶的文化共生的大地之上，那些充分吸收营养的、个性丰富的教育大树才枝繁叶茂。

文化的内在性质对于教育的质量和内容有着深厚的影响。但另一方面，正如顾先生所说："教育受文化的影响至深至久，而文化也需要依靠教育来传播和继承。"[1] 教育本身也对文化的继承和发展发挥着重要的作用。教育担负着对子子孙孙的"文化遗传"功能。

因此，我想对文化这一"大地"或"文化基础"进行更为深入和广泛

---

[1] 上述引文引自『中国教育の文化的基盤』13 頁、29 頁、34 頁。

的研究，与顾先生一道展望充满光明的"人间教育的世纪"。

教育传承文化

顾

说起文化与教育的关系，我认为教育本来是文化的一部分，但又有相对的独立性，就如文化领域中的文学、艺术、建筑等一样，虽都属于文化，但它们又都有独立的运动规律和特点。教育也是这样，有自身的规律和特点。教育总是在民族文化的土壤上生长起来的。池田先生说："教育只有在富饶的文化大地上才能生长。"我很赞同这个观点。文化是教育的基础，它影响着教育的价值观、培养目标、教育内容，甚至教育方法。

人类为什么需要教育？就是为了把父辈的生产经验、社会经验、各种礼仪传播给下一代。因此也可以说，教育的本质就是传播文化。文化是教育的基础和内容，教育是文化传承的途径和方式。

教育在传承文化时，并不是原封不动地把原有的文化传授给学生，而是在传承过程中有选择和改造。就拿中国儒家文化来讲，现在我们了解的儒学已经不完全是孔子时代的原始儒学，已经经过多次的选择与改造。

日本文化也属于儒学文化圈。自隋唐开始，日本就不断派遣学者到中国来学习，特别是宋明理学对日本的文化影响很大。但是他们不是简单地把中国儒家文化搬回去，而是经过选择和改造形成了日本自己独特的文化。

文化有先进和落后之分，教育也有优劣之别。宣扬和平的就是先进的文化，宣扬暴力侵略的就是落后的文化。教育人们"真、善、美"的是优秀的教育，但像军国主义或恐怖分子那样宣扬仇恨的就是卑劣的教育。

中国儒家以"仁"和"礼"教育学生，仁者爱人，以礼待人。这种教育就是一种优秀的教育，使中华民族形成一个讲求和平、博爱、礼仪的民族。如果抛弃本国的优秀文化传统，照搬别国文化的教育，就不是优秀的教育。当前我们担忧的是我们的年青一代迷恋西方文化，所以迫切需要加强中华优秀文化教育，使年轻人不要忘掉自己的文化传统，不要忘掉自己的根。

文化教育领域中“价值创造”的斗争

池田

感谢顾先生有关文化与教育关系的清晰阐述。正如您所言，要拥有好的教育，就必须继承和培育优秀的文化。要继承和发展优秀文化，良好的教育则必不可少。

牧口先生在《创价教育学体系》中提倡建立新的教育学，强调“以文化价值为目标向前进”①。

在此，我想向您介绍一下我们是如何参与“教育与文化”活动的。

此前我曾谈过创价学会的历史②，可以说实际上是户田先生在战后重建了当时已遭破坏的创价学会。在学会再建之际，先生将“创价教育学会”改称“创价学会”，明确了实现全体民众的和平与幸福的使命，期望以佛法的“人间主义”为富饶的土壤，成长为使教育和社会所有领域的价值之花争相斗妍的综合性的大文化运动。

1951 年 5 月 3 日，户田先生就任第二任会长，在他的领导下，学会得到普通民众的支持，在日本全国的影响迅速扩大。当时还是二十几岁的我，为了实现恩师的心愿，心无旁骛地参加了“战斗”。

当时，创价学会被社会上的一些人揶揄为“穷人和病人的大联合”，但我们坚信“救助苦难民众的宗教才是真正有力的宗教”，所以从未向恶意的批判屈服。我们一个人一个人地见面，一个人一个人地对话，在座谈会上鼓励每一个人，我们每天就是从事着这种扎实的工作。有一天开座谈会时，由于在一间小屋里聚集的人过多，把地板都压坏了，这都是令我怀念的回忆。

---

① 第一篇第二章「教育学の価値的考察」の四。『牧口全集』第五卷、27 頁。
② 见第 1 章第 6 节。

当时正值战后的混乱期，贫困家庭还很多，并没有充分接受教育的机会，也没有品味高雅文化的可能。但是，从本来的"文化之力"来看，经济的贫困未必就导致人性的贫困。因为即使有学历，即使财物丰富，但有的家庭还是精神空虚，杀气腾腾。而另外一些家庭虽然小而朴素，但有明快的笑容，温暖而诚实的心灵闪耀着光芒。这种清风如许的普通民众家庭我见过很多。家里没有名画，就插上一朵野花点缀，为整间屋子注入了生命的色彩。那里有创造"美的价值"的智慧，有扎根于生活的文化。

世界上有些地方战祸与纷争不断，人类的文化惨遭破坏，教育的机会被剥夺，暴力与贫困充斥，孩子们不知阖家团圆之乐，不知学习之乐，在凄惨的现实下只会玩"战争游戏"。这种非人性的战争在教育人，这是多么荒凉的景象啊。文化的荒废夺去了儿童的未来。

之前顾先生给我讲过自己的经历，令我感受到您受到了您母亲扎实的教育，是在一个真正有文化的家庭中长大的。在单亲家庭这种非常困苦的情况下，您的母亲教给了您自力更生的精神，教给了您关爱他人之心。

所以，您的内心充满了报答母亲恩情之心。这是多么美好的事情！我觉得最人性的文化在充满着这种"母爱之心""孝顺之心"的生活中才能真正发光。

牧口先生认为，康德所主张的"真、善、美"这些价值内容中，"真理不是价值，而是认识的对象"，于是独创性地主张"美、利、善"的价值，认为人生的幸福正在于获得和创造这些价值。教育要面向创造价值，因此要确立"创价教育"。牧口会长在《创价教育学体系》中是这样定义各种价值的：第一，美的价值是关于部分的生命的感性价值；第二，利的价值是关于整个人的生命的个体性价值；第三，善的价值是关于群体性生命的社会性价值。他还说："人生终究是创造价值的过程。""教育活动必须指导价值创造。"①

---

① 第二卷·第三篇「価値論」第五章第一節。『牧口全集』第五卷、325—326頁。同篇第一章の一。同書214頁。

以牧口先生的理论为原点，创造"美、利、善"的价值，让以"人间主义"为根底的"文化""教育"与"和平"永放光芒，也是我们创价运动的目的。

人生需要信仰和精神

顾

人生在世，总要有点信仰和精神，这是人类与动物的根本区别。正如池田先生说的："经济的贫困未必就导致人性的贫困。"如果人有了信仰和精神，生活在爱心之中，为人类创造非凡的价值，人生就是无限充实的，精神就是很富有的。这不就是创价学会主张的"人生终极的创造性价值"吗？

池田

我在创价大学开学时曾赠学生们一句话："人生的价值只诞生于劳苦与使命之中。"为了人民、为了和平这种崇高的使命而勇于挑战艰难困苦，才能创造最充实的"人生终极价值"。事实上，我有很多这样无名的朋友，他们过着有价值的充实人生，可以称他们是市井英雄，他们的人生就是我这句话的最好证明。

2 比较教育之路

从"一国教育的现代化"到"世界公民教育"

池田

在这里我想问问比较教育学的专家顾先生一些与比较教育学相关的问题。

据了解，19 世纪始于欧美的比较教育学在近代民族主义（民族国家）的全盛期是以发达国家的教育为研究对象的。可以说，比较教育在调查和比较发达国家的教育方法和教育制度并把优秀的东西引入本国方面是做出了很大贡献的①。

日本的比较教育是在进入 20 世纪以后逐渐发展的。从这一时期开始，对欧美教育的研究兴盛起来，出版了早稻田大学和东京帝国大学的教授们的以"比较研究"或"比较教育"为题的著作。但真正的比较研究的开始则是在第二次世界大战以后，这一时期比较教育不仅在日本，在世界各国都呈现出活跃的景象，在战后的混乱期，人们都希望国家复兴，因此从教育中寻找出路。全世界对发达国家的教育研究都非常活跃，这也可以说是一种"教育竞争"。

在日本，继 1952 年九州大学开设比较教育学讲座之后，第二年广岛大学也开设了比较教育制度学讲座，1965 年日本比较教育学会成立，比较教育学真正在教育研究中占有一席之地。此后比较研究非常活跃，与国外大学交流逐步加深，扩大了友好往来，在日本教育制度改革方面发挥了重要作用。

简单地说，一直以来，比较教育研究就是为了实现教育的现代化，现在现代化在许多国家都在一定程度上得到了实现。

另一方面，国家的框架近年也发生了重大变化。苏联和东欧国家出现的国家分裂、欧盟所体现的超越国家单位的区域性统合，使单纯的以国家为单位的比较已经无法施展。加之随着互联网的普及和交通条件的完善，各国间的人员交流更为便捷，很多留学生和劳动者可以进行迅速而广泛的往来。在外国劳工不断增加的国家，对不同文化背景的外国人如何进行教育也成为讨论的焦点。

现在，比较教育学的对象已经不能被完全囊括到现存的国家框架之中了。近年来，就全球性问题进行的研究与教育受到了人们的重视。旨在理

---

① 参见馬越徹『比較教育学——越境のレッスン』（東信堂）等文献。

解和尊重多元文化进而实现共生的教育，即"世界公民教育"受到广泛的注目。

我感到，比较教育学正处在这种新的教育潮流之中。

在中国，我听说比较教育学是在周恩来总理的提倡下开始研究的。听说有过苏联留学经历的顾先生那时被分配到北京师范大学新设的"外国教育研究室"。

研究人才培养的"普遍规律"和"地区差异"

顾

人生总有偶然的机遇，我的经历也不例外。

比较教育本来是一个古老的学科。正如池田先生所说，早在 19 世纪西方就出现了比较教育。中国是在 20 世纪 20 年代开始由一些教育前辈把比较教育引进中国。但是新中国成立以后，实行向苏联学习"一边倒"的政策，比较教育研究也就中断了，直到 1964 年周总理主张要了解外国，要研究外国，于是建立了外国问题研究机构，才重新开始对西方教育的研究。但当时不称比较教育，而称外国教育。到"文化大革命"结束，改革开放以后，教育界又重新建立比较教育学科。

1980 年教育部邀请美国哥伦比亚大学比较教育学家胡昌度①教授来北京师范大学讲学，同时由 10 所准备开设比较教育课程的大学的教师组成的进修班在我校开班。经过一个学期的学习研究，我们动手编写了自己的比较教育教科书。于是新中国第一本《比较教育》于 1982 年问世。我当时在北京师范大学担任教育系主任，兼任外国教育研究所所长，参与组织了这些活动。

---

① 胡昌度（1920—2012），中国教育史和比较教育学大家。1962—1985 年任哥伦比亚大学教师学院教授，后为名誉教授。著有 China：*Its People*，*Its Society*，*Its Culture*（《中国：人民、社会与文化》）和 *Chinese Education under Communism*（《共产主义下的中国教育》）等。

1980 年 7 月我应日本比较教育学会会长平塚益德①教授的邀请参加了在日本埼玉县举行的第四届世界比较教育大会。这是我第一次访问贵国，参观了中小学和东京大学、广岛大学等。日本教育的发达给我留下了深刻的印象。从此我与世界比较教育的同行们有了联系，真正成为比较教育之一员。

比较教育的含义其实很简单，就是比较世界各国或地区的教育思想、制度、模式，寻找教育发展和人才培养的普遍规律和特殊差异，最终还是为发展本国的教育提供借鉴。比较教育的研究具有跨地区性和跨文化性，说来简单，研究起来却很困难，因为世界上有 200 多个国家，有约 2000 个民族；有发达国家，有不发达国家；有大国有小国；有多民族国家和单民族国家，错综复杂。比较研究首先要具有可比性。研究对象的选择就是十分困难的事。我国正在开展社会主义现代化建设，所以我国比较教育研究对象首先选定美国、英国、法国、德国、俄罗斯和日本几个发达国家，学习他们的经验。后来又选择与我国发展水平相当的印度、巴西等国家，同时也对国际共同关心的问题，如全民教育问题、终身教育问题、女童教育问题、国际理解教育问题、环境教育问题等进行研究。研究的问题纷纭复杂，研究的前景十分广阔。

学习苏联模式又批判学习苏联的时代

池田

感谢您清晰地阐明了比较教育学的意义。教与学是一体的。因此，教育者本身要拥有广阔的视野，通过相互学习、相互提高、相互切磋，才能像获得明镜一样，放出智慧的光芒。

---

① 平塚益德（1907—1981），教育学家。曾任九州大学教育学部部长、联合国教科文组织本部教育局局长、国立教育研究所所长等。著有《平塚益德著作集》全五卷、《平塚益德讲演集》全三卷等。日本比较教育学会在 1990 年为纪念第一任会长平塚益德的业绩，设立了以奖掖青年研究者为目的的"日本比较教育学会平塚奖"。

和平之桥
——畅谈"人间教育"

　　我在 1974 年第一次访华时，参观了北京大学、北京市的中小学和上海的幼儿园，和很多教育工作者进行了交流。同年我访问了苏联，去了莫斯科大学和列宁格勒大学（现在的圣彼得堡大学），那正是中苏关系恶化的时期。看了顾先生的著作，我了解到中国主要在上世纪 50 年代从苏联请了专家，开办了模仿苏联教育模式的学校，每年还向苏联派遣大约 200 名留学生①。向苏联学习也是向别国学习，从这个意义上说，这也是广义上的比较教育实践吧。

　　在 20 世纪 60 年代，学生运动风起云涌，世界性的教育改革开始启动，而中国则因"文化大革命"的混乱，比较教育的研究出现了停顿。顾先生此间也有很多遭遇。

　　"文化大革命"结束后的 20 世纪 70 年代后期，中国的教育现代化大踏步地前进。在顾先生的著作中，也谈到以邓小平②"要引入外国教材，从外国教材中吸收有益的东西"的指示为契机，中国大量购买了美国、英国、法国和日本等国的教材，促进了中国的课程改革和教材的现代化。曾一度荒废的比较教育也重新出现了生机。这一时期，我多次到贵国的大学进行访问和交流，师生们对于学术研究满怀激情的情景给我留下了深刻的印象。

　　那么，我想请教顾先生，您如何评价比较教育学在当前中国发展中的作用？

顾

　　池田先生谈到，新中国成立初期实行向苏联学习"一边倒"的政策，其实也是不得已的事情。当时西方国家不承认新中国，而且实行封锁，我们不向苏联学习又向何处去学？因此苏联教育的影响是很强的。我是新中

---

　　①　『中国教育の文化的基盤』235 — 238 页。

　　②　邓小平（1904—1997），中国政治家。在"文化大革命"时期几起几落，"文化大革命"后很长一个历史时期成为中国实质上的最高领导人。1978 年，他提出了至今仍在坚持的"改革开放"路线。邓小平曾两度会见创价学会名誉会长池田大作（1974 年 12 月和 1975 年 4 月，均在北京）。

国第一批派往苏联留学的学生。回来以后当然就宣传介绍苏联的教育理论和经验。当时人民教育出版社有一个《教育译报》杂志，我在杂志上发表了多篇译文，苏联著名教育家赞科夫的发展教学理论的实验研究，就是我首先翻译介绍到中国的。但是到 1958 年，中苏关系逐步发生变化，同时中国学者发现苏联许多教育理论、制度和方法不一定适合中国的国情，于是开始探索中国教育发展之路。60 年代，中苏关系恶化，中国开始批判苏联教育理论，寻求建立中国的教育理论体系。但当时还是很封闭，仅仅凭自己的经验，特别是解放区干部教育的经验，改革是很有限的。不久"文化大革命"开始，苏联的一切都受到批判。我当然也参加到这个批判运动之中，不能例外。但心里并不觉得苏联教育都是坏的，也有许多值得我们学习的地方。"文化大革命"中批判苏联，留学苏联当然也就不是一件光彩的事，我也曾被批判为"思想上、生活上都变修了"的分子，停止工作，下放劳动。

求知于世界，确定"以学生为主体"的理念

顾

"文化大革命"从根本上打乱了中国教育正常发展的进程。改革开放以后，我们打开门户，放眼世界，才发现世界教育丰富多彩，而我国教育已落后世界几十年。于是我们积极引进国外各种先进的教育理论，引进外国的新教材，更新我国的教育内容。

当时介绍外国教育经验，比较教育起了巨大的作用。我们介绍了世界几个主要发达国家的教育制度和发展历史，研究了战后各国教育的发展和趋势，介绍了世界盛行的几种教育思潮和教育思想流派。如终身教育思潮、全民教育思潮，苏联赞科夫发展教学思想及苏霍姆林斯基和谐教育思想、瑞士皮亚杰发展心理学、美国布鲁纳结构主义教育思想及布鲁姆掌握学习

理论、德国范例教学法等等①，可谓五彩纷呈。

通过比较教育对外国教育的介绍，中国教育工作者开阔了视野，更新了观念。例如，在教育过程中的师生关系，中国的传统是"师道尊严"，以教师为主体，苏联教育也强调教师的主导作用。我于 1980 年

———————————

① 列奥尼德·赞科夫（1901—1977），苏联教育心理学家，以研究残障儿童、低学年儿童为专长。主要研究记忆与发展的关系，提出的教学法（"发展性教学法"）旨在促进全班所有学生的身心全面发展，促进学生的智力、情感、意志、素质、性格、集体主义等。瓦西里·苏霍姆林斯基（1918—1970），其半生都在乌克兰的乡村中学当校长，致力于将所有的学生培养成为能为美而感动，享受求知的乐趣，拥有自信心、自豪感和自尊心，合群乐群的人。为了实现学生"个性的和谐发展"，他与学生一起到森林和原野中去，在飞鸟、蝴蝶、云与风之中发现自然的秩序与合理性，在实地中确认教科书中抽象的原理。学生则把自己的感想画成画或编成童话互相展示。苏氏还通过制作肥料、饲料，以及手制交通工具模型等将认识世界（学习）与改造世界（实践）相结合。他提出应致力于将学校、家庭与社会相结合，对学生进行"和谐教育"。其著作《把心献给孩子》等不仅在苏联而且在全世界都受到欢迎。让·皮亚杰（1896—1980），瑞士心理学家。为了解人的智力及思维的发展过程，用临床方法对儿童的语言、世界观、因果关系认识、空间概念、判断与推理、道德判断、数与量的概念等进行了研究，其儿童"思维发展阶段理论"非常有名，使发展心理学得到划时代的发展，对教育学、哲学、生物学、数学等许多领域都产生了重要影响。杰罗姆·布鲁纳，美国心理学家。1915 年生。以提倡"发现学习"而著称。1957 年，苏联成功发射人类历史上第一颗人造卫星"斯普特尼克 1 号"，这一"斯普特尼克冲击"袭击美国，使美国开始重新审视科学和教育，并于 1958 年制定《国防教育法》。1959 年，布鲁纳当选讨论改进教学方法的伍兹霍尔大会主席，在他主持下，以大会的最后报告为基础出版了《教育过程》一书。该书提出，要重视学习内容的"结构"即"事物之间联系的方式"，而发现此前所未能发现的各种关系结构会带来发现的喜悦，并成为对自我能力的自信，从而进一步唤起学习兴趣。因此应设计引发学生兴趣的有魅力的课程，因为对学习材料本身的兴趣，才是最好的激发动机的方法。其结论是为了提高教育质量，无论学科的基础如何，无论哪个年龄阶段的孩子，通过某种形式都是可教的。这一理论被称为"结构主义教学理论"。他认为除了分析性思维以外，直观性思维也很重要。布鲁纳认为个人需要和动机激发对知觉亦有重要影响，这一新观点心理学（new look psychology）也很有影响。本杰明·布鲁姆（1913—1999），美国心理学家。其完全习得学习（masterly learning）理论认为几乎所有学生（95% 以上）均可通过一定的方法完全掌握学习内容。如果不能习得则非因为个人素质，而是没有在学习上花费足够的时间，如果不能通过学习过程中的测验（形成性评价）达到学习目标，可以进行再学习、补充学习或通过个别方式进行学习调整（如调整教学方法或调整学习基础），如此进行集体教学和个别指导的反复。布鲁姆认为，以往认为全班只有几分之一的学生能够完全习得是一种固定观念，它使学生学习意愿下降，压抑学生和教师的能力。范例教学法是 1952 年在西德举行的"图宾根会议"上提出来的。这种教学方法要求从学科的本质性内容中精选出教材，并通过深入学习这些内容，使学生掌握其背后的思维方式和学科结构。在战后西德，"教材的过度供给"造成了学生学习意愿的下降，图宾根会议正是为了改变这一状况而召开的，会议的观点是：与其不断地扩充教材，不如将教学内容的本质彻底地挖掘出来；考试时与其考对固定知识的记忆，不如以增进理解力为目标。有学者指出，会议关于"过剩的填鸭式教学导致精神窒息，教育要恢复人的生命力"的观点与存在主义教育是密切联系的。范例教学法在 20 世纪五六十年代发挥了世界性影响。

提出"学生既是教育的客体，又是教育的主体"的观点，当时引起很大的争论。但是经过学习比较教育提供的国外的先进教育理念，"学生主体"的观点逐渐被大家所接受，甚至写到了国家文件之中。又如社会发展中教育先行的问题，也因引进"人力资本理论"而在中国得到认同。"优先发展教育，建设人力资源强国"已经成为中国的国策。再如贵国战后三次教育改革都被介绍到中国，中国教育也从中学习到许多有益的经验。

当前比较教育的任务已经不能局限在介绍各国教育表面的情况上，而是要进一步深入探索各国教育的规律和趋势。真正要认识一个国家教育的发展规律，就必须研究这个国家的经济、政治和文化。特别是文化，对教育的影响是至深且远。我在比较世界几个国家的教育时发现，虽然它们经济发展水平相当，政治制度相同，但教育的理念和制度却极不一样。例如美国与日本，同是经济发达国家，又都实行资本主义制度，但两国的教育理念差别很大。但日本与中国，经济发展水平有很大差距，政治制度不同，却有许多教育现象很相近，例如升学的压力、考试负担等。原因是什么？因为中日两国都属于东方儒家文化圈，儒家文化对教育有着深远的影响。即使是美国和欧洲大陆的几个发达国家，由于社会发展的历史背景不同，文化各异，他们的教育理念和制度也有很多差异。因此，要研究一国的教育必须研究该国的文化，我称之为比较教育的文化研究。

另外，在当今世界全球化、经济一体化时代，有许多国际间共同的教育问题也需要比较教育深入研究。例如前面提到的全民教育问题、终身教育问题、女童的教育权利问题、环境教育问题、教育与国家发展关系的问题、国际理解教育问题等等，都需要比较教育工作者认真研究。

总之，比较教育不仅通过研究探索教育发展的规律，互相借鉴，促进发展，而且可以通过学习，互相理解，促进和平。

各国面向“为了人的教育”

池田

比较教育的研究与终身教育、环境教育、国际理解教育等广泛的领域相通。比较教育是培养地球公民不可缺少的领域。要推进比较教育研究，很重要的是到各国去和当地的人们交流，接触他们的文化。在创价大学与各国大学交流过程中，我也受到各大学、学术机构的聘请，进行过 32 次演讲：哈佛大学（两次），莫斯科大学（两次），意大利的博洛尼亚大学，贵国的北京大学（三次）、复旦大学、深圳大学和中国社会科学院等。我不仅和那里的教师，而且特别注意和学生们的交流。访问英国牛津大学时（1972 年 5 月），我还参观了学生宿舍。我经常向我所创办的创价学校的老师和学生们介绍我的经验。

我想向各国的文化与传统学习之处是很多的。如在讲课的方法、学生的精神面貌等各方面各国还是存在着很多的差异。但我更觉得，即使文化背景不同，优异的教育工作者都是在指向“为了人的教育”这一点。这种教育不是教条地把人塑造为某一特定的模型，而是把人自身所具有的丰富的力量引导出来，使个性得到伸展，并使之为人类的和平与幸福做出贡献。显然，比较教育的重要性正体现在它可以成为这种教育的推动力。

不知顾先生遍览世界各国的教育时，最为震惊最有所感的是什么？您认为中国教育最该从外国引进的东西是什么？

在苏联、日本遇到的教师和孩子们

顾

池田先生访问过许多国家，访问过许多学校，被众多大学授予荣誉教授和名誉博士学位。在许多大学演讲时都要讲到教育，讲到“祈求人类的和平与幸福"，讲到教育对树立人生价值的重要性。您在访问菲律宾德拉萨勒大学时对校长讲："要创造和平！为此，需要'人间教育'！"您也不止一次地和以色列的教育工作者们会谈，曾问及："5位诺贝尔奖得主中就有一位只占世界人口0.2%的犹太裔人士。犹太人为什么优秀？"又赞许："以色列在'建国之前，先建了大学'。"这些不都是比较教育要研究的问题吗？所以我非常赞成您说的，您已经是比较教育的实践者。

您问道：通过比较教育研究和到各国的访问，感到最震惊的是什么？各国教育的共同点是什么？使我震撼的是各国都非常重视教育的发展，把教育看作自己生命延续的手段，所以都关心子女的教育；无论哪个国家，都把培养人，培养人的德性、高尚人格放在最重要的地位。这是世界和平的基础和希望！

池田先生问我在留学和访问外国时有什么感想。我的感受很多，特别感到，无论在哪个国家，我接触到的人都是友好的、希望和平的。朴素的普通百姓的感情给我很大的教育。

我早年留学苏联，后来又多次访问北美、欧洲等国家的学校，到贵国的次数是最多的，恐怕已有二十多次。每到一所学校都看到活泼可爱的学生和朝气蓬勃的青年，使人感到一种欣欣向上的气氛。这些青年就是我们人类的未来。每遇到一位教师或校长，他们都认为教育要播撒和平的种子，都希望有更多的交流、更多的理解。这是很值得欣慰的。

我在苏联学习的时候，正值二战以后苏联经济恢复、欣欣向荣的时期。苏联老百姓对我们特别友好，在生活上对我们特别照顾，甚至有点过分，让我们感到很不好意思。例如看电影，苏联人都要排队购票，但他们都谦让着让我们先购票；学校旁边的俱乐部有新的影片时，他们会给我们预留最好的位子；苏联的同学帮助我们补习听课的讲义；学校的校长经常接待我们，问我们有什么困难；苏联的老师邀请我们到家里做客；等等。苏联人民非常喜欢读书，非常喜爱他们的文学艺术，无论是在电车上还是在购物排队的空隙时间里都可以看到他们手捧书本在阅读。俄罗斯人非常豪放明快，对人真诚，我和同学们建立的友谊至今难以忘怀。

我到贵国的次数最多，最长的一次在鸣门岛上住了四个月。贵国给我最深的印象是礼貌、有秩序、一丝不苟、清洁、安静。贵国在现代化过程中对文化传统继承得比我们中国要好，对各种文化遗产的保护非常重视。在教育方面，给我印象最深的是，教育发展比较均衡，重视学生的公平权利；对残疾儿童非常照顾，普通学校都设有特殊教育班，有专门受过训练的老师教学；学生非常有礼貌，而老师和学生能打成一片，老师的办公桌都设在教室里。特别值得一提的是，小学生在冬天衣服穿得很少，男孩子只穿短裤，女孩子只穿裙子，两条小腿冻得红彤彤的。我问他们冷不冷？他们说冷。为什么不穿长裤？说是学校规定，为了锻炼。中国的孩子一到冬天父母都把他们裹得严严实实，生怕冻坏了。我觉得中国教育要向贵国学习的东西很多。

在孩子们身上看到国家的未来

池田

您对我与各国友人交流的经历都了解得这么细致，真让我吃惊，您对我也过奖了。对于苏联的印象，我也是一样。至今为止，有许多创价大学的学生到苏联（俄罗斯）留学，他们都说留学时的经历使他们感动。当然，留学贵国的创价大学学生也感受到了中国人的深情厚谊，这是他们一生的财富。顾先生说对日本孩子们的生动活泼印象很深，我则非常感动于贵国孩子们凛凛威严的样子和美丽的眼睛。我归国后在发表的文章中写道："比起服饰等表面的华丽，在孩子们心灵的光辉与顽强的精神中，更能看到丰满的未来。"[1] 从孩子们的身上可以看出那个国家的未来，这是世界相通的。

---

① 引自『中国の人間革命』（1974年、毎日新聞社刊）中所收录的「大河のごとく」。『池田全集』第百十八卷、29頁。

3　中国：教育的传统与现代化

五要素构成中国现代教育

池田

正像顾先生所说的那样，教育具有因时而变的"时代性"，另一方面也有历时不变地沉积于国家与民族精神之中的"传统要素"。在此，我想就贵国的传统与变化特别是现代化向先生请教。

顾先生在谈到"中国现代教育的主要构成要素"时举了五个方面[①]：第一，几千年中国传统文化；第二，五四运动以来的科学和民主的优秀教育思想；第三，老解放区的教育传统；第四，西方教育思想、制度和方法的影响；第五，新中国成立后学习苏联教育的影响。您认为这些要素相互作用、相互整合，共同成为中国现代教育的基础。

顾

中国教育历史悠久，源远流长，发展到今天，受到各种文化的影响。

池田先生提及的五种文化要素影响着今天的中国教育传统。其中，最基本最核心的文化基础自然是中国的民族文化传统。究其原因，中国文化在五千年的历史中延绵不断，在持续不断吸收融合外来文化的同时保持了中华民族文化的主流。这就像长江黄河一样，源远流长，在流经途中各种支流不断汇入，最后成为大河注入大海。

中国教育现代化是近两百年来的事情。尽管包括考试制度到课程设置等在内的教育制度都经历了根本性的变革，但是中华民族的精神仍然不变，依然对中国人的思考方式和生活方式产生影响，也持续不断地对教育产生影响。

---

① 『中国教育の文化的基盤』299 頁。

儒教文化的三个阶段——从与教育的关系看

池田

　　正如顾先生所言，中国文化由于历史悠久，所以对今天的影响仍然很深。如果按照前面五点来看，我自然地想到贵国教育史的变迁和划时代的事件。

　　第一，关于几千年的中国传统文化，我想它的核心就是儒学，上次已与顾先生做了讨论。循着这种讨论，我想就隋朝至清末的科举制度和儒学对教育产生的正负面影响，谈谈自己的看法。

　　顾先生谈到，儒教文化的发展有三个阶段。第一阶段是由孔子、孟子和荀子等发展起来的以"仁"与"礼"为核心的原始儒教文化时代。在那时，绝无罗列教条的训示，也不是训诂注释。正如孔子及其弟子的言行录《论语》所生动记录的那样，老师与弟子在精神性的交往中共同追求正确的道路。孔子早年父母双亡，他的少年时代是在贫穷和不幸中度过的。但他在逆境中抗争，努力学习，开辟了迈向理想之路。其门下有弟子三千，而孔子却从不问他们的出身，也就是为众人广开教育之门。孔子在回顾他的人生之路时说："吾十有五而志于学，三十而立，四十而不惑，五十而知天命，六十而耳顺，七十而从心所欲不逾矩。"《论语·为政》中的这段话在日本非常有名。我的恩师户田先生与军部政府斗争而被投入监狱，他在狱中读《法华经》，不断地思索，研究尊重生命的佛法真髓，从而深刻地认识到了拯救民众的使命。恩师当时 45 岁，他以《论语》的这句话作比，来表达自己的决心："我比孔子晚五年不惑，而比孔子早五年知天命。"战后创价学会的大发展，正源于此时恩师的决心。哈佛大学杜维明教授在与我的对话录中，把以孔子为核心的师徒集团称作"对话共同体"，这个评价给我留下了深刻的印象①。我想，教育的永恒的理想状态之一，正可以从这种原

---

　　①　前揭『対話の文明——平和の希望哲学を語る』186 頁。

始儒教文化时代找到。

第二阶段是西汉的武帝时代，那时开始提倡"三纲五常"，旨在确立统治和维持帝国所需的封建伦理道德。到了东汉，在首都洛阳开办了规模很大的大学，还将新制定的经书教材刻到石碑上（称为《石经》），儒学事实上成为"国教"。到了隋朝，科举制度诞生了。关于科举制度的起源还想请顾先生做一详细介绍。总的来看，它是为了录用高级官吏而建立的制度，并课以严格的考试。在考试中不仅重视作文写诗的能力，而且也有经书科目。这种不论出身而凭实力选拔高级官吏的制度促进了人才的流动，它导致了贵族阶级的没落，使以皇帝为顶点的政治体制更为稳固。

第三阶段是宋明理学的形成。宋明理学吸收了佛教和道教宇宙论与生死观方面的思想与哲学，从而形成了一大儒教哲学。而且，与当时的佛教和道教的出世倾向不同，宋明理学在把宇宙论、人生观与世俗世界的道德和政治伦理结合起来方面，体现了新儒教的特点。宋明理学由北宋的周敦颐、程明道、程伊川、张载开创，到南宋的朱子那里集大成[①]。科举到了元代就以朱子学为基础了。朱子学作为日本江户时代的教育与学术的主轴，对日本民族的精神产生了很大的影响。但另一方面，顾先生上次也谈到，物极必反，宋明理学也导致了人们思想的僵化[②]。

----

① 周敦颐（周濂溪，1017—1073），被朱熹称为"宋学之祖"。宋学（宋明理学、新儒学）离开训诂注释而对古典进行主观解释，哲学地将其体系化，重视成为圣人的实践。周敦颐还主张所有人皆可成圣人。程颢（程明道，1032—1085）与程颐（程伊川，1033—1107）兄弟是他的弟子。兄如"春风和气"，弟如"秋霜烈日"。兄通过直观把握万物一体的"理"（即自然之根本），而弟则将其理论化。两人并称"二程"，其诗文、语录在明末被辑为《二程全书》六十八卷。杨时（1053—1135）师事二程，其弟子罗从彦（1072—1135）又教李侗（1093—1163），朱熹是出于李侗之门。张载（张横渠，1020—1077）也曾与二程相识并拜于门下，他主张无形之"太虚"与有形之"万物"都是气之变化，主张"气一元"说。参见第5章第3节。张载的"为天地立心，为生民立道，为往圣继绝学，为万世开太平"（《近思录》为学大要篇九五）中的最后一句，在日本亦因出现于天皇的《终战诏敕》（即"投降诏书"，或称"玉音放送"）之中（"欲开万世之太平"）而有名。周敦颐、程明道、程伊川和张载四人被称"宋四子"。朱熹和吕祖谦（1137—1181）又从他们的著作中精选出622句编成《近思录》（1176年），共十四章。在日本，《近思录》成为朱子学的基础而被广泛阅读。

② 见第2章第3节。

打破世袭制度——科举制度的起源

顾

　　正如您所说的那样，科举制开启了文官考试制度，儒家文化也在不断的创造中发展。中国传统文化对中国教育的影响并不都是正面的，也有负面的影响。毕竟中国传统文化产生在中国的封建社会，许多文化内容渗透着封建思想。因此今天来继承就需要有所选择和改造。

　　我可以具体分析一下池田先生提到的科举制度。中国科举起源于隋代。隋炀帝大业三年（607 年）设进士科，此为科举之始①。唐代进一步发展完善，逐步形成一套完整的文官考试制度。科举制度作为人才选拔制度在中国产生不是偶然的。中国古代，自夏、商、周以来，中央统治集团都是采用世袭制度任用人才。这种世袭制度是世袭子弟懒散、堕落、腐败甚至专权跋扈的基础。随着封建社会的发展，统治者为了巩固皇权，就要削弱贵族的专权，把人事权力集中到中央。汉代开始实行察举制，借用古代"乡举里选"的做法，由地方官根据一定的科目和标准考察选拔，向朝廷推荐，经皇帝亲自策问，按成绩高下授以不同的官职②。到隋代开始实行科举制度，即由国家设立"科目"，通过逐级统一考试，按成绩选录人才。

　　科举制度相对于世袭制度当然是一种进步。它抑制了豪门贵族的专权，

---

　　① 关于科举制的起源，学术界说法不一，此处取范文澜的说法。

　　② 中国古代的地方行政区划单位中有"里"和"乡"。通常一百户为一里，十里为一乡（也有其他说法）。"乡举里选"是指地方责任人（乡的责任人一般是"三老"）从乡和里当中推荐人才，进而从中选拔官吏的体制。西汉时期，汉武帝要求郡的长官每年均须推荐一名有德者，以利于选拔人才。这便是汉代察举制度。人才评价的科目起初包括孝廉、贤良、方正、直言、文学、计吏等，后来逐渐发展为主要重视"孝廉"。察举制本是发掘人才的制度，但推举者是地方上有权势的人，因此被推举者与推举者之间的关系就变得很关键，推举者与被推举为官吏的人形成了持续的互利关系。为消除这种弊端，做到选拔的公正，在魏晋南北朝时期开始实行"九品中正"制，即将人才分为九个层次序列。这一制度旨在将人才选拔变地方主导改为中央主导，将人事标准由道德为主改为能力为主，但始终难以避免先推荐再选拔这一体制因素，因此隋代以后被比较公正的考试制度即科举制度所代替。

为中小庶族子弟打开了入仕之门。只要他们埋头读书，通过科举考试就可以取得高官厚禄，跻身统治者的行列。但是发展到后来，科举考试中出现营私舞弊，造成许多弊端。

迷失目标的僵化

池田

在当时，有时十几万人参加考试，合格者仅有数百名，这种科举制度对学校教育产生了很大的影响。宋代的记录表明，及第者平均年龄是 36 岁。人们为了突破难关，不得不投入很多的时间与金钱，为帮助考生考试合格而设的书院也在民间发展起来。

正因为这种严格的考试，也上演了许多人间悲喜剧。诗圣杜甫诗曰："甫昔少年日，早充观国宾。读书破万卷，下笔如有神。……此意竟萧条，行歌非隐沦。骑驴三十载，旅食京华春。"① 意思是说，杜甫年轻时，很早便参加了科举考试。读破万卷诗书，下笔有如神助。然而这种意气终归寂落，虽非隐者却只能道行而歌，三十年蹉跎于驴背之上，客居于春华之都。对于当时的青年来说，科举是如此重要的存在。这首名诗咏诵了科举落第者的悲哀。

本来追求人间理想的儒学却与科举制度一起沦为维持帝国僵化的思想基础，反观这一历史，我痛感到应当经常反思教育的本来意义。无论在哪个社会，都不能不问"学问为了什么？""教育为了什么？"

偏重学历和理论——残留至今的科举弊害

顾

特别是明清两代推行"八股文"以后，僵化拒变，更使科举制度走向

---

① 引自「奉贈韋左丞丈、二十二韻」、黒川洋一编『杜甫詩選』岩波文庫、28 頁以下。

末路。其实，科举制度走向末路代表着封建制度的倒塌。因为科举考试的内容和形式都是封建制度的代表。考试的内容是"四书""五经"，以封建的伦常道德为主，而且要根据古人的思想阐释，以"代圣贤立言"，不能有自己的见解。鲁迅第一篇白话小说《狂人日记》就无情地揭露封建礼教。他在文中写道："我翻开历史一查，这历史没有年代，歪歪斜斜的每页上都写着'仁义道德'几个字。我横竖睡不着，仔细看了半夜，才从字缝里看出字来，满本都写着两个字'吃人'！"①

从考试的形式来讲，科目繁多，考试复杂，多级考试。第一级叫童试，由州、县长主考，合格为"秀才"，才有参加第二级考试的资格。第二级考试为乡试，即省一级的考试，每三年举行一次，中试者称"举人"，这样就有资格参加中央一级的考试。第三级考试称会试，在乡试后第二年举行，由中央礼部主持，中试者称"进士"。第四级考试称"廷试"或"殿试"，由皇帝亲自主持对进士进行复试。然后可以赐官晋爵。这样考下来需要漫长的岁月，浪费了多少人的青春！中国著名小说《儒林外史》描写范进五十多岁中举的疯狂场面，从文学的角度生动地描绘了封建社会对科举的狂热追求②。科举制度发展到后来，考生为了利禄，不惜营私舞弊，造成了社会的腐败，它走向末路是历史的必然。

科举制度对中国社会的最大影响是造成了学历主义价值观，一直影响到今天。"读书做官""书中自有黄金屋，书中自有颜如玉"的思想至今还残留在许多中国人的脑海中。今天中国教育中的弊端，如由于追求高学历而产生的恶性的升学竞争，重理论轻技术，重视普通教育、忽视职业教育

---

① 《鲁迅全集》第一卷，人民文学出版社，1973 年，第 281 页。

② 《儒林外史》是中国清朝时期的白话长篇小说，作者吴敬梓（1701—1754），共五十回。"儒林"即儒者圈、儒者的世界。小说对科举制度的矛盾、它所导致的悲喜剧、读书人的腐败进行了生动的描写，因此受到了很高的评价。小说并无不变的主人公，而是由很多逸事构成的"连环体"。顾明远先生所说的是其中"范进中举"的故事。范进头发白了也还是一介贫穷的书生，总被岳父奚落。54 岁时终于考中"秀才"，但却未能当上相应的官。为了考"举人"，他向岳父借前往考场的路费，虽又被责骂，但他一举考中。结果范进却高兴得精神失常，被打后才恢复正常。岳父在他中举后态度一百八十度大转弯，表扬他以前就是一个优秀的女婿。『中国古典文学大系43 儒林外史』稲田孝訳、平凡社刊の「第三回」26 頁以下。

等，无不受到学历主义思想的影响。

池田

您真像是一部优秀的教科书，给我进行了必要而充分的讲解，非常感谢！科举制度使中国保持了作为大国的同一性，延续了悠久的传统，但也产生很大的负面影响。我能理解这一点。不可否认的事实是，任何制度都会被时间淘汰。

从历史上看，科举制度的影响是巨大的。科举制度不仅在中国国内，还对国外产生广泛的影响。比如朝鲜半岛和越南就引进了科举制度，不仅如此，法国的启蒙思想家勒纳尔等人赞赏中国不以出身而以知识和才能选拔官吏的制度，认为"中国的平等观念已经达到完善的境界"[①]，可见科举制度给了西方以巨大冲击。无论这种认识是否妥当，至少是耐人寻味的事实。

封建教育制度的瓦解和西方教育思想的传入

池田

我想谈谈您所说的第二点，即五四运动以来科学与民主的优秀教育思想和西方教育思想、制度和方论的影响。我想这两个方面是分不开的。科举在 1905 年就废除了，因为清朝受到欧美列强的侵略以后，为了维持它的体制而改变了人才培养的方略。但为了抵抗长年的压迫和统治，革命大潮风起云涌。1911 年，清朝被辛亥革命推翻，中华民国成立了。

顾先生指出的第四点是这一时期传入的西方教育，您介绍说这些思想起

---

① 後藤末雄『中国思想のフランス西漸2』矢沢利彦校訂、平凡社・東洋文庫、182 頁。勒纳尔（1713—1796），法国启蒙思想家，文艺记者。著有《两印度史》（全称为《欧洲人在两印度的殖民与贸易——哲学的政治的历史》，共 19 篇，1770 年）。该著作详细介绍了非欧洲地区的文物、地理、历史与文化氛围，并通过这些考察反思欧洲社会。当时该书成为畅销书，但因书中包含对宗教狂热和专制主义的批判而成为禁书，勒纳尔自己也为避免逮捕而逃亡。他是为法国革命做准备的一位思想家。

初是经由日本教育界传到中国的，特别是德国赫尔巴特学派①的理论被引进来。赫尔巴特的理论重视理性的教学法和道德品格的陶冶，这与中国传统教育重视管理与德育在理念上是一致的，因此得到了清末民初教育界的支持②。

　　特别是，当时著名的学者王国维编辑的杂志《教育世界》也介绍了夸美纽斯、卢梭、裴斯泰洛齐等人撰写的很多西方教育思想名著③。知识分子所激发的对新文化的需求不断高涨。1915年，提倡德先生（民主）与赛先生（科学）的杂志《新青年》（最初称《青年杂志》）创刊，强烈的反儒教言论成为杂志的风格，引起了很大的社会反响。

　　刚才顾先生也说到，大文豪鲁迅先生也写了很多文章。《狂人日记》用白话文无情地揭露了封建礼教；《随感录》则指出"无论黑暗如何要阻遏思想的潮流，无论悲惨如何要袭击社会，无论罪恶如何要毁灭人道，追求完美的人类潜能总会踏着那些障碍物前进"④。鲁迅先生的作品总是要猛烈

---

　　① 约翰·弗里德里希·赫尔巴特（1776—1841），德国教育学家，被称为"科学教育学的奠基人"。在其《普通教育学》中，提出对教育目的的伦理追求和对教育方法的心理学追求。即教育的目的在于品性的陶冶，为此需要"教学"（智育）、"训练"（德育）以及对此两者的相关条件进行调整的"管理"。其中，教学的目的是使学生具有多方面的兴趣（包括经济的、思辨的、审美的、同情的、社会的和宗教的兴趣等），培养学生积极追求这些兴趣的人格，从而将被当作教学手段的"兴趣"，当作了教学的目的。他还要求教育不被政治利益所左右，认为只有每个人为了自己陶冶品格，这种教育对国家才是有益的。赫尔巴特的学说在世界上得到了广泛的传播，其弟子齐勒尔（1817—1882）、赖因（1847—1929）等人还形成了赫尔巴特学派。去德国留学的日本留学生学习了赫尔巴特的理论后，回国宣传赖因的五段教学法（预备、提示、比较、总结、应用），给予明治时期的日本教育界很大影响。赫尔巴特理论又经日本传到中国，赫尔巴特学派一度在中国教育理论中占有核心地位。

　　② 前揭『中国教育の文化的基盤』195页。

　　③ 夸美纽斯（1592—1670）生于捷克，被誉为"近代教育学之父"。他提出存在普遍适用于所有人的教育，在其著作《大教学论》的开头，他就表示要揭示"向所有人教所有事的普遍的方法"。他非常重视观察实物的直观教学法，也考察了根据自然秩序和儿童成长过程进行教学的方法。他经历了宗教斗争和三十年战争的苦恼，认为要实现世界和平除了正确的教育以外别无他法。这一思想也反映到现在的联合国教科文组织的理念当中。裴斯泰洛齐（1746—1827）在卢梭的影响下，在瑞士各地为孤儿和贫穷儿童贡献了自己的一生。他认为智能、身体、道德的和谐发展是教育的目的，为此就应通过小麦栽培、纺织等手工劳动来培养孩子全面发展。王国维在《教育世界》杂志上介绍过夸美纽斯的《大教学论》、卢梭的《爱弥尔》和裴斯泰洛齐的《林哈德和葛笃德》等（前揭『中国教育の文化的基盤』196页）。

　　④ 收录于「随感録六十六、生命の路」伊藤虎丸訳、短評集『熱風』『魯迅全集』第一卷、学習研究社、449－450页。

地冲垮成为民众桎梏的恶传统的高墙，总是怀着毅然决然的自豪，我也曾谈到①，鲁迅作品作为我的青春时代爱读之书而在我的心中留下了深深的印记。

《新青年》还介绍了包括美国学者杜威②博士的教育思想在内的各种西方思想。当时，美国的教育制度开始引入中国，学制改革的讨论一直秉持"以儿童为中心"的原则。接受过杜威博士教导的陶行知③先生主张的"生活教育"等进步的教育实验也盛行一时。杜威博士在 1919 年也就是在五四运动时期访问了贵国，他的一句颇为有名的记述是："现在正孕育着新中国。"④ 杜威博士看到了五四运动，他从中国人民身上，从青年身

---

① 见第 1 章第 4 节。

② 约翰·杜威（1859—1952），美国哲学家、教育学家。作为实用主义的代表人物，他从实用主义的立场对伦理学、社会心理学、美学、逻辑学等领域都进行过广泛的研究。在认识论上，他认为除了天生的缺陷，概念和真理都只是适应环境的工具（工具主义），同时某种观念都需要通过贯彻它的行动的有效性来检验其真伪（实验主义）。杜威重视儿童生活经验的教育理论对日本产生了很大影响。

③ 陶行知（1891—1946），1914 年自费赴美留学，在伊利诺伊大学学习一段时间后，到哥伦比亚大学师从杜威学习。1916 年回国后在南京高等师范学校（后改称东南大学）成为中国最早的"教育学"教授。他为组建新教育团体"新教育共进社"（1919 年）、"中华教育改进社"（1921 年）做出了贡献。1923 年，他离开大学，在北京以"平民教育推进社"为基地进行平民教育活动。他认为中国教育最大的问题在于农村教育，故为培育农村小学师资在南京郊外的晓庄建立了试验乡村师范学校（第二年改称晓庄学校）。他始终致力于中国的民众教育和农村改造事业，毕生进行生产教育的实验，并在战时创建了孤儿学校等教育机构。他主张"生活即教育""社会即学校"（见第 4 章第 1 节），提出了"小先生制"（让学龄儿童做老师，教那些不识字的孩子与成人）。他作为诗人也很有名。

④ 在五四运动时期，杜威写了他亲眼所见的中国形势，并说看到有很多青年人参与其中而留下了强烈的印象，他认为这里孕育了中国的新文化和新社会。杜威还给美国的 The New Republic 和 Asia 杂志投稿，多次发表对中国的评论，这些评论多收录于其著作 Characters and Events（共两卷，1929 年出版）之中。杜威在评论中说，五四运动"意味着中国从被动的接受状态向积极的攻击状态转变"（《中国学生的反叛》，The New Republic，1919 年 8 月 6 日）。他还呼吁世界重新认识中国（G·ダイキューゼン『デューイの生涯と思想』三浦典郎・石田理訳、清水弘文堂、296 頁以下），他说："当今世界没有一个地方能像中国这样，成为值得研究、预测、考察和思索的知识背景。"（《年轻的中国与古老的中国》，Asia21，1921）日本的中国研究专家竹内好这样写道："五四运动时，学生们游行的时候口袋中还带了洗漱用具，这让杜威非常感动。他看到学生们都做好了被捕的准备，所以评价说，从学生运动中，看到了新精神和新时代的萌芽。""杜威当时说，表面上先进的日本很脆弱，不知何时就会散架。中国的现代化是内发的，也就是根据自身的要求而产生，所以是强固的。在 1919 年的时候杜威就这样预测。"（「方法としてのアジア」、『日本とアジア』、ちくま学芸文庫、453 頁。）

上，到底发现了什么？到底有了怎样的思考？从那时起至20世纪20年代，受杜威博士影响的美国教育学家克伯屈的"设计教学法"和帕克赫斯特女士的"道尔顿制"也介绍到中国①，它们都是排斥传统的教材中心主义和班级中心主义的，重视儿童的主体性学习活动，在当时受到了广泛的关注。

这一时期，旧的封建教育开始解体，而科学民主的教育大发展的时机开始出现，顾先生对此给予了高度的评价②。1950年以后，中国虽然一度不再积极接受杜威的思想，但重视儿童创造性的思想在20世纪80年代以后直到今天再度得到了较高的评价。

事实上，现在（2010年11月）我正与有着75年历史的美国杜威学会的加里逊原会长（弗吉尼亚理工大学教授）、黑克曼原会长（南伊利诺伊大学教授）进行对话，就新的"人间教育"交换意见③。很有缘，我们国际创价学会（SGI）在纽约的文化会馆曾是杜威先生演讲过的建筑。此外，牧口会长也是非常重视杜威教育思想的。

---

① 克伯屈（1871—1965），杜威的弟子，他的"项目法"（project method）是对其师经验主义教育理论的具体化。他主张，在教师的指导下，学生自己提出、计划和实施对自己有价值的体现所有精神的课题，通过学习这些课题，不仅掌握知识与技能，而且学会自我控制力，即会判断、关注和实施那些自己应当做的事情。其理论不主张强制，而是重视学习的内生性。在中国经俞子夷（1885—1970）等人的介绍，曾在江苏省进行实验。杜威访华（1919—1921）后，中国的教育者均有学习将所学的杜威理论具体化的方法的极大热情。1927年3月，杜威的学生陶行知等人主持的中华教育改进社邀请克伯屈访华，克伯屈在上海、南京和北京等地进行了演讲。克伯屈的思想在大正时期也曾介绍到日本，至今仍对暑期等长假期中进行的"自由研究"和"综合学习"具有影响。帕克赫斯特（1887—1973）的道尔顿制是根据学习内容的难易准备课程，学生每月学到哪都会根据学生自己的学习进度和兴趣来决定，要和教师签订"学习契约"，由学生自主执行。在这种"个别学习"的同时，学生们还要互相介绍自己的学习进度，互相帮助，相互促进，其目标是培养"以自我责任进行自主学习的能力"和"社会性"两个方面。帕克赫斯特作为小学教师曾在偏僻地区的学校教授复式班级，曾苦于不知如何指导年龄和学习基础各不相同的孩子，道尔顿制就是她开发并不断改良的教学方法。由于这一方法是在马萨诸塞州道尔顿的学校开发的，故得此名。在中国，舒新城（1893—1960）曾在学校中做过实验，1925年帕克赫斯特本人也曾应中华教育改进社之邀而访华，当时影响很大，采用道尔顿制的学校遍布八个省。帕克赫斯特也曾数次访日，对日本大正时期的自由主义教育产生了重要影响。在《创价教育学体系》中，对于"项目法"和"道尔顿制"也多有介绍。

② 前揭『中国教育の文化的基盤』203頁。

③ てい談「人間教育への新しき潮流—デューイと創価教育—」。教育月刊誌『灯台』（2009年12月号—2011年7月号連載。）

虽然经过了历史变迁，杜威教育思想在贵国经多年研究后有哪些方面被贵国所接受并保留下来？杜威教育思想对贵国教育又产生了哪些影响？请顾先生具体示教。

向杜威学习"平民教育""教育即生活"

顾

清光绪二十八年（1902）发布的《钦定学堂章程》规定了中国第一个现代学制，它是以日本教育制度为蓝本的，因为中国从日本的明治维新中看到了榜样。但是在《新青年》创刊的 1915 年以后，西方教育思潮大量涌入，特别是五四运动以后，在科学、民主的旗帜下，西方的教育制度和方法被大量介绍进来，其中美国的教育思想对中国教育的影响非常深远。

清朝末年中国留学生大多到贵国留学，辛亥革命以后开始转向西方。20 世纪 20 年代中国出国留学生几乎 80% 留学美国[①]。1919 年 5 月 1 日，美国实用主义教育家、哥伦比亚大学哲学教授杜威受北京大学、江苏省教育学会等五个学术团体的邀请来华讲学，到 1921 年 8 月离开中国，在中国逗留了两年三个月，足迹遍及奉天、直隶、山西、山东、江苏、浙江、江西、湖南、福建、广东等 11 个省。杜威在华期间，做了许多次讲演，宣传他的实用主义哲学和教育思想。这些讲演在各种杂志上发表，有的汇集成册出版。如《杜威五大讲演》（在北京的讲演）、《杜威三大讲演》（在南京的讲演）、《平民主义与教育》及《教育哲学》等。

中国留美的杜威的学生在杜威来华讲学中起了巨大的推动作用。当时

---

① 参见周谷平《近代西方教育理论在中国的传播》，广东教育出版社 1996 年，第 134 页。

教育界的名流如胡适、蒋梦麟、陶行知等都是哥伦比亚大学的学生①。他们不仅邀请杜威来华，而且陪同他到各地讲演，还亲自担任翻译。

杜威在中国的时候，正值五四新文化运动如火如荼的时期，在教育方面，受到民主思潮的影响，正开展着"平民教育"运动。在杜威来华之前，他的学生胡适就介绍杜威的思想，说"杜威的新教育理论，千言万语，只是要打破从前的阶级教育，归到平民教育的两大条件"②。杜威在讲演中也鼓吹平民教育，他的讲演集就名为《平民主义与教育》。在这一段时间里，中国掀起了平民教育热潮。北京大学的"平民教育讲演团"成立于 1919 年 3 月，活动到 1925 年。北京高等师范学校（北京师范大学前身）成立了"平民教育社"，并于 1919 年 10 月 10 日发行社刊《平民教育》。该社活动到 1924 年下半年，《平民教育》共出刊 73 期。1923 年 6 月，朱其慧、陶行知、晏阳初在南京成立中华平民教育促进社③。平民教育在全国 20 个省区开展起来。

池田先生问到杜威先生如何看待中国青年，他想了些什么？从他在中国逗留之长，他的平民主义教育思想与中国平民教育运动如此合拍，我想

---

① 胡适（1891—1962），1910 年留学美国，曾在康奈尔大学学习农学，后转至哥伦比亚大学师从杜威。在五四运动之前的新文化运动中，主张废除难懂的文言文，提倡"白话文学"。北京大学教授。曾批判马克思列宁主义，1948 年流亡美国。1957 年回到台湾，曾任"外交部"顾问、"中央研究院"院长等职。在中国传统哲学研究领域也非常著名。蒋梦麟（1886—1964），1908 年至 1917 年留学美国，曾在加利福尼亚大学学习，后转至哥伦比亚大学研究生院师从杜威，在杜威访华的 1919 年，与陶行知等人一起联合江苏教育会、北京大学、南京高等师范学校、中华职业教育社等组成"新教育共进社"，创办《新教育》月刊，并任主编。1920 年初推动教育改革运动，后任中华民国教育部长、北京大学校长等职。抗日战争时期，曾努力促成北京大学、清华大学和南开大学内迁并组成国立西南联合大学。1949 年移居台湾。

② 参见毛礼锐、沈灌群主编《中国教育通史》第五卷，山东教育出版社 1988 年，第 19 页。

③ 朱其慧（1876—1931），熊希龄（1870—1937，曾任中华民国北京政府国务总理兼财政总长）夫人，社会活动家。曾致力于创办救助受灾人士、孤儿、贫困人士的香山慈幼院（1920—1948）。晏阳初（1890—1990），识字教育和乡村改造运动的领导人。1916 年，留学美国耶鲁大学，1918 年渡法，曾给第一次世界大战期间为支持联合国后方而输出到欧洲的中国劳工担任翻译和救助工作。这些"苦力"通过识字教育学会了给家里写信，这一变化也感动了晏阳初，他感受到"苦"中有"力"，从此决定毕生从事平民教育事业。自美国普林斯顿大学毕业后，于 1920 年归国，并先后创办多所平民学校，领导了平民教育运动。新中国成立时移居台湾，其后定居于菲律宾。1923 年中华平民教育促进社成立后，朱其慧任理事长，晏阳初为总干事，陶行知任理事会书记。

他对中国、对中国青年是抱着满腔热情和希望的。当然，杜威宣传的还是美国的民主思想，对于当时中国还挣扎在封建主义和帝国主义压迫下，希望用革命的方法改造社会的青年来讲，这种平民教育运动也只是一种改良主义。

除了平民主义教育思想外，杜威还宣传了他的进步主义教育思想。这种思想与此前中国接受的德国赫尔巴特的教育思想是两个完全不同的体系。它主张"教育即生活""学校即社会""从做中学"，强调儿童应在自身的活动中进行学习，教学应从学习者现有的经验开始。

杜威的实用主义哲学在新中国成立以后受到批判，他的教育思想也随之受到批判。但是他主张的重视儿童的自主活动等思想仍在中国教育实践中有广泛的影响。改革开放以后，中国对杜威的教育思想有了重新的评价，他的教育思想又重新被重视。

池田

我坚信杜威从贵国青年身上感受到了顾先生所说的"满腔热情和希望"。无论在什么时代，身处哪个国度，对于建设充满激情的青年才是最大的希望。胸怀远大志向的青年，其气势也会给予周围的人以热情和力量。所以，我一直鼓励青年，也全身心致力于教育，顾先生也是同样的心情吧。

杜威的教育思想之所以能在贵国传播，跟您提到的几位年轻有为的学人是分不开的，他们站在超越国界和民族的立场，与杜威先生建立了美好的师生情谊。面对这样的事实我不禁深受感动。

教育成为新中国建设的原动力

池田

关于您说的第三点即老解放区的教育传统，我想起我曾在 1974 年第一次访问贵国时参观过广州农民运动讲习所旧址，这个讲习所是 1924 年设立的，周恩来总理当时也在那里讲过课。这种教育也许与那种全面人格的教育指向不同，但当时我站在这个教育了全国青年并成为农民运动策源地的讲习所，深深地感到建设新中国的原动力正是在于教育的力量。

您所说的第五点即"苏联教育对中国的影响"，刚才我们讨论过，我还想请顾先生站在中国教育发展史的角度再进行一些详细的介绍。听说当时主要是引进了凯洛夫①的教育理论。凯洛夫的理论主张，为让儿童系统地建立秩序和掌握认知能力，使他们得到与建设共产主义社会相适应的教养，教师必须有计划地进行指导。顾先生认为，这个理论虽然在教学过程方面有一定的科学体系，但也有传统的课堂中心主义和教师中心主义等方面的问题②。

1951 年，贵国引入了苏联学制，新学制特别给予工人和农民以学习的机会，并致力于把工人和农民作为国家建设的重要力量加以培养。与此同时，苏联的教材、教学模式和教学方法也引进中国。但顾先生指出，以学生为主体的习明纳尔（即以讨论为中心的小班授课）并未实行，而只是引进了以教师为主导的那些方面。为此，顾先生在 20 世纪 80 年代发表了关于苏联教育理论中关注学生主体方面的论文，并始终致力于推动培养儿童创造力的"素质教育"③。

引入苏联教育的成败

顾

上一次我们就谈到，新中国成立以后，中国实施向苏联学习的"一

---

① 伊万·安德烈维奇·凯洛夫（1893—1978），苏联教育学家。莫斯科大学毕业。第二次世界大战后，作为苏联教育科学院院长（1946—1967）、教育部长（1949—1956）等发挥了重要的影响。其主张是教育要为阶级斗争服务，他编写的师范大学教科书《教育学》指出，教育与政治是不可分的，应该为建设共产主义社会服务。他的理论在新中国成立初期因受到教育界的热烈追捧而产生了巨大的影响，中国也随之树立了教育为党的路线服务的观念。凯洛夫的"五段评价法"对学生成绩与表现的评价分为从 1 分（差）至 5 分（优），这也被引入中国。以凯洛夫为代表的苏联教育学与杜威的实用主义教育思想是对立的，因此中国也开展了对杜威教育学的批判。但随着中苏对立，凯洛夫的理论又作为修正主义教育思想而遭到否定。

② 前揭『中国教育の文化的基盤』238 — 244 页。

③ 素质教育与应试教育相对，是综合开发学生的个性与人性的教育。详见第 4 章，特别是第 4 章第 3 节。

边倒"政策。为此，头几年派了大批学生到苏联留学，每年少则200多人，最多一年达2000多人。我就是在1951年第一批被派到苏联去留学的。中国还请苏联专家来讲学，同时翻译了大量的苏联教材。但在学习过程中走了许多弯路。许多苏联的办法并不适合中国的国情。举个例子来说，苏联中小学是十年一贯制，中国是十二年制，而且分段设校。把苏联中小学十年的课程用到中国十二年的学制中，就降低了中国高中原有的程度。例如新中国成立前的中学，高中要学解析几何、微积分，但新中国成立后高中就取消了解析几何和微积分。所以到1958年中国就提出要探索走自己的路，从而开展了"教育大革命"。1960年又提出批判教育的少、慢、差、费现象。中苏关系恶化以后，更以苏联教育理论为批判对象。

但是苏联教育在中国仍然有重要的影响。例如在基础教育阶段强调学生要掌握系统的学科知识，强调基本知识和基本技能的训练，强调教师主导作用等。应该说这也符合中国传统教育中重视知识学习和教师作用的理念。

在高等教育方面，新中国成立之初向苏联学习，对高等学校进行了两次大规模的院系调整。积极的效果是建立了一批专科学院，如航空学院、地质学院、石油学院、矿业学院、钢铁学院、邮电学院等，为这些专门领域培养了大批人才，为工业化发展奠定了人才基础。消极的影响是拆散了一些原本有名的综合大学，分散了学术力量。例如北京大学把工学院、医学院都调整出去，变成了只有文理两科的大学；清华大学、浙江大学变成综合性工科大学。所以90年代末的中国大学合并也是想恢复一批真正的综合大学。

应该说，作为世界上第一个社会主义国家，苏联对新中国来讲具有很强的吸引力，他们在建国初期以及在第二次世界大战中的英雄主义更是为中国青年所崇拜。我当时也是青年，也很崇拜苏联的英雄[①]。例如读

---

① 见第1章第4节。

了奥斯特洛夫斯基的《钢铁是怎样炼成的》一书，深深被书中主人翁保尔·柯察金的英雄行为所感动。特别是读到"人最宝贵的是生命，生命属于人只有一次。人的一生应当这样度过：当他回首往事的时候，不会因虚度年华而悔恨，也不会因碌碌无为而羞愧；在临死的时候，他能够说：'我的整个生命和全部精力，都已献给了世界上最壮丽的事业——为人类的解放而奋斗'"这段话时，我激动不已，决心我的一生也要这样度过。

我非常喜欢俄罗斯的文学和艺术。早在新中国成立以前，我就读了车尔尼雪夫斯基、陀思妥耶夫斯基、契诃夫等的作品。留苏期间更是读了普希金、托尔斯泰、肖洛霍夫等作家的作品，系统地参观了特列季亚科夫画廊，对俄罗斯和苏联的文学艺术非常崇拜①。新中国成立以后，中国的翻译家大量翻译了这些作品，在中国的传播很广。特别是苏联卫国战争时代的歌曲至今仍为中国人所喜爱。

中苏关系交恶以后，一切来往交流都断绝了。直到1984年中苏关系稍有恢复，我们组成了中国高等教育代表团，才再一次踏上苏联的国土。这次我们参观访问了莫斯科、列宁格勒、基辅等地的高等学校和专科学校，但交流受到很大限制。

---

① 车尔尼雪夫斯基（1828—1889），俄国哲学家、经济学家、文学评论家。对查理的专制和农奴制的非人道予以了强烈的批判。1862年被捕，在西伯利亚度过了二十余年的流亡生活，其间著有长篇小说《怎么办》（1863），以渴望独立与自由的女性巴甫洛芙娜为主人公，描写了民众的悲惨现实，并预示反抗专制的新人即将诞生，从而鼓舞了革命。此书虽遭禁，但不久就在社会上流传600万部，列宁非常喜欢这部著作，甚至自己也写了一本同名的书。陀思妥耶夫斯基（1821—1881）、契诃夫（1860—1904）、普希金（1799—1837）、列夫·托尔斯泰（1828—1901）都是沙皇时期的文学家。米哈依尔·肖洛霍夫（1905—1984）年轻时就参加革命，在俄国南部的家乡顿河地区从事写作，描写了在激荡的历史和悲惨的命运中受苦的民众生活，其代表作有长篇小说《静静的顿河》《被开垦的处女地》和短篇小说《人的命运》等，于1965年获诺贝尔文学奖。池田大作先生1974年9月16日曾在其莫斯科的家（位于一个公寓楼的四层）中与肖洛霍夫会见。那时肖洛霍夫在老家的村中疗养，但仍专程赶回莫斯科与池田先生会见。特列季亚科夫画廊（1856年开馆），是俄罗斯美术宝库，藏有包括古代俄罗斯美术作品在内的美术作品，从11世纪到现代的作品总计13万件。

超越政治对立——莫斯科大学和北京大学的友谊

池田

听了您的讲述，我对贵国现代教育在发展中所受到的来自苏联的种种影响有了更清晰的了解。

我也有一些关于中苏两国教育的难忘的回忆。上次我曾提到，我第一次访问苏联是在 1974 年 9 月，那时中苏对立尚未缓和。当时我来到著名的莫斯科大学的校园，霍甫洛夫校长带我参观，当进入到宽阔的校长室时，墙上的一个非常漂亮的挂毯一下映入我的眼帘，当我问校长时，他告诉我，这个从正面描绘莫斯科大学全景的挂毯是北京大学赠送的。我至今还不能忘记，当时一种深深的感动在我全身涌动：即使国家之间有种种风波，教育也不能被一时的政治动向所左右，这就是这张友谊的挂毯所表现出的一种高傲的学问家和教育者的信念！

和苏联文豪肖洛霍夫的谈话也是美好的回忆。我想起他的杰作《人的命运》，其中描写顽强地从苏德战争的悲伤中重新站立起来的父子形象。我问他："您怎样看人的命运？"他仔细地想了想，然后回答："命运是什么呢？重要的是人的信念，是朝着某个目标前进的力量。没有信念的人一事无成。我们都是'锻造自己幸福的铁匠'，具有强大精神信念的人可以影响命运的轨迹。"这句话让我感受到了伟大的精神力量，现在我也常用来寄语青年。

我在中俄两国都有很多朋友，就常常为他们身上的那种坚韧不拔的精神所感动。

迈向"人力资源大国"的六大改革

池田

刚才我根据顾先生所举的五要素对贵国的教育传统进行了回顾。

顾先生断言："传统教育既不能简单地肯定，也不能简单地否定"，并举了"因材施教""教学相长"等优秀传统的例子，也举了科举制度的影响作为不良传统的例子①。

对几千年历史所形成的教育传统进行分析，保留下那些好的部分，并实现教育的现代化——中国的教育工作者们应对这一大挑战是何等不易！最重要的是；中国拥有 13 亿多人口，其教育发展本身就是给予全人类以希望的宏大实验。

顾

非常感谢！

新中国成立 60 年来，特别是改革开放 30 年来，中国教育发展取得了伟大的成绩：在文盲众多的有 13 亿人口的国家普及了九年义务教育，基本上扫除了青少年文盲，高等教育实现了跨越式发展，进入了大众化阶段。但要实现教育现代化还有很长的路要走。最近中国制定了《国家中长期教育改革和发展规划纲要（2010—2020 年)》，提出了"优先发展，育人为本，改革创新，促进公平，提高质量"的 20 字工作方针，要求到 2020 年"基本实现教育现代化，基本形成学习型社会，进入人力资源强国行列"，实现更高水平的普及教育、形成惠及全民的公平教育、提供更加丰富的优质教育、构建体系完备的终身教育、健全充满活力的教育体制。

要达到这个目标，我认为，中国的教育工作者要进一步解放思想，更新观念，创新制度，大胆试验。

其一，要正确处理教育现代化与中国传统文化的关系。中国教育是在中国文化基础上发展起来的，中国文化是它的核心基础。因此，中国教育在实现现代化的过程中，要正确对待中国传统文化。

其二，要继承和发扬中国文化的优秀传统，批判和摒弃陈旧落后的思

---

① 顾明远、薛理银：《比较教育导论——教育与国家发展》，人民教育出版社，1996 年，第 224—225 页。

想观念。

其三，要改变狭隘的、以升学为导向的教育价值观，树立正确全面的教育价值观。

其四，要改变因循守旧的人才观、成才观，树立人人都能成才、多样化人才的现代社会多元人才观。

其五，要克服重学历轻能力、重理论轻技术的用人观念，树立学历能力并重的用人观念。

其六，要克服陈旧的教学观和质量观，树立以学生为主体、教师为主导的师生互动的教学观，全面发展和个性发展统一的质量观。

其七，要克服封闭的学校教育观，树立终身学习的大教育观。

其八，要正确对待外国的教育思想和经验。

中国现代教育制度是从西方引进的，自然渗透着许多西方文化思想。我们反对西方中心主义，不赞同西方一切都是好的，现代化就是西方化的观点。但是我们还要加大开放的力度，要努力吸收世界一切优秀文化成果。我们要认真研究近二十多年来涌入的各种教育思潮，认真鉴别，尽力吸纳，并使之本土化，内化为中国教育传统，为中国教育发展服务。

要大胆试验，努力实践，创造新的经验。《国家中长期教育改革和发展规划纲要（2010—2020年）》强调，改革创新是教育发展的强大动力，并且以人才培养体制改革为出发点，提出包括考试招生制度改革、现代学校制度改革、办学体制改革、教育管理体制改革和扩大教育开放的六大改革举措。这些改革需要在实践中试验创新。经验往往来自基层，因此要尊重基层群众的创造。总之，中国实现教育现代化，任重而道远。

教育现场的实践才弥足珍贵

池田

我理解了，特别是顾先生最后强调重视教育第一线的尝试、实践、经验，我深表赞同。我能体会到您的话来自您在教育第一线实际经历的辛劳。牧口先生作为小学校长提出了卓越的教育学说，他也有同样的看法，他强调："为实现有组织的、科学的教育计划，必须明确意识到计划机构和施行机构的分工，并在相互理解、相互协商的基础上施行。""实际有用的教育学必须是从教育生活中产生的。"①

创价学会以这种精神创设了教育本部。教育本部聚集了幼儿园、小学、初中、高中的教师，还有保育园的保育士等从事教育的工作者。这些在教育一线的教师秉持着"学生是教育的主体""教育革命要从教师革命开始"等理念，满腔热情地投身于具体的教育实践。

教育改革是世界各国的共同课题。无论是在日本还是在贵国，一线的教师们及所有相关的人士都在不懈努力。我坚信，凭借顾先生和所有教育工作者们所投入的真挚热情和辛劳，必定能够为教育开辟新路。

4 日本：教育的传统与现代化

顾

这次对于贵国遭受的"3·11"东日本大地震，我深表同情。看到有关受灾极重的报道，我很震惊，衷心祝愿日本能够尽快完成灾后重建并早日复兴。

池田

感谢您真挚的祝福。我国正在展开全力的救援和复兴工作。我们也尽可能地进行了支援。那时刚好是日本学生入学和毕业的时期。我想，越是在这种苦难的时刻，越是要竭尽全力培养社会的希望——青年。与中日两国青年都有深深交往的印度诗人泰戈尔说过："只有年轻人懂得如何超越困

---

① 『創価教育学体系』第三卷・第四篇「教育改造論」第六章（乙）第一節「教育研究所の価値」。『牧口全集』第六卷、132 頁から。前掲『牧口常三郎箴言集』137 頁。

难，他们有无穷的希望，无限的力量！"①

如何才能挖掘青年人的生命中所深藏的无限力量呢？如何充分发掘他们身上的无限可能性呢？这体现在教育者们的使命和较量之中。而且，我也坚信，不论什么组织、团体、地区、国家，在这一点上的成功将决定下一代的繁荣。

顾

您所言甚是，这也是我想把与您的对话进一步深入下去的原因。

中国的教育制度与贵国不同，中国以秋季入学为起始。毕业典礼常常是在 7 月初，开学典礼则在 9 月初，都是最炎热的季节。但无论是毕业生，还是新学生，他们的热情好像比天气还热烈。毕业生穿着长长的学士、硕士、博士服到处照相留念。新学生穿着新校服在烈日中等待着隆重的开学典礼。因为我校每年新学生约有五千名，任何室内礼堂都装不下，开学典礼只能在操场上举行。差不多每年我都要作为老教师的代表向新学生致欢迎辞。今年我致辞的中心思想是，希望学生珍惜大学四年的时间，享受大学时代这一生中最幸福的年华。

以儒教、佛教为基础的独自发展

顾

我们已经探讨了中国教育的传统、变迁及其现代化。池田先生能否谈谈日本教育发展的历史呢？贵国的历史受到儒家思想怎样的影响？贵国在现代化过程中是如何处理传统与现代化的关系的？

池田

我虽不是这方面的专家，但既然顾先生如此诚恳地希望，那么我想简

---

① 森本達雄訳「モケア」。『タゴール著作集』第二巻（詩集Ⅱ）、第三文明社、116 頁。

单地整理和俯瞰一下日本的教育史①。

一般认为，日本在 670 年前后成立了最早的学校——"大学"（大学寮），701 年，模仿唐朝律令而制定的《大宝律令》明文规定在中央设"大学"，在地方设"国学"。

当时教育的对象是贵族和豪族。教育以儒教为基础，称为明经道，必修的教科书是《孝经》和《论语》；不久，开始转向学习贵国的史学、汉文学，称为纪传道，主要学习《史记》《汉书》《后汉书》，此外也教授阴阳、天文、医学和音乐等。后来，有权势的氏族单独设立了叫作"大学别曹"的教育机构，对一族的子弟进行教育。

从飞鸟时代到平安时代，遣隋使和遣唐使给日本带来了《法华经》和《华严经》等诸多佛典，日本形成了南都六宗和天台宗、真言宗。佛教通过僧侣教育不仅向贵族和豪族，而且向普通民众展示了文字教育即识字教育的重要性，激发了向学之心和对文化的憧憬之念。

特别是，从奈良时代到平安时代早期，日本创制了平假名和片假名。在平安中期以后，由女性文学家兴起的国风文化开始兴盛起来。这种贵族文化主要教授诗（汉诗）、歌（和歌）和管弦（音乐），培养公家世界中理想的"才与容貌秀于人"②的人物。另一方面，对多数民众的教育，则主要是传递手工业生产的技术，即实施技术教育。

无论如何，可以说日本教育的摇篮期以儒教和佛教传入而始。我们信奉经由贵国传入的《法华经》的精髓。日莲大圣人甚至说："日本乃彼二

---

① 日本教育史的主要文献还包括：梅根悟監修・世界教育史研究会編『世界教育史大系1 日本教育史Ⅰ』講談社、久木幸男『日本古代学校の研究』玉川大学出版部、斉藤昭俊『日本仏教教育史研究—上代・中世・近世—』国書刊行会、海後宗臣『日本教育小史』講談社、井上光貞他校注『日本思想大系3 律令』岩波書店。

② 前揭『日本教育小史』25 頁。"才"指学问与艺能。"容貌"不仅是指面容，而且包括整个人透出的教养与品格。如《真假鸳鸯谱》（「とりかへばや物語」）中，称赞主人公之一的若君（其实是姬君）时，说"才贤……其琴笛之音响绝天地之态乃世所稀有。读经、唱歌、诵诗之声……御才与容貌均优，故而传世。"（『新編　日本古典文学全集39　住吉物語　とりかへばや物語』小学館、174 — 175 頁）

国（震旦、高丽）之弟子。"①正是由贵国传入的文化精髓，我国的教育才发展起来。

顾

中日教育有其共同渊源——儒家文化，尽管发展路径不同，但仍是像从共同源流中分出的两条河流一样。日本教育很早就以儒家经典作为教育内容，并在吸收的同时经过选择和创造，确立具有日本特色的教育体系。

比如，日本传统的武士教育就与中国重"文"的教育传统大相径庭。这大概与日本历史上的幕府制度有关吧。其后发展出来的武士道精神或许也是因为教育处于当时幕府政治的控制之下吧。我的看法对吗？

池田

是的。1185 年前后，源赖朝建立了镰仓幕府②，1192 年，他出任征夷大将军，因此 12 世纪末就产生了真正的武家政权。从镰仓时代到室町时代和战国时代，武家的理想人物形象是"心勇猛，善弓马"的出色人物，因此"家"中便以武术等训练为主。也有武士把孩子寄养在寺庙或神社，让他们通过学习佛典或经书来获得教养。住在寺院而不出家的孩子中有一部

① 「法門申さるべき様の事」、『御書全集』1272 頁。括号内为注记。
② 关于镰仓幕府的成立时期，主要有以下几种说法：1. 1180 年说。源赖朝在与其祖先有因缘的镰仓建立居所（大仓御所），设立统率关东武士的侍所，他被称为镰仓殿（武士集团的代表）（东国支配权的确立）。2. 1183 年说。朝廷保证赖朝从东国（东海道、东山道）的庄园和公领地获得官物和年贡纳入（朝廷对东国支配权的承认）。3. 1184 年说。设立负责行政的公文所（即后来的政府），设立了负责司法的问注所（行政、审判机构的设立）。4. 1185 年说。平家灭亡。在各国设立守护、地头职，获得任免权（全国性军事、警察权及平氏旧领地支配权的获得）。5. 1189 年说。消灭奥州藤原氏（对抗武家势力的消灭）。6. 1190 年说。赖朝被任命为右近卫大将（此为律令制中常设武官的最高职位），后来很快辞职。开设政权机构得到公认（统治机构合法性之取得）。成为日本国惣追捕使，取得各国惣追捕使的任免权。成为日本国惣地头，获得各国地头的任免权。7. 1192 年说。赖朝被任命为征夷大将军（对全国武士的军事指挥权得到公认）。8. 1221 年说。胜于承久之乱（掌握治天权，完成对全国特别是对西国的支配），幕府分阶段地不断形成并最终确立。诸说之中，看重 1185 年设立守护、地头的学者为多。

分称为"童子",这里除了武家子弟,也有庶民子弟。

根据一位战国武将的记载,在寺院的教育中,使用过《手习》《假名文》《观音经(法华经观世音菩萨普门品)》《心经》《论语》《万叶集》和《源氏物语》等①。另外为了统合武人一族,还编了《武家家训》。当时的教育就是这样以儒教和佛教的思想为基础,培养武士应当具备的道德与习惯。正如顾先生所指出的那样,所谓武士的道德即是武勇、质实、刚健、孝养和忠诚,到了17世纪进入江户时代以后,这些就作为"武士道"来宣扬了。

在普通民众方面,随着中世纪城市经济活动的活跃,从事商业的町人文化也得到了发展。俗语说"町人善算用"②,因此出现了掌握经商实务技术的职业教育。町人文化在后来的江户时代随着工商业的隆兴而得到了发展。建筑、织物、陶艺技术的进步,货币交换和期货交易的发展,都为江户末期以后西方近代产业的植入打下了基础。

江户时代是比较安定的时期。儒学、国学、洋学(兰学)等学术研究也兴盛起来。其中,儒学的中心是中国宋代以后的朱子学,另外阳明学和古学也有一定影响。儒学的教材是《论语》《孝经》《孟子》等"四书五经"。国学则以《古事记》《日本书记》和《万叶集》等古典为基础,是确立日本人规范的学派。幕府的直辖学校有昌平黌。

另外,在幕藩体制下,各藩还设立了"藩校",藩校的教育以儒学为主,但也通过国学和洋学进行医学及兵法的教育,江户末期有230所左右的藩校,其中有的在明治的学制下发展成为旧制"高等学校"(以现在的学制则为大学)。

此外,不问身份的民间私塾也在各地出现,武家子弟和町人的孩子上城里的私塾,而农家的孩子们也会去农村的私塾。私塾是多种多样的,既

---

① 前揭『日本仏教教育史研究—上代・中世・近世—』、89 — 90 頁。
② 如井原西鹤(1642—1693)的《日本永代藏》(卷五之四)中便这样写道:"如公家应善敷岛之道(即作和歌)、武士应善弓马之道,町人应善细致之算用,如称量不差秋毫那样精于簿账。"谷脇理史他校注・訳『日本古典文学全集40 井原西鹤集 三』小学館、229 頁。

有教读写算的私塾，也有教专门学问与技术的私塾。特别是扎根于庶民当中的"寺子屋"（也叫"手习所"，但并无严格的区别），在 19 世纪上半叶全国总计有 15000 所。在明治学制以后，全国很快设立了 2 万所以上的小学，有人认为正是寺子屋这种民间教育的传统使然。

政治体制改革使日本的"文明开化"成为可能

顾

到了近代，两国的发展就很不相同了。中日两国在 19 世纪都曾受到西方的侵略与威胁，也都曾向西方学习，但是发展的道路却完全不同，这不能不说与两国的文化有关，当然也因为不同政治家所起的作用不同。中国的洋务运动和日本的明治维新几乎在同一个时期，但日本经过明治改革，推翻幕府，彻底走上了西方资本主义的道路，而中国的洋务运动却以失败告终。是什么造成这样的不同结果？我想可以从两国的文化心态和政治主张不同找到原因。

首先，日本是从政治制度改革起步。他们不仅去学习西方的科学技术，购买坚船利炮，而且接受了西方的政治体制，推倒幕府，建立了天皇制的资产阶级政权，实行"富国强兵""殖产兴业""文明开化"三大方针，短短几十年就雄踞东亚，跻身列强。而中国却主张"中学为体，西学为用"，只学习西方的技器，固守中国的封建体制，所谓"师夷之长技以制夷"。这看到了西方的物质层面、技术层面，却没有看到西学的实质。结果甲午一役，中国学习西方组建的新式水师全军覆没。虽然中国在军事装备上远远超过日本，却被日本打败①。当时中国一批先进的知识分子，如谭嗣同、康有为、梁启超就觉悟到这个问题，认为政治体制不改革，光搬运西方的技

---

① 在甲午战争以前，清朝的北洋舰队规模东方第一，有定远、镇远等七千吨级的当时世界最大级战舰。但炮弹等装备较差。日军则主要是巡洋舰，但新式舰的速度、舰队的运动、炮击的速度与准确性都较清军要好，故取得胜利。

器是没有用的，所以发动了"百日维新"①。但仍然被封建势力所摧毁。中国仍处于半殖民地半封建社会。

中国统治阶级的心态是，一方面面临列强欺侮的残酷现实，感觉到不改革就没有出路；另一方面又害怕中国封建文化道德的沦丧，不愿意放弃。不能从意识形态上、政治制度上接受西学。所以改革无法成功。

不断扩大的"服从国家目的的教育"

池田

正如刚才顾先生所说，"百日维新"或称"戊戌变法"因为守旧势力的反扑过早地夭折了，这是一大憾事。而日本在幕藩体制终结以后，不仅输入了西方的知识和技术，而且在教育上进行了西方式的变革。

从制度上看，日本的近代学校制度是 1872 年迈出第一步的，"国民教育"的时代正从这时开始。其后教育的发展则逐步从属于国家目的，正如森有礼所说的"成一国富强之基"②。学校虽然教授欧美的新知识，但教育

---

① 指 1898 年（光绪二十四年/明治三十一年）的 6 月 11 日（农历四月二十三日）至 9 月 21 日（农历八月六日）约一百天内进行的政治改革运动。这一年为戊戌年，故称"戊戌新政"或"戊戌变法"。变法是"变成法"之略，成法即为祖宗以来的政治模式。变成法即改变政治制度等在内的整个国家体制，致力于实现现代学制、军制、议会制度、运输通信、农工商的振兴等。此前中国曾从 19 世纪 60 年代初开始推动了很长一段时间的洋务运动，但甲午战争清朝失败，洋务运动的局限性也凸显出来，更为根本性的改革势在必行。但因反对派发起反击，西太后（1835—1908）发动"戊戌政变"而失败。支持改革的光绪帝（1871—1908）被幽禁，康有为（1858—1927）和梁启超（1873—1929）等逃往日本。主张君主立宪的改革派中谭嗣同（1865—1898）等六人被处死。

② 森有礼（1847—1889），明治政府的第一任文部大臣（1865—1889），发布《小学校令》《中学校令》《帝国大学令》《师范学校令》，确立了中央集权的国家主义教育体制。这句话引自森有礼向阁议提出的教育意见书，该意见书指出："人民护国之精神、忠武恭顺之风，亦为祖宗以来渐磨陶养，尚未至于堕地，此为一国富强之基，乃无二之资本、至大之宝源。"（「阁議案」、『森有禮全集』第一卷、宣文堂书店、345 页）他认为教育的目的在于实现本国的富强，要通过国民教育培养爱国心作为士气，并以此修学磨智，进于文明，促进生产，克服障碍，加速国势之进步，他认为培养这种精神力量的最大资源就是日本人民自古以来的"护国精神"与"忠武恭顺之风"。森有礼在文部省对直辖学校的校长所做的演讲鲜明地体现了他的这种"为了国家的教育"的思想："各学校在学政上非为学生其人，乃为国家，对此应始终铭记。""从事学问教育之职，其本尊即为国家，以国家为本尊之心志浅乏之人，没有作为教育职员的资格。"（明治二十二年一月二十八日。同全集同卷、663 页）

的主干则逐渐贯穿着教条的道德主义。1890 年制定的《教育敕语》这样说："我臣民克忠克孝，亿兆一心，济世世厥美，此我国体之精华，教育之渊源实存于此。"以这种国家主义的道德为支柱，培养"国民"的教育体制建立起来了。

当时，虽然也引入了讴歌"内心自由"的德国学者赫尔巴特的教学法①，但这个思想成为主流以前，学校教育已变为以《教育敕语》为代表对臣民进行的忠孝道德的强制。

顾

日本是以开放的心态接受西方文化，大力引入西学，发展教育，开启民智。日本明治维新以后不久，就紧接着改革学制。1870 年 3 月，依照欧洲学制，明治政府制定了大学规则和中小学规则。正如池田先生所说，1872 年明治政府颁布《学制令》，教育改革全面展开。其间虽有"国学派"与"汉学派"的反对，但结果还是洋学占了上风，在文部大臣森有礼的主持下，建立了天皇制近代教育体制。

还有一点，德国的国家主义迎合了日本"富国强兵"的思想。当时掌握实权的伊藤博文力主学习德国，以德国的国家主义排斥欧美的个人主义和自由主义。1890 年天皇颁布《教育敕语》，又强调天皇的德化和臣民的忠诚，把儒家道德与近代资本主义的伦理道德结合起来。到后来走上了穷兵黩武的军国主义道路。

---

① 赫尔巴特认为教育的目的是陶冶道德品性，而这些品性由五种理念所引导，即支配自我的"内在自由"与"完整性"理念和支配与他者关系的"好意""正义"与"公平"理念。但这种个人主义的赫尔巴特理念引入日本时被赋予了国家主义色彩。对此，牧口常三郎在《创价教育学体系》中写道："有国民才有国家，有个人才有社会。个人的生长与发展最终将导致社会的繁荣、丰富与发展，相反个人的缩小即令国家衰微，令其势力减退。"（第二篇「教育目的論」、『牧口全集』第五卷、114 頁）表示他一贯反对"为了国家的个人"的思想。

"创价教育学"在对抗军国主义教育中诞生

池田

此后，日本进入到战争时期，教育也被野蛮的军国主义利用。比如，1925 年，现役陆军军官被配置到中学以上的男子校实施军事训练。我一直不能忘怀，我在苦于肺病的少年时代，在酷暑中接受军事训练时晕倒在地。

在日本教育被军国主义倾覆的 1930 年 11 月 18 日，牧口常三郎先生出版了《创价教育学体系》（第一卷），这成为创价教育的原点。

在绪言中，牧口先生这样写道："想到不能把入学难、考试地狱、就业难等令一千万儿童喘息于修罗之巷的现代苦恼传给下一代，余之内心就狂乱不已，区区之毁誉褒贬在余眼中亦不复存在。"①

在世界性大萧条的浪潮中，1930 年我国也陷入到被称为"昭和恐慌"的经济萧条中，失业者、自杀者遍满街巷，从前一年的 1929 年就开始有"大学毕业即失业"的流行语了。在那个时代，为了实现"为了儿童幸福的教育"，牧口先生提出了创价教育学。

日本在第二次世界大战中战败后被美国占领，1947 年，日本制定了《教育基本法》。这是一个替代《教育敕语》的、把教育握在国民自己手中的"教育权利宣言"性质的法律。这样，实行"六三三"学制、以"民主主义、尊重个人、放弃战争"为价值取向的"战后教育"确立起来了。

"战后教育"一方面成为日本经济奇迹般发展的原动力，另一方面也引起了过度的考试竞争等问题。

我所创办的创价学园（初中和高中）是在 1968 年 4 月开学的。当时正是大学生势力（student power）席卷社会的时代。在日本国内，反对越南战争、提倡大学改革的大学生们也喷涌出宏大的能量。我在创价学会学生部总会发表日中邦交正常化和即时停止越战的倡言时，有一万几千名大学生

---

① 『牧口全集』第五卷、8 頁。

参加，那正是这一年的 9 月 8 日。

1971 年 4 月，高举"人间教育的最高学府""新文化建设的摇篮"和
"守护人类和平的要塞"的办学理念，创价大学开学了。到现在（2011 年）
已经有四十一届学生在此学习。

现在，日本的教育在时代的变化中也正处于十字路口，这一情况留待
下次讨论吧①。

5　中日教育交流——在教育国际化的背景下

人的成长规律有共性

顾

　　教育是培养人的活动，是人的社会化过程，教育既要为一个国家民族
的经济社会发展服务，同时教育过程也要遵循人的成长规律——人的发展
是有共同规律的。所以，无论是教育与社会经济政治的关系，还是培养人
才的方式方法，总是有许多的共同规律和法则可循。因此，虽然中日两国
政治制度不同，经济发展水平各异，但在教育制度和培养人才的方式方法
上还是可以互相学习的，特别是中日两国同属东方儒家文化圈，教育方面
更遇到许多共同的问题，也需要互相交流和共同探讨。例如面对西方文化
冲击，如何既保持本国的优秀文化传统，又吸收西方先进文化的成果？我
觉得贵国在这方面做得比我们好，值得我们学习。又如学生面对考试的压
力，学习兴趣减退，创造能力被压抑，这是两国遇到的共同问题。前几年
贵国提倡"宽松教育"，最近又发现"宽松教育"的弊端，正在增加学生
的课程。这些经验教训都值得我们研究吸取。中国自新世纪以来开展了新
一轮课程改革，其中的经验教训恐怕也值得贵国教育界研究。

---

① 　见第 4 章第 1 节。

自古以来的"文化大恩之国"

池田

从悠久的历史视角俯瞰中日两国的教育，特别需要提及的事实是，两国的教育通过经常的交流相互影响，相互启发，共同获得了发展。

4 至 7 世纪左右，从中国和朝鲜半岛来的很多渡来人住在日本，他们把武器制造、机器织布、农业等先进技术教给了日本人。7 至 9 世纪，日本几度向隋和唐派遣了"遣隋使"和"遣唐使"等使节，全面学习中国文化，并将它们带回日本。这种正式的使节访问也有留学生和学问僧同行，他们也努力地学习中国的先进文化，遣隋使中最有名的是小野妹子，遣唐使中有吉备真备和阿倍仲麻吕。

吉备真备带回了大量的书籍，这些书籍在使中国文化扎根日本方面发挥了重要作用。而阿倍仲麻吕科举及第在唐朝做了官，最后殁于长安。他与李白和王维等人有深厚的友谊，留下了动人的诗歌①。留学僧中则有最澄，他学习天台教义，归国后成为日本天台宗的开祖，人称"传教大师"，声名远播。

另一方面，也并非是遣唐使单方面地去中国学成归来，很多外国人也来到了日本，这一"通道"同样发挥了重要作用。虽然唐朝的官员来的不

---

① 阿倍仲麻吕（698—770）在唐 36 年，于 753 年被许可回国，其时许多诗人为他写了送别诗。包佶、赵骅、王维的诗都已收录于《全唐诗》。其中王维的诗也收录于《唐诗选》，其《送秘书晁监还日本国》最为有名。秘书晁监即晁姓秘书监之意，因阿倍仲麻吕的中文名叫晁衡（亦作"朝衡"）。秘书监是阿倍仲麻吕的官职，是宫廷中秘书省（图书馆）的长官，据推测此前他也做过与文字相关的官员，因此与诗人交友甚多。阿倍年轻时（27 岁左右），储光羲曾赠诗，题中说："贻洛中朝校书衡。朝即日本人也。"这里说的朝衡任"校书"，指左春坊司经局校书，即皇太子的图书管理员，负责图书的校正、刊行与保管。阿倍本身作为诗人也得到了认可，他在归国之际送给友人的诗《衔命还国作》也被收入《全唐诗》。送别阿倍后，李白又听说阿倍在归国途中遭遇海难而死，便写了《哭晁衡》表示哀悼。当然这是误传，阿倍的船漂到安南（越南）后，阿倍放弃回日本而最后回到长安。有的学者认为他与杜甫也相交至深。

多，但中国的僧人以及菩提僊那等印度僧人也来到了日本①。鉴真和尚在他的弟子和其他许多人的陪同下来到日本，传来了戒律，带来了天台大师的《摩诃止观》《法华玄义》《法华文句》等重要的佛教书籍，还向日本传授了雕刻、草药等知识。

在宋代，日中贸易也非常兴盛，从平安时代到镰仓时代有许多文物传到日本。后来，虽然有过元朝的两度武力侵略（"文永之役"和"弘安之役"），但到了明朝以后交流又频繁起来。特别是 17 世纪，在明末清初的混乱期，明朝的儒学家朱舜水来到日本——这是一个重要的历史事件，他与柳川藩士儒者安东省庵、水户藩主德川光圀结下了深厚的友情，作为培养日本江户时期儒者的大恩人而受尊敬②。

日本的朱子学、古学、水户学等众多学派的学者都受其影响，其思想更于两个世纪后酝酿成为幕末维新原动力之一的"尊皇攘夷"思想。

顾

正如池田先生所说，从日本历史的发展来看，中日交往是很早的。早在两汉三国时期，中国和日本北九州一带就有交通往来。根据《后汉书》

---

① 菩提僊那（Budhisena，704—760），奈良时代的渡来僧。出身于印度的婆罗门，年轻时入唐，传说在中国五台山感受到文殊菩萨的灵验。在长安遇遣唐使，并接受了他们的邀请，与佛哲（邑国即现在越南出身）和道璿两位僧人一道于 736 年（天平八年）来到日本。受到行基（668？—749）等人的欢迎进入平城京的大安寺指导弟子。751 年（天平胜宝三年）成为僧正，第二年开始担任东大寺大佛开眼供养的导师。也被称为婆罗门僧正、菩提僧正。

② 朱舜水（1600—1682），出生于浙江的儒学家。在明末覆灭清朝建立的激荡时代为复明而奔走，但无法实现自己的志向，于 1659 年逃亡至长崎。安东省庵（1622—1701）听说他的大名后，也来到长崎并成为他的弟子，六年间将自己微薄俸禄的一半献给老师。朱舜水 1665 年成为水户藩的宾客，藩主德川光圀（1628—1700）将朱舜水邀请至江户，亲自施以门弟之礼。后来朱舜水也常去水户，重视大义名分的他以"尊王攘夷"史观对于水户藩的重要事业《大日本史》的编纂方针以及"水户学"的形成产生了重大影响。朱舜水自己也始终秉持"拥戴明室之文明（即中华），攘除满洲人（清室）的夷狄"的大义名分，一生为反清复明而斗争。朱舜水在分析日本南北朝史时也以南朝为正统，还给为保护天皇而同东国武士的"夷"而战斗的楠木正成（1294—1336）写了表彰文。朱舜水死后，光圀根据朱的评价在楠木正成墓（位于现在的神户市湊川神社内）上刻下"呜呼忠臣楠子之墓"。通过赖山阳（1781—1832）编写的《日本外史》，楠木正成也成为勤皇的象征，这种观念与当时主张尊王攘夷的水户学的普及相得益彰，给幕末史带来了很大震动。

记载，公元 57 年日本曾遣使向后汉光武帝朝贡，光武帝以金印相赠。大约于公元 5 世纪时，中国的儒学传入日本。不久，佛教和佛教经典通过朝鲜也传入日本。到公元 7 世纪和 8 世纪，是日本集中吸收中国文化的时期。那时正是唐朝鼎盛时期。日本曾四次派遣唐使到中国长安，规模宏大，队伍往往多达五六百人。他们带回去中国的经学①、史学、历学、数学和各种技术。鉴真和尚六次东渡，终于在他 66 岁时第六次东渡到达日本奈良。这些史实早就在中日两国人民中传诵，成为中日友好交往的佳话。我到过京都、奈良多次，特别是京都，就像是中国的古城，那里的建筑与中国的建筑何其相似！当然也有日本建筑的许多特点。自古以来中日两国交流密切的痕迹，从今天的建筑上就可以清楚地看到。

取道日本学西洋

池田

在最初访问中国的 1974 年，我访问了西安市，也就是古代的长安。我深深地感受到日本京都、奈良的源流正是来自长安。贵国的文化大恩不可估量。

中国和日本的学者、文化人的友谊与交流在明治维新以后进一步加深和扩大。20 世纪初，中国兴起了留学日本热，同时也有许多日文书籍被翻译成中文——把日本人翻译的西方书籍再由日文翻译成中文，就是这一时期开始的。1901 年，诞生于上海的教育世界出版社翻译出版了日本的教科书，1902 年作新社又出版了留日学生翻译的西方书籍，其中就包含了"进化论"等。

另一方面，日本明治政府积极接受中国留学生，也为中国留学生设立

---

① 经学，即研究和注释儒教圣典四书五经的学问。四书是《大学》《中庸》《论语》《孟子》；五经为《易经》《书经》《诗经》《礼记》《春秋》。

了很多学校。最初接收中国留学生的是著名的柔道创始人嘉纳治五郎[①]，那是 1896 年。去年（2010 年）是嘉纳先生诞辰 150 周年的日子。后来嘉纳先生扩大了教育规模，三年后创建"亦乐书院"，1902 年又建立了"弘文学院"（即后来的宏文学院），使其发展成为留学生学习的典型学校。鲁迅先生也曾是弘文学院的学生，女革命家秋瑾此时也在日本学习[②]。但日俄战争以后，非常遗憾的是，一部分日本人开始歧视和冷待留学生，从此以后日本开始了军国主义的统治。

顾

刚才池田先生介绍了 20 世纪初留学日本的热潮，的确，中国近代教育向贵国学习了很多东西。所以许多人都说，过去中国的学生变成中国的老师。中国洋务运动时期派遣留学生主要是赴欧美诸国。"新政"[③] 时期主要派赴日本留学，而且人数逐年增加。从 1896 年清政府派遣第一批 13 名赴

---

① 嘉纳治五郎（1860—1938），日本的柔道家、教育家。为讲道馆柔道的创始人，为日本首度参加奥运会（1921 年，斯德哥尔摩）和日本体育的振兴做出了贡献，被称为"日本体育之父"。是"大日本体育协会"（现为"日本体育协会"）创始人、第一任会长。国际奥委会第一位亚洲委员。东京高等师范学校（现为筑波大学）校长。创办接受中国留学生的弘文学院。

② 秋瑾（1875—1907），清朝末年女革命家、诗人。1904 年，离开丈夫和孩子独自留学日本，在清国留学生会馆的日语讲习会学习。后在实践女学校学习教育学和看护学（一度归国后再入学）。1905 年 9 月，参加孙文领导的革命团体中国同盟会，成为浙江省革命团体的负责人。同年 11 月，日本政府强化了对清朝留学生的管理，引起留学生的反抗。罢课运动开始后，秋瑾主张全员回国。她本人回国后，创办了杂志《中国女报》，推动女性解放运动。她在浙江省绍兴开办大通学堂作为革命据点，并组建"光复军"，但其起义计划遭叛徒告密，秋瑾被捕，于 1907 年 7 月，以 31 岁的年龄被处斩首。秋瑾的死刑引起民众的极大愤怒，革命运动不断高涨。清王朝在秋瑾死后四年倒塌。鲁迅作品集《呐喊》（1923 年）收录有以秋瑾为原型的小说《药》。夏衍创作的戏曲《秋瑾传》（1936 年）于 1983 年搬上银幕（谢晋导演的《秋瑾》，曾在日本公映，译名为『炎の女·秋瑾』）。

③ （光绪）新政，1901 年以后由慈禧主导的政治改革。它是清朝最后的改革，亦称"清末新政"。戊戌变法（1898 年）之后光绪帝一直被幽禁，因此并非光绪主导的"新政"，只是光绪年间（1875—1908）的"新政"。新政具体包括教育改革、新军创设、殖产兴业等，是戊戌变法的翻版。义和团事件（1900 年）后，列强加速了中国半殖民地化的进程，新政正是在这一危机感下进行的，包括禁止缠足的法令（1902 年）在内，新政颁布的各项法令加速了现代化。1905 年，在日本取得日俄战争的胜利后，清政府更加速了改革进程，1905 年废除科举，1908 年公布《宪法大纲》，并承诺在 9 年之后开设国会。但 1908 年光绪皇帝与西太后相继死去。三年后的 1911 年，清朝的命脉因辛亥革命而断绝。

日留学生起，到 1902 年增到 500 余人，1903 年达 1300 余人，1905—1906 年更是增至近万人①。1902 年、1904 年清政府颁布的"壬寅学制"和"癸卯学制"② 也是以日本学制为蓝本。为什么向日本学习而不向欧美学习？有以下一些原因：

第一，日本明治维新之前曾经遭受过与中国同样的命运。但日本通过明治维新，推倒幕府，建立了天皇制的资产阶级政权，并大力发展教育，很快就强盛起来。因此中国维新派人士，很热衷效法日本，通过教育培养人才，实行维新变法，以对内挽救王朝，对外抵御强敌。

第二，日本学制也是从西方学来的，参照了法国、德国的教育制度，但经过 20 多年的改革探索，已经走上日本化的独特道路，宗旨是培养"和魂洋才"。这种教育宗旨与中国洋务派主张的"中学为体，西学为用"的思想，在教育上有某些相似之处。因此中国人认为，日本是东方学习西方的榜样。

第三，日本学习西学非常积极快速，许多西方的学术著作在日本都有译本，学习日本的教育，从根本上还是学习西方的教育和文化，而且便利快捷。

---

① 参见钱曼倩、金林祥主编《中国近代学制比较研究》，广东教育出版社，1996 年，第 60 页。

② 在光绪新政开始不久的 1902 年，清政府公布了第一个现代学制《钦定学堂章程》。因当年为农历壬寅年，故称"壬寅学制"，但因反对者众而未能实施。张之洞、张百熙、荣庆等人对其进行了大幅修改，并于 1904 年 1 月颁布了《奏定学堂章程》，才成为真正实质意义上的第一个现代学制。当年农历为癸卯年，故称"癸卯学制"。这一学制模仿日本的学制，由从初等教育到大学教育之"正系"（纵向，即各级）和普通、师范、实业等各校的"旁系"（横向，即各类）所构成。这一学制特别强调义务教育，也提出了"邑无不学之户，家无不学之童"的口号。与 1872 年（明治五年）日本的《关于奖励学事的指示》（即《学制》序文）所提之"自今以后……邑无不学之户，家无不学之人"相类似。癸卯学制规定，设初等小学堂，满七岁入学，不入学者父母将受惩罚，府、州长官也将被追究责任，但实际中初等小学堂的数量和入学学童数均未能很快增加，这是因为当时资金不足，社会对教育的必要性也缺乏意识。此外，虽然教育的形式现代化了，但内容依然重视经学即学习四书五经。该学制学业时间长，仅初等教育就需 9 年（初等小学堂 5 年，高等小学堂 4 年）。此外，当时科举尚存，所以癸卯学制是基于"中体西用"的思想，即以中国传统的学问为根本来使用西欧的科学技术，故有其局限。

第四，日本与中国是近邻，文化相近，文字语言也相近。到日本去学习，可以节约时间和经费。清政府 1898 年 8 月 2 日上谕称："出国游学，西洋不如东洋。东洋路近费省。文字相近，易于通晓，且一切西学均经日本择要翻译。"

但是，中国的新学制并没有把日本学制改革的精神学到手。正如前面所说的，中国和日本在学习西方上走的是完全不同的两条路。日本走的是西方资本主义现代化的道路，中国走的则是半殖民地半封建的道路。教育也只是在形式上相同，精神实质却相去甚远。

相互学习——教育交流是人类发展之路

池田

谢谢您介绍了明治维新以后日本教育改革对贵国的影响。无论是地理上还是文化上都相近的中日两国自古以来就是相互影响、共同成长，这种关系切不可忘记。

20 世纪初，大量中国留学生来到日本，当时日中两国人民结下了深厚的友情。其中的代表，就是我上次谈到①的鲁迅先生与日本的教育家藤野先生，这已是日中交流史上的佳话。

上次也谈到②，第一任会长牧口先生从 1904 年开始前后约四年曾在弘文学院执教，教授地理学。鲁迅先生 1904 年 4 月以前曾在这里学习，他们在此有两个月的重合，说不定也见过面。牧口先生好像与中国的留学生有过很深的交流，在日本进入到富国强兵的时代，牧口先生通过教育建起一座日中友好之桥。

---

① 见第 1 章第 4 节。
② 见第 1 章第 4 节。

　　同为弘文学院教师的松本龟次郎先生①，后来创办了东亚高等预备学校，而且是青年周恩来的恩师。我们也不能忘记他们之间的深厚友谊。周总理的夫人邓颖超女士来日本时，曾与松本先生的家人会面，转达总理的感激之情。

　　此外，孙文先生与日本人的友情也是值得一提的。1897 年，宫崎寅藏②在横滨与孙文先生相遇，被他的革命精神所感动，以后也为新中国的建设尽了自己的力量。这种友谊可以说不胜枚举。

　　两国人民的这种交流在 1972 年日中邦交正常化之后更加深入了。邦交正常化初期，两国的人员往来为每年 1 万人，现在则是每年 512 万人。从留学生的数量来看，留学中国的日本人大约有 2 万人，而留学日本的中国

---

　　①　松本龟次郎（1866—1945），日语教师、日本语言学家。生于静冈县。在供职于佐贺师范学校时的 1902 年，出版了日本第一部方言辞典《佐贺县方言辞典》。第二年，受嘉纳治五郎的邀请，到接受清朝留学生的弘文学院任教。该学院最早的留学生中就有周树人。他在清国留学生会馆的日语讲习会上对秋瑾进行过日语的个人指导，秋瑾死后，他曾去中国扫墓。松本热心于日语教育，编写了很多高质量的教科书。1908 年，松本龟次郎接受邀请成为北京的京师法政学堂（后为北京大学）的教习，于辛亥革命的第二年回国。当时弘文学院曾一度关闭，中华民国成立后又重新开学招收中国留学生，松本又接受邀请到日语讲习会授课。后来学员增加且超过学校容量，于是两国人士 1914 年共同投资建立了"东亚高等预备学校"（位于东京神田神保町）。1917 年前后，松本还教过 19 岁的周恩来，据说松本 1918 年曾率周恩来等留学生到京都奈良修学旅行，后来还在周恩来回国和到南开上学的问题上提供过参考意见（武田胜彦『松本龟次郎の生涯』早稲田大学出版部）。东亚高等预备学校在关东大地震（1923 年）中烧毁，松本投入到救助留学生的工作中，并在一个月后在简易教室中重新开课。1925 年，学校并入"日华学会"（后改称"东亚学校"），松本由校长降为教头（后为"名誉教头"），但始终没有离开讲坛。1930 年，松本到中国考察教育，对于日本的侵略进行了严厉的批判。在其著作《中华留学生教育小史》（『中国近現代教育文献資料集』第一巻、佐藤尚子他編、日本図書センター）中说，中国的亲日或排日很大程度上受日本政治家的政策与言论影响。他还指出，两国国民不应因一时之政治、经济纷争所惑，而应以广阔之心胸而保持亲近。1935 年，他创办了中日两种语言的杂志《日文研究》（刊出六期），由郭沫若题写刊名，鲁迅曾将正冈子规、厨川白村等人的作品译成中文后投稿。

　　②　宫崎寅藏（滔天，1871—1922）生于熊本县。其兄曾参加自由民权运动等社会运动，在这些社会活动家的影响下，他决心为遭帝国主义铁蹄践踏的亚洲及世界讨回自由与人权。1897 年，与孙文结识，为其思想与激情所感染，终生支持中国的革命运动。1900 年，参加孙文领导的惠州起义但起义失败。后以吟游诗人（"浪曲师"）为业，并出版了自传体《三十三年之梦》。该书描写孙文的部分被译成中文，在中国民众中广为流传，成为鼓吹革命的有力著述。其穿梭于在日本结识的中国各派革命者之间，为各派合流组织"中国同盟会"的成立也付出了努力。在辛亥革命以前，积极参与筹备同盟会领导的起义并筹措武器。辛亥革命成功后至其去世的前一年也多次访华。此外，他还帮助过菲律宾的独立运动与朝鲜的现代化运动。

人则达到 7 万多人①。

与古代相比，两国继续并发展了密切的教育交流，从大的方面说，"教育交流"不正是国家发展乃至人类发展的大道吗？

我们继承了牧口会长的遗志，以创价大学为中心大力加强与中国的教育交流。在日本，第一个接受新中国派遣的正式公费留学生的就是创价大学。那是我首次访华的第二年（1975 年）4 月，我作为创价大学的创立者，做了这些英才的保证人，全力支持了中国学生们的留学。而我校接收的第一批留学生中，就有今年 1 月被任命为驻日特命全权大使的程永华先生。

从交流中断到重启——打开大门

顾

我们谈到了中日两国在古代和近代极为密切的教育交往。但是自九一八事变发生后，日本对中国发动了侵略战争，在 20 世纪 30、40 年代中日就谈不上平等的交往了。新中国成立以后，由于日本追随美国，不与中国建交，所以政府间没有来往。但是日本民间友好人士与中国的交往还是很频繁的。例如，日本西园寺公一、井上靖、松村谦三、内山完造等都多次来中国；中国也有很多知名人士访问过日本，如郭沫若、廖承志、赵朴初、许广平等。

池田

正如您所说的一样。我与这些前辈们中的许多人都有过亲密的交往。如中方的廖承志、赵朴初先生，日方的松村谦三、井上靖、西园寺公一、

---

① 根据外务省『日本と中国「戦略的互恵関係」の構築に向けて』中的数据概括。

高碕达之助先生①……与他们的交往深深地印刻在我的生命之中。即便是未

---

① 西园寺公一（1906—1993），西元寺公望之孙，战后曾任参议院议员。1985 年后客居北京长达 12 年。被誉为中日交流的"民间大使"。井上靖（1907—1991），作家，致力于创办日中文化交流协会，并于 1980 年任会长。1957 年以后曾访华 20 多次，作品多以中国历史和人物为主题。与巴金等中国文化学者交谊深厚。与创价大学名誉会长池田大作合作出版了《四季雁书：往复书简》。郭沫若（1892—1978），中国现代文学和历史学先驱。中日友好协会第一任名誉会长。1914 年留学日本，1928 年至 1937 年曾在日本避难。新中国成立后任中国科学院院长、全国文学艺术联合会主席。1955 年，率中国学术考察团访问日本。任中国科学技术大学第一任校长，该校于 2002 年授予池田大作"名誉教授"称号。内山完造（1885—1959），1917 年曾开办上海内山书店，中日文化界人士常以该书店为场所进行交流。经内山介绍，长谷川如是闲、金子光晴、铃木大拙、横光利一、林芙美子、武者小路实笃、岩波茂雄、增田涉等人与鲁迅结识。内山还藏匿过受到官宪追查的鲁迅、陶行知和郭沫若等人。1928 年曾帮助郭沫若逃亡日本。东京神田的"内山书店"匾额即为郭氏所书。上海内山书店也是鲁迅作品的代理商。内山曾任《鲁迅全集》编辑顾问。战后参加设立日中友好协会（1950 年），曾就任该协会理事长。1959 年访问中国时客死北京，根据其遗嘱葬于上海万国公墓。1981 年，上海市民在内山书店旧址建立了纪念碑。许广平（1898—1968），鲁迅的夫人，周海婴之母。在北京女子师范大学读书时，因卷入学校自由化运动而与鲁迅相识。鲁迅死后，为《鲁迅全集》的出版倾注了心血。日美交战后，于 1941 年 12 月 15 日被抓到上海日本宪兵队本部，接受了两个多月的审讯。（許広平『暗い夜の記録』安藤彦太郎訳、岩波新書）内山完造曾设法营救许广平。新中国成立后，曾任中华全国妇女联合会副主席，并率妇女代表团历访世界各国。1956 年，到日本参加禁止原子弹氢弹世界大会。1961 年，与中国妇女代表团一道访问仙台，参加"鲁迅之碑"（郭沫若题）揭幕仪式。廖承志（1908—1983），中国政治家。生于日本。父亲是孙文的盟友、国民党要人廖仲恺。曾参加长征。对日外交的重要负责人，自 1963 年中日友好协会成立至其去世，一直担任会长。1954 年，作为新中国第一个访日代表团"中国红十字会代表团"副团长访日。1962 年，签署《中日长期综合贸易备忘录》（LT 贸易备忘录），对两国缔结和平友好条约（1978 年）也做出了重要贡献。1979 年，作为"中日友好之船"访日代表团团长遍访日本各地。1974 年，池田大作第一次访问中国时曾到北京机场迎接，并结下深厚友谊。赵朴初，中国佛教协会会长、中日友好协会副会长，认为"佛教是联结两国人民的桥梁"，积极促进两国文化交流。1962 年，为纪念鉴真入寂一千二百年，决定在与鉴真和尚有因缘关系的大明寺（在江苏省扬州市）建立鉴真纪念堂，于 1973 年完成。1980 年，促使奈良唐招提寺的国宝鉴真像回归故里，实现了在中国的展出。1955 年以后，作为中国佛教界代表，长期参加在广岛举行的禁止原子弹氢弹世界大会。松村谦三（1883—1971），日本政治家。曾任厚生大臣、农林大臣、文部大臣等。在日本一部分势力坚决反对的情况下，积极促进中日邦交正常化，1959 年以后先后五次访华。与中国领导层多次举行会谈，并建立了信任，开辟了交流之路。1970 年，以 87 岁高龄最后一次访华时是坐着轮椅出发的。高碕达之助（1885—1964），政治家、实业家。电源开发第一任总裁，历任大日本水产会会长、经济企划厅长官、科学技术厅长官、通产大臣等。战前曾任满洲重工业开发总裁。1959 年，松村谦三曾向周总理举荐高碕达之助，称其为可担当中日友好之人。其实周总理此前曾与高碕达之助在 1955 年万隆会议上见过面。松村访华归国后力促高碕访华，第二年，高碕率经济界代表团访华。1962 年，高碕又作为经济使节团团长访华，与廖承志共同签署了《日中长期综合贸易备忘录》，坊间以两人姓名发音的首字母俗称之为"LT 协定"。从此，中日两国开始从事半官半民的大规模贸易，一直持续到邦交正常化。高碕去世五个月前（1963 年 9 月），曾与池田大作会见，说："我的时间有限。需要新的力量。望你成为日中友好的力量。""拜托你务必访华。"

能有机会亲自见面的郭沫若先生和许广平女士的事迹，我也曾多次在演讲中向青年们谈及，我与郭沫若先生任首任校长的中国科技大学也有很深的交流。

顾

鲁迅夫人许广平还应邀参加了在仙台举行的鲁迅纪念碑的揭幕仪式。在同一个时期，周恩来总理提出"中日之间没有邦交也要开展以贸易为中心的民间交流"的方针，开拓了"以民促官"的中日友好的道路。1952 年6 月，中日之间就缔结了民间贸易协议，开展民间经贸往来。但教育交流还难以开启。

在这种情况下，日本创价学会很早就提出要与中国实现邦交正常化，并为此做了许多努力。1972 年，中日邦交正常化开启了中日交往的新纪元。

1979 年，我负责北京师范大学的外事工作，第一批接待了广岛大学大学教育研究中心代表团。这大致是"文化大革命"以后最早的中日教育交往。翌年 7 月①我也应日本比较教育学会会长平塚益德的邀请参加了在日本埼玉县召开的第四届世界比较教育大会。同年 10 月，我又接待了日本国立教育研究所的横山宏②研究员。从此开始了中日教育界的频繁交往。我担任北京师范大学副校长七年，负责对外交流的工作，我校在 1981 年就开始接

---

① 见第 3 章第 2 节。

② 横山宏（1921—2001），生于中国辽宁省，北京大学农学院毕业。中日战争期间不得已从军，苦于被迫与包括同窗好友在内的所爱的中国人交战，以此为原点毕生投身于中日友好事业。是日本战后社会教育运动的先驱，为创立日本社会教育学会、编辑《社会教育月刊》、为成立社会教育推进全国协议会付出了努力，也为公民馆运动、生活记录运动、个人史运动等做出了贡献。1946年从中国回国后曾在文部省社会教育局工作，1958 年后供职于国立教育研究所。参与编写《日本近代教育百年史》，1985 年后任早稻田大学客座教授。1980 年，受文部省派遣，到中国进行在外研究，此时与顾明远先生相识。1983 年至 1996 年，为促进两国文化交流与友好，多次组织社会教育访华团。曾任 1991 年成立的"日中教育研究交流会议"代表，该团体在横山先生去世后设立了"纪念横山宏学术鼓励奖"，目前该团体已经发展成为"日中现代教育学会"。横山宏在鲁迅研究方面也很著名，从 20 世纪 70 年代开始主持"阅读鲁迅之会"，将顾明远《鲁迅的教育思想和实践》译为日文版（『鲁迅—その教育思想と実践』同時代社，1983 年），并出版了『対訳・鲁迅画文选集』（同時代社、二卷）。

待日本留学生。现任日本比较教育学会的会长大塚丰①先生就是最早一批到我校来进修的，我曾亲自为他讲授中国高等教育发展史。以后来我校的日本留学生逐年增加，我们也派了许多学生和教师到日本学习和进修。中国教育学会与日本教育学会的交往也很密切。其他还有学校之间的交流与合作。为此，可以写一部中日教育交流史。

为"培养和平的使者"促进青少年的交流

顾

我刚才谈到，在两国外交关系断绝、教育交流停滞的情况下，日本创价学会是很早促进中日邦交正常化的民间团体。创价学会的理念是播撒人间的爱，为世界和平做出贡献，并提出为了救助苦难的民众和儿童就需要进行教育改革。我觉得这个宗旨很重要。教育的本质是育人，是培养热爱和平的人。我非常赞成池田先生所说的："文化交流和教育交流是人溶掉憎恶之心，培养信任和友情的捷径。"世界上许多事情是政治家的事。我们教育工作者虽然不能不关心政治，但我们更重要的责任是教育下一代。为了世界和平，我们要教育下一代学会互相理解、互相关心。怎样才能做到？首先要承认当今世界的现实，尊重不同国家和不同民族的价值观念，尊重各民族的文化传统，尊重他们所选择的社会制度和切身利益。要做到这一点，第一步，也是最重要的一步，就是要互相了解，然后互相信任，共同发展。怎样才能互相了解？这就要靠交流。

2008 年在北京举行的第 29 届奥运会的主题就是"同一个世界，同一个梦想"。奥运会在全球人民的共同支持下圆满成功，这是世界人民互相交

---

① 大塚丰，广岛大学大学院教育学研究科教授。1951 年生，曾在广岛大学、美国乔治·皮博迪教育学院（现并入范德堡大学）研究院等校学习。教育学博士。主要从比较和历史的视角从事中国等亚洲各国教育与发展的研究。北京师范大学国际与比较教育研究院、华中科技大学、浙江大学教育学院客座教授。近著有『中国大学入試研究—変貌する国家の人材選抜—』（東信堂、2007年）等，是顾明远《中国教育的文化基础》日文版的译者，2008 年起担任日本比较教育学会会长。

流、互相了解、互相支持的典范，同时又进一步促进了世界人民的相互交往和相互了解，为世界和平做出了贡献。去年（2010 年）上海的世博会也起到了这样的作用。

体育交流曾经打开了中美建交之门，我们曾经把中美的乒乓外交誉为"小球拨动了大球"（乒乓球拨动了地球）。北京奥运会和上海世博会又为我们做出了榜样。但我觉得，教育的交流尤为重要，因为它不仅促进成年一代人互相了解，而且将影响未来社会的主人——下一代青少年的相互了解。教育交流就是最好的交往形式，教育交流涉及的面最广泛，包括语言、科学技术、教育思想、内容和方法等等。

在"外语学习不可或缺"的时代

池田

我从内心深深感受到顾先生怀着满腔热情和深厚的友谊促进中日两国的友好交流。您对创价学会有深刻的理解，我再次表示感谢。您说世界和平的关键是教育交流，我深表赞同。

不同文化圈的人要进行交流，最重要的是要有相通的语言。所以我想与您谈一谈教育交流不可或缺的外语学习问题。

德国大文豪歌德曾说："不懂外语的人，也不懂母语"[1]，我们今天生活在一个歌德时代无法比拟的国际化和全球化时代，因此除了本国语以外，学习其他语言的必要性已不可同日而语。

我人生中最大的憾事之一是没有学习外语。在我年轻的时候，战争刚刚结束，没有学习"敌国语言"英语的氛围。战争结束后，恩师户田先生的事业濒于危殆，为了打开困境，我也不再上学了。

现在，我与世界上有识之士的交流都通过优秀的翻译来进行，我常想，如果我自己可以自由地使用外语，那该多好啊。以前，我与汤因比博士对

---

[1] 大山定一訳「ゲーテ格言集」、『ゲーテ全集 11』人文書院、164 頁。

话的时候，有一次偶然地我身边没有了翻译。那是汤因比博士带我去一个伦敦颇有传统的绅士专用俱乐部喝茶时的事，他尽可能用平易的英语跟我解释，还加上了许多手势。这至今令我难以忘怀，当时我就痛感如果学好外语该有多好！我也经常号召学生们学好外语。

日本的媒体经常把贵国的外语教育作为成功的案例加以报道，我想请教中国是如何实施外语教学的，您能否给我介绍些具体的案例？

学习语言，“实际运用”是关键

顾

研究比较教育需要精通外语，最好能掌握多种语言，才能收集第一手材料。但是学习外语对于我们来说真是非常困难。我自己也有这种体会。我小学和初中大部分时间是在日本占领下过来的，本来可以很好地学习日语，但因为对日军的仇恨，我们在上日文课时常常逃学。没有想到后来会与日本朋友密切交往。自1980年至今，我已20多次访问贵国，但不能用日语和朋友们交流，实在感到多有不便。

我的英语也不好，虽在中学时代学过，但在苏联读大学时主要学俄语，所以把英语也荒弃了。这对我后来研究比较教育的影响很大，使我不能对比较教育进行深入的研究。我也感到非常遗憾。

在当今国际化时代，外语学习已经成为基础教育的重要课程。我国长期以来外语教学也不尽如人意。一是师资缺乏，二是方法陈旧，学生到中学毕业，外语还不过关，或者是只会阅读，不会对话，我们称之为“哑巴英语”。

但是改革开放以来，国家特别重视外语教育。特别是近20年来，国家要求小学就要开设外语课，全国小学一般从三年级开始开设外语课，发达地区从小学一年级开始就开设外语课，课时逐年增加。许多学校都聘有外籍教师，直接用英语授课。同时在高等学校的入学考试中，外语是必考科目；研究生考试也必须考外语。通过一系列强化措施，再加上外语师资水平的提高、教育方法的改进，近年来学生的外语水平确有提高。当然从全国范围来讲，发展也不均衡，发达地区，如北京、上海等地水平较高，西部地区就比较差。

近些年来，国际交往频繁，学生间的来往交流，如夏令营、冬令营等各种形式的交往都给外语学习创造了良好的条件。我想，学习外语最重要的是要有一种外语环境，要能够应用练习。如果学了不用，很快就会忘记。上世纪60年代初，我曾经学过两年德语，但因为"文化大革命"就中断了，以后就都忘记了。所以要让年轻人与外国人多交往、多应用。

池田

听到您介绍贵国外语学习的情况，竟然和日本的情况如此相似，我感到意外。一般来说，日本中学生会花许多时间在英语学习上，但是从实际效果来看，许多学生即使能够阅读英文，但在实际的听说方面还是薄弱的。在这种情况下，日本小学也进行英语教育，以图改善现状。也有许多关心孩子外语学习的年轻家长在孩子很小的阶段就开始通过去私塾等方式给予孩子学习外语的机会。但国内担心早期外语学习影响母语学习的呼声也不少。只是在国际化加速的时代，与外国人顺畅交流的能力显得不可缺少，更何况想要培养活跃于国际舞台的人才呢！正如顾先生指出的那样，提供"使用外语的环境"是十分重要的。特别是，日本是岛国，与外国人接触的机会少。常常有人指出由于日本人缺乏语言的"使用环境"，所以无论如何努力学习，语言能力也难以提高。

在这种情形下，我们在许多大学进行了新的尝试。1999年，创价大学成立了"世界语言中心"。在这里，日本人和留学生原则上不用日语，而是通过英语、汉语等各种语言进行语言学习和异文化理解。当然向世界各国派遣的留学生也很多，特别是我们与贵国的许多大学签订了交流协议，其中和北京语言大学联合开设了"双学位课程"，这是一种可以同时获得北京语言大学和创价大学的学士学位的项目。通过两年的留学经历，学生们的语言能力得到显著提高，今年（2011年）春天，我们已经送走了第一届毕业生。

另外，美国创价大学还设有三年级时向西班牙语、汉语、日语三种语言圈派遣留学生的项目。学生不是在纸上谈兵地学习，而是在实际的语言环境下生活，通过与当地人和当地文化的直接接触，在实践中习得语言。这一项目在学生中大受好评。

令人欣喜的是，在创价大学迎来的贵国留学生中，竟然有用比日本人还流畅的日语进行翻译的学生。在胡锦涛主席和温家宝总理来日时，中方的翻译和我的翻译都是创价大学的毕业生，这使我们可以借机重温故交①。

时代在发生巨大的变化，社会也在不断改变之中。教育方法也不能够蹈袭原有的了。还需要根据学生的希望提供新的课程。开创未来的使命落在学生身上，我们有责任为提高他们的学习能力、丰富他们的心灵而不断地创造和努力。

①　创价学会名誉会长池田大作与中国国家主席胡锦涛是2008年5月8日在东京会见的。池田大作先生赞同胡主席提倡的"和谐世界"观，并为此希望加强青年交流，池田大作还向胡主席表达了祝愿即将举行的北京奥运会圆满成功的心情。胡主席高度评价了池田大作1968年发表《中日邦交正常化倡言》及促进两国友好过程中所表现出的胆识。此前，在1985年3月，时任中华全国青年联合会主席的胡锦涛率中国青年代表团访日时，池田大作在东京《圣教新闻》总社举行了欢迎仪式，双方表示要为建设两国美好的未来而努力。1998年4月，担任国家副主席不久的胡锦涛与池田在东京会见，共同确认了面向两国的长远友好而进行青年交流的重要性。2007年4月12日，池田大作先生与温家宝总理在东京会见，温总理表示，"创价"思想就是"慈悲"与"创造"，池田大作则表达了为促进民间的真正的心的交流要进一步推动文化交流的决心。胡主席和温总理均为"中国第四代领导人"，池田大作与第一代的周恩来总理、第二代的邓小平、第三代的江泽民主席都曾会见过，与第四代领导集体保持着深厚的友谊。

第4章

培养"创造性的人"
——创价教育与素质教育*

培养人！——继承鲁迅先生的奋斗精神

池田

　　1907 年，青年鲁迅写下了这样的文字：

　　"有不为大潮所漂泛，屹然当横流，如古贤人，能播将来之佳果于今兹，移有根之福祉于宗国者，亦不能不要求于社会，且亦当为社会要求者矣。"①今年（2011 年）是鲁迅先生诞辰（1881 年 9 月 25 日生）130 周年，我被邀请参加 9 月 23 日由上海市主办的纪念大会和上海鲁迅文化发展中心承办的国际研讨会，但由于日程上的问题，我未能出席，而是派了代表参加，并赠送了祝词。

　　正如顾先生所言，鲁迅先生也是一位大教育家。在帝国主义时代人们高喊富国强兵的口号时，青年鲁迅却向社会大声疾呼要看到表面繁荣背后的根本问题。教育是未来发展的根本。只有教育，才是使人发展成为真正的人并完成善的使命的原动力。顾先生也正是在现代中国播撒着教育的种

---

　　* 本章内容曾刊载于《东洋学术研究》第 50 卷第 2 号（2011 年 11 月）。
　　① 「科学史教篇」伊東昭雄訳、『鲁迅全集』第一卷、学习研究社、54 頁。这是鲁迅在留学后期，中途从仙台医学专门学校退学后，在东京写的早期评论的一篇。1908 年，在清国留学生办的文艺杂志《河南》发表。收入作品集《坟》（1927 年）。

子，构筑着幸福之基。

正如诸葛孔明所言："士之相知，温不增华，寒不改叶"①。纵使季节变换，我们的友谊之心长存。能和顾先生一道探索人的教育理想，我感到无上的喜悦。

顾

池田先生提到今年是鲁迅先生诞辰 130 周年，引用鲁迅先生对社会福祉的根本期盼，在今天仍然很有现实意义。正如池田先生所说的："能够带来未来发展的具有根本性的光源，正是教育。教育正是使人发展成为真正的人并完成善的使命的原动力。"鲁迅在同年（1907 年）写的另一篇文章《文化偏至论》中也提出"争存天下，首在立人"，强调"非物质""重个人"②。这就是池田先生所说的教育的重要性啊。鲁迅既是文学家，也是教育家，他在许多著作中都讲到教育问题。我们的思想和鲁迅是相通的，我们从鲁迅著作中可以学到很多东西。非常遗憾的是，鲁迅的儿子周海婴于今年（2012 年）五月因病去世。我失去一个妻兄，也失去了一位挚友。我会永远怀念他。

的确严冬又到了，大家都会感到严冬的寒冷，但只要人间有温情，心里还是温暖的。中国古诗有赞誉"岁寒四友"的，就是梅、兰、竹、菊四种植物。我想，我们也可以成为严冬中的朋友。

---

① 引自宫川尚治『諸葛孔明「三国志」とその時代』桃源社、218 頁。参见講談社学术文庫版 232 頁。

② 《文化偏至论》为鲁迅留学后期的论文，收入《坟》（1927 年）。文化纠正以前时代的偏向而发展，在 19 世纪末的欧洲，兴起了反对一直以来的物质万能主义的浪潮。尽管如此，中国的欧洲主义者至今错误地认为西方文明是建立在物质主义的基础上。被引部分"争存天下，首在立人"在论文结论的部分："然欧美之强，莫不以是炫天下者，则根柢在人，而此特现象之末，本原深而难见，荣华昭而易识也。是故将生存两间，角逐列国是务，其首在立人，人立而后凡事举；若其道术，乃必尊个性而张精神。"（松枝茂夫訳、『鲁迅全集』第五卷、岩波书店、29 — 30 頁）。论文强调的"非物质""重个人"，"在此论述的是以下二事，即否定物质万能主义、尊重个人"（同、18 頁）。

池田

我之前也提及①，曾两度在东京见过周海婴先生，并谈到周先生的父亲鲁迅先生的一生和以笔斗争的经历。当接到周先生的讣告，我立刻致唁电慰问，愿周先生一路走好。

周海婴先生和鲁迅先生一样，都致力于青少年的教育。我仍然记得他曾力陈："关键是'人'，是培养人的'教育'。对于后代我们要施以正确的道德观念和致力于他们人格形成的'教育'。"②

1 现代教育的问题——日本和中国

对"宽松教育"的思考

池田

在上次的书信中，我们概观了日本与中国的教育史，更加清楚了两国教育是如何深入地相互影响的。虽然上次已经提及两国当今的教育问题，但这次我想与您进行更为详细的探讨。

首先，我们基于各种资料俯瞰日本现代教育，可以说所谓的"战后教育"是在 1947 年制定的《教育基本法》的基础上发展起来的。《教育基本法》第一条就指出："教育要面向人格的完善，培养和平国家与社会的建设者，培养热爱真理与正义，尊重个人价值，注重勤劳与责任，满怀自主精神的身心健康的国民。"这一宣示与《日本国宪法》相呼应，是饱含理想主义的格调甚高的内容。大家的普遍看法是，战后日本在给予全国儿童高度均质化的教育方面取得了成功，推动了快速的战后复兴与经济成长所需的人才培养。

---

① 参见第 1 章第 4 节。
② 「聖教新聞」2004 年 3 月 13 日。

其次，战后教育尽管秉持崇高的目的观，但还是难以逃脱理想与现实脱节的怪圈。经济高度成长之后的日本，在教育一线产生了考试竞争的激化、灌输式教育的弊病。为解决这一问题，从 20 世纪 80 年代初期开始，日本出现并推行了以削减课堂教学时间、减少教学内容为指向的"宽松教育"。但是后面也将谈到，经济一边倒的社会走进死胡同对教育一线产生了很大的负面影响。2006 年，《教育基本法》在颁布 60 年后首次被修改。

作为比较教育专家，顾先生如何评价日本的战后教育呢？

顾

我对贵国教育的实际情况了解不多，研究不够。虽然近 30 年来我差不多每年都会到贵国去，但总是匆匆忙忙，开完会即回来。最长的一次住了四个月，但也只限于大学，访问过的中小学校很少。因此很难对贵国的现代教育做出客观的评价。我只想与中国教育相比发表点表面的观感，而且只限于中小学方面。因为大学比较复杂，难以找到可比性。

首先我觉得，战后贵国特别重视教育，及早地普及教育。贵国上个世纪 60 年代经济高速增长，如果没有人力资源的支撑是不可能实现的。日本的教育在日本经济社会发展中做出了不可磨灭的贡献。这一点一直为我国学者所称道，而且我国政府也学习贵国及其他发达国家的经验，提出"教育先行"的发展战略。

其次是贵国在基础教育阶段发展较均衡，没有重点学校和非重点学校之分。虽然也有少数著名的私立学校，但不像中国在公立学校中分重点学校和非重点学校，引起了入学的激烈竞争。虽然最近几年中国政府明令在义务教育阶段取消重点学校，但已经形成的名校早就深深地印入老百姓的脑海中，大家都追求上名校，所以引起了激烈的竞争。

贵国在学校管理和教学方面也有许多值得我们学习的地方。例如学校规模比较适当，一般都不超过 1000 名学生，学校管理很有条理。学生班额比较小，便于教师管理。

池田

顾先生对战后日本教育制度注重平等的优点给予了善意的评价，不过日本教育界的问题还是很多。

问题之一就是"灌输式教育"以及对其反思而产生的"宽松教育"所面临的问题。近年来，国际比较发现日本学生的学力在下降，人们对"宽松教育"的评价也出现分歧，对"宽松"的反思也在进行之中。然而，更为本质的问题并不在于所学知识的"量"，而是如何培育学生的"学习意愿""学习动机""学习目的"，只有解决这些问题，才能的幼芽才能快速生长。"为了什么，砥砺智慧"①，这一点如果能够明确，那么人就可以苦学不厌。

如果看得更具体的话，可以说现在日本教育第一线的问题堆积如山。逃学、欺侮等问题仍是顽症，近十几年来更频繁地发生了所谓"班级解体"的事态，也就是"不听从教师指导，课堂无法维持"的现象，这种现象在初等教育和中等教育中开始出现。在谈及原因的时候，一部分人慨叹是教师教学技巧低下所致，而有人则指出不单纯是教师能力的问题，也是因为随着社会的变化，"儿童自身发生了质的变化"。例如，儿童们自幼儿时期就受到电视、电子游戏这种物质泛滥的消费经济的严重影响，家长对学校和教师也不像以前那样怀有尊敬之心，而儿童会敏感地捕捉到家长的这些态度。一些家长不断地给学校提出无理的要求，如东京都教育委员会 2008 年进行的调查发现，当教师对那些欺负其他同学的学生进行指导的时候，他们的监护人却认为不当，并不断地恐吓班主任；当学校告知儿童咨询所某家庭存在家庭虐待时，却遭监护人的恶言相向②。

---

① 东京创价中学·高中学校校歌"草木萌芽"开头的歌词："为了什么，砥砺智慧/为了下一代，肩负世界/为了未来，茁壮展翅"。另外，创价大学入学日的规定者池田名誉会长所赠之辞中有"为了什么，砥砺智慧/请君，勿忘"的句子。刻于学校青铜像的底座上。
② 「『公立学校における学校問題検討委員会』における実態調査の結果等について」，2008 年 9 月 18 日发布，东京都教育委员会主页。

学校、教师、监护人为了学生本应相互合作，如果他们的信赖关系产生动摇的话，的确是值得担忧的问题。不管怎么说，由于生活和社会环境的变化，教育第一线的问题比以前增多了，解决的难度也增大了。可以说，这再次表明教育问题是社会整体的问题。

顾

我常常从报刊上看到批评的意见，例如说日本教育是"考试地狱"，存在"教育荒废""学校暴力"等问题。有些问题是我们东方国家所共有的，例如社会重学历轻能力，追求名牌大学，于是在中学生中出现了激烈的竞争。据说日本中小学生70％以上都在休息日去课外班（"塾"）补习功课，为了考上一所名牌大学，要不断地参加各种考试。因此有些日本学者把日本的教育说成是"考试地狱"。据说韩国以及我国台湾地区也有类似情况，追求考试成绩，追求名牌学校。可见这里面有东方文化的因素。

对于日本在上个世纪80年代提出的"宽松教育"，我认为要一分为二来看。学习应该是轻松而又刻苦的过程。对幼小儿童来讲，应该让他们轻松愉快地学习，培养他们的兴趣爱好，他们有了兴趣，就能刻苦地学习。但"宽松教育"不能只是减少教学时间，减少学习内容，而是教师要把课上好，引起学生的学习兴趣。把每一节课上好了，使每个学生学懂学会了，课后布置的作业就可以减少，学生就可以有时间思考，有时间参加他们喜爱的活动。如果仅仅是减少教学时间，减少学习内容，当然教育质量就会下降。

现在父母对子女的期望很高，在中国尤其如此，因为中国大多数家庭只有一个孩子，父母总认为自己的孩子是天才，因此都把教育的责任推到学校身上。但在中国倒是没有教师和父母对立的现象，因为教师和家长都希望孩子好好学习，长大成才。相反，有的教师也很厉害，往往对家长要求过多，常常会批评家长不关心自己孩子的学习。

其实，教育是全社会的事，需要全社会来关心。学校有责任，家庭有责任，社会也有责任。学校离不开社会，社会环境、社会风气无时不在影响着学校。孩子中许多恶习，都是来自成人世界。成人应该反思自己的思想行为如何影响着儿童世界。

提高学校、家庭、社区的"教育力"

池田

我深切地感到儿童正是成人社会的一面镜子。

现在，日本的教育有诸多问题，其社会背景包括城市人口急增过程中核心家庭的增多和近年少子化的加速等变化。与以前相比，生活更方便了，但经济上的差距却在加大。信息化在不断深入，但人与人的关系却日趋淡薄，人际关系的淡薄对人的精神产生了重大影响。

在经济高度成长期，虽然核心家庭的数量也在增长，但那时处处都还有很多孩子。近邻之中有很多家庭都在养育小孩，常常看得到他们在互相帮助。但现在这种关系在减弱，母亲的养育负担过重，她们没人可以咨询，也没有帮手，结果很多人带孩子困难重重，压力很大。

这种社会结构也影响着孩子的成长。有人指出，越来越多的孩子不善于与他人交流，缺乏爱也导致情绪的不稳定。中国在改革开放后实行独生子女政策，我想现在孩子没有兄弟姊妹的家庭占多数，从教育的角度来看，对此应如何评价？是否也出现了日本这样的少子化现象？如果有什么问题的话，有什么办法解决？请您指教。

基于这种现代社会所面临的教育状况，舆论认为不仅要提高家庭的教育力，也要提高学校的教育力和社区的教育力。在这种社会要求下，我们创价学会也开展了种种教育运动。前面提到过的"教育本部"①，就始终在致力于提高学校、家庭和社区的教育力。

下面我再介绍一点教育本部所采取的具体措施——为了提高学校教育力而开展的"教育实践记录运动"。

这个运动归纳了教师的教育实践内容，记录了一线教师促进儿童发展

---

① 见第 3 章第 3 节。

的各种智慧，目前这个教育实践记录已有 5 万个案例。此外，他们还以"人间教育实践报告大会"为题，召集广大教师汇报各自教育实践和体验，对于在一线努力教育孩子们的教师而言，这些内容对于提高他们的教育技能起了很大作用。另外，他们为了提高家庭的教育力，开设了可以为各种家庭苦恼提供帮助的"教育咨询室"，在 40 多年当中，咨询志愿者为 36 万人以上的来访者提供了服务。在提高社区教育力方面，他们在社区举办了教育研讨会，经常召集教育工作者们进行交流。此外，大学生们也积极地访问社区中的家庭，加强与孩子们的交流，与他们对话，致力于解决亲子关系不佳所导致的问题。

学校、家庭、社区，这三者相互协作，三位一体，努力创造一个"为了教育的社会"，我想这才能发挥教育本来所具有的力量。

独生子女政策对教育的影响

顾

池田先生提出了中国的独生子女政策问题，我在访问日本时，也常有朋友问到这一问题，那我就借此机会谈一谈。

一方面，中国实行独生子女政策也是不得已而为之。因为中国人口太多，负担太重。虽然常常说中国地大物博，其实中国也是一个资源贫乏的国家，用人口一平均，资源更是少得可怜。所以如果再不节制生育，中国的资源就不堪负担。

另一方面，中国也存在池田先生所说的核心家庭增加和少子化的现象。独生子女在家庭中往往以自我为中心，不易关心他人。家庭中一个孩子，有六个大人宠爱着他（她）：父母、祖父母、外祖父母。因而孩子成为家中的宠儿，大多数孩子都依赖大人，不仅吃得好，穿得好，而且连自己的生活也不会料理。有些孩子大学毕业工作了，不顾家庭，只顾自己享乐，每月工资吃光用光，所以网上给这些孩子起名为"月光族"。吃光了再向父母要钱，或者让父母购房、购车，网上起名为"啃老族"，这确实使人痛心。

当然这部分孩子属于比较富裕的家庭，而且也不是普遍的。所以，我们以前提到过，素质教育就是要培养学生的创新精神和实践能力。前面谈到的《国家中长期教育改革和发展规划纲要（2010—2020 年)》就特别强调要培养服务国家、服务人民的社会责任感。

现在中国教育中还有一种情况，就是农村里的孩子缺乏家庭的温暖。父母都到城里打工去了，孩子留在农村由祖父母照看，缺乏父母的爱，我们称之为"留守儿童"。他们都会产生一些心理障碍，如孤独、自闭等。现在政府正在建设住宿学校，让孩子住在学校里，由老师来呵护他们，使他们得到老师的爱、同伴的爱。还有一部分孩子随着父母进城，但父母也没有时间管教他们，而且父母工作的流动性很大，例如建筑工人，今天在甲城市盖楼房，明天可能到乙城市去盖楼房。这些孩子我们称之为"流动儿童"，也是教育的难点。现在已经明确，当地政府要负起责任来，为他们办学校，让他们完成九年义务教育。但他们的流动性给教育带来许多困难。

为了帮助贫困家庭的孩子，我每年都会拿出一点点钱来设立奖学金，钱很少，表达一点心意吧。总之，中国还是一个发展中国家，经济发展不均衡，仍处在社会转型时期。

核心家庭和少子化就是一种环境，对儿童的成长确有不利的方面。但关键是教育。社会和家长都要改变教育观念，同时改变教育方法，特别要让学生在实践中去锻炼。中国 2008 年四川汶川地震以后，在抗震救灾中许多青年表现出的牺牲精神和大爱精神，使人感动。在中国举行奥运会和世博会期间，几百万青少年志愿者的热情服务，使我看到青年的希望。所以我相信，我们的后代会胜过我们这代人。我想贵国的青年也是很有希望的。

转换思路——面向"为教育的社会"

池田

谢谢您坦率地提出了关于独生子女政策的见解。"我们的后代一定会胜过我们这代人的”，您的这句话在我内心回响，我也同样祝福并坚信着。如您所言，青年大有希望，青年本身就是希望、是未来。

此次东日本大地震，许多青年为家乡重建付出了努力。有些自家并没有受多大的灾难的，却也帮助近邻清除淤泥、收拾残局、搬运救援物资等，虽是细小工作，却也都是为大家、为社会的勇敢的献身行为。我们亲身感到在前所未有的灾难面前，勇于站出来承担的坚强的下一代领导人在成长。

话说回来，现在日本的大学，报考者比招生名额还少，“大学全入时代”真正地到来了。但另一方面，只有前15%的大学有稳定的用人单位招聘，毕业生不必担心就业。有人还认为少子化的加速并未缓和考试竞争，而是使应试低龄化。还有，很多学生不喜欢数学和科学，学力也在下降。在全球化过程中，学力观本身也在发生着变化。

总之，堆积如山的问题群，或者说不断表面化的教育问题，使得面对它们的一线教育工作者辛苦至极！

本来，人这种存在从诞生到成人需要若干年，无论科学如何进步，婴儿也不可能一夜之间变成大人。同样，教育也不能在短时间内决定成败，正如贵国经典《管子》中所说的“终身之计，莫如树人”①，教育是一种需要有长期视野的“百年大计”。

教育也不应为时势与权势所左右。从我自身所经历的战前日本军国主义教育看，因错误的教育而遭受最大危害的是孩子、是学生。

人不是手段，人本身就是目的；面向人的幸福的教育也不是为了社会的手段，毋宁说应把教育看作社会的目的。所以，我提倡要进行从“为了社会的教育”向“为了教育的社会”的有力的思维转换。

我与中国著名的历史学家章开沅博士也进行过对话。章博士曾研究过现代中国的大教育家陶行知的学说。基于章博士的研究成果，他认为，陶行知先生把杜威的“教育即生活”“学校即社会”的思想发展为“生活即

---

① 遠藤哲夫『新釈漢文大系42　管子　上』明治書院、49頁。

教育""社会即学校",是力图通过平民教育促进中国的现代化①。应该说这是为了人类幸福的教育的一个伟大的成果。

创价教育之父牧口常三郎先生则认定教育的目的就是"为了孩子们的幸福","为了民众的幸福"。

百年大计——参与制定教育规划

顾

新中国成立60年来教育发展的成绩巨大,但问题也不少。刚才提到,中国政府公布了《国家中长期教育改革和发展规划纲要（2010—2020年)》(以下简称《教育规划纲要》),在序言中就提到,新中国开辟了中国特色社会主义教育发展道路,建成了世界最大的教育体系,保障了亿万人民群众受教育的权利。特别是用了很短的时间在13亿人口中普及了九年义务教育,实现了高等教育跨越式发展。但是,中国的教育还不完全适应国家经济社会和人民群众接受良好教育的要求。教育观念相对落后,内容方式比较陈旧,中小学生课业负担过重,素质教育推进困难,城乡、区域教育发展不平衡等等。贵国中小学遇到的问题,中国也同样面临。正像您说的,教育问题堆积如山,是全国人民最关心,几乎天天议论的问题。

中国今后十年要努力解决的问题是促进教育公平,提高教育质量,核心是提高全体国民的素质和培养一大批有社会责任感、具有创新精神和实践能力的人才。要促进教育公平,政府要增加投入,改善薄弱地区和薄弱学校的办学条件。

正像池田先生说的,教育是一种需要有长期视野的"百年大计"。我非常同意池田先生的观点。教育不能太功利,教育的根本目的是人的自身的

---

① 章开沅,1926年出生,历史学家,原华中师范大学校长,历任普林斯顿大学客座研究员、中南地区辛亥革命史研究会理事长等职。所论及部分见对谈集『人間勝利の春秋——歴史と人生と教育を語る』第三义明社、120頁。

发展。现在社会上功利主义盛行，政治家把教育视为政治斗争的工具，经济学家、企业家把教育视为发展经济的工具，家长则把教育视为就业、改善社会地位的敲门砖，忽视人的自身的发展。

我参加了《教育规划纲要》制定的全过程。从2008年8月开始调查研究，开了无数次座谈会、研讨会，又把纲要的文本在全国公布，征求全民的意见，到今年（2010年）7月29日正式发布，用了几乎整整两年的时间。在制定这个纲要的过程中我深深感受到教育对社会发展及个人发展所具有的重要性，而且体会到全国百姓的高度关注。这次中国的《教育规划纲要》中特别强调了"以人为本"，提出要立德树人。"以人为本"，人是最宝贵的。只有个体人发展才能有社会的发展。社会的现代化首先是人的现代化。人的现代化要靠教育来培养，教育是人类延续发展的最重要途径，是世界和平的重要桥梁。

现在的教育确实与我们青少年时代的教育不同。科学技术的发达使人们享受到高度的物质文明，但是物质的丰富也带来了人们物欲的增长、道德的沦丧。经济的全球化带来了多元文化的渗透，但民族文化也受到冲击。我国有些学者称，现在的孩子生活在"三片"之中，即吃的是薯片（麦当劳）、玩的是芯片（电脑和手机）、看的是大片（好莱坞影片）。他们大多有自我中心的心理倾向，缺乏社会责任感。大家都为此担心。

但是，我想，人类总是会走向进步，青年一代也会不断总结经验教训，逐渐走向成熟。

2　什么是人的本性

性善说・性恶说・白板说

池田

顾先生在书信中向我们提出了这样一个重要的问题意识："综合地看教育发展，教育也绝不是仅有积极的方面。教育有时不是涵养热爱儿童之心，而是在培养争夺心和掠夺心。孟子持性善说，荀子持性恶说，但究竟哪个是正确的呢？"

人的本性是什么呢？弱肉强食的自然淘汰机制适不适合人类社会？——这不仅关乎教育，也是关系到人类社会根本的重要问题。

尤其是性善说和性恶说，自古以来不仅在东方得到了各种论证，在西方也是一大论题。我曾与历史学家汤因比博士和贵国的国学家季羡林博士也谈过这个话题①。

我想起性善论者卢梭的洞察，他说："出自造物主之手的东西，都是好的，而一到了人的手里，就全变坏了。"② 我亦想起性恶论者霍布斯的人性观："万人对万人的斗争"③。

这一问题又引发许多问题，是个既古老又新鲜的命题。这里我想回归基本，先整理一下孟子的性善说。孟子用巧妙的比喻说："今人乍见孺子将入于井，皆有怵惕恻隐之心。"④ 并继续论证说救助面临危险的婴儿是所有人共同的心理。

他接着论述道："恻隐之心，仁之端也；羞恶之心，义之端也；辞让之心，礼之端也；是非之心，智之端也。人之有是四端也，犹其有四体也。"这真是非常明快的逻辑。

但是，孟子的意思并不是那种乐天的想法，即并不认为因为人有天生的"善"，所以做什么都可以，只需坐待善的萌发即可。

滕文公向孟子请教治世之道，孟子为他讲了农业和租税的重要性以后，

---

① 见池田大作与汤因比对谈集《展望21世纪》的第三部分第三章第一节。池田大作与季羡林等的对谈《畅谈东方智慧》（日文版『東洋の智慧を語る』東洋哲学研究所刊）中，在第五章第一节。季羡林（1911—2009）在语言学、历史学、佛学、印度学、比较文学等多领域皆有建树，历任北京大学副校长、中国语言学会会长、中国比较文学学会会长、中国敦煌吐鲁番学会会长等。

② 『エミール（上）』今野一雄訳、岩波文庫、27頁。

③ 托马斯·霍布斯（1588—1679）是近代政治思想的起源国度英国的思想家。主要著作《利维坦》中提到人类的自然状态是"万人对万人的斗争""人对人像对狼一样"，主张通过个人间的契约协定建立国家，万人从于国家而和平至。

④ 孟子的性善说引自小林勝人訳注『孟子（上）』岩波文庫、141頁。后半部分引自同书的第199—200页。庠是指周代的学校，序是指殷代的学校。

这样说道:"设为庠、序、学、校以教之。……人伦明于上,小民亲于下。有王者起,必来取法,是为王者师也。"孟子一语中的地指出了人要行人伦之道,教育是不可或缺的。

那么,荀子又是怎样想的呢?①

"凡人有所一同。饥而欲食,寒而欲暖,劳而欲息,好利而恶害。是人之所生而有也,是无待而然者也,是禹桀之所同也。"——荀子所说的"恶"是指对衣食住的追求,也就是人的本能,继而,荀子断言道:

"人之生固小人,无师无法则唯利之见耳。"

人生来不过是被本能所操纵的愚者,人将随环境和教育等后天因素而变化,为了强化本能或抑制本能,就应学习传统言教的"礼"——荀子的逻辑就是这样展开的。

虽然在处于"自然状态"的人如何发现本性这一点上,孟子与荀子的思想是不同的,但是在涵养与陶冶人性需要广义上的"教育"这一点上,两者则是一致的。也就是,教育才能使人变得更像人。

顾

池田先生提到人性论问题。这个问题从古代一直争论到现代,众说纷纭。中国大致可以分为三派,一派是性善派,以孟子为代表;一派是性恶派,以荀子为代表;还有一派不善不恶派,以告子为代表②。

大家都知道,孟子是主张性善的,认为仁、义、礼、智都是人天生的,是人的本性。

荀子则对孟子的见解不以为然,认为人的本性是恶的,"今人之性,生而好利焉"。他说③:

---

① 荀子的性恶说引自金谷治訳注『荀子(上)』岩波文庫、64—65頁。
② 告子,中国战国时代与孟子同时代的思想家,据说名为"不害",与孟子争论人的本性。针对孟子主张性善说,主张"性无善无不善"。明君导之,民众行善;暴君引之,民皆施暴。善恶在于引导的方式。告子出现在《墨子》的公孟篇、《孟子》的告子章句篇及公孙丑章句篇中。
③ 引自性恶篇。金谷治訳注『荀子(下)』岩波文庫、189—193頁。荀子关于"伪"的论说引自礼论篇,见同书第102頁。

凡性者，天之就也，不可学，不可事。礼义者，圣之所生也，人之所学而能，所事而成者也。不可学、不可事之在天者谓之性；可学而能、可事而成之在人者谓之伪；是性伪之分也。

也就是说性是天生的素质，是一种人的本能，"不可学、不可事"。但是他认为人是可以教育的，"伪"就是人为的意思，就是指经过教育以后的品质。所以他又说：

性者，本始材朴也；伪者，文理隆盛也。无性则伪之无所加；无伪则性不能自美；性伪合，然后成圣人之名。

也就是说本性是人的原始的材质，教育（他称为"伪"）是后天的加工，两者合起来才能成为圣人。

池田

您深入浅出地解释了先哲们对人性的看法，以及他们对理想人生的追求。被称作"性恶派"的荀子也是考虑人是要通过教育而成为好人。

佛教思想中也有这种教育观点，贵国天台大师智顗写的《摩诃止观》所提出的十界论（十界互具论）就给了我们重要的启示。

天台大师详细地观照了从人的生命所发现的心的作用，并进行了体系化的论述。从人的生命中，既可以发现仁和慈悲所代表的善心，也可以发现被争夺和贪欲所支配的恶心。

天台大师将这种心的作用分为了十大种类，即每个人的生命境界，从邪恶之心开始，随着境界的提高而逐渐达到善心的终极状态。具体而言是这样的（为解释的方便，多少有些概念化）：

第一即嗔恚与怨念所引起的"地狱界"，第二是由贪欲引起的"饿鬼界"，第三是执着于本能的"畜生界"，第四是被激怒而争夺的"修罗界"。这四种是邪恶之心的作用。

第五是良心、理性和伦理性所引发的"人间界"。如果环境条件非常好，欲望也得到满足，则是第六充满喜悦的"天界"。但是，佛教认为，在"天界"的顶点潜藏着"他化自在天"（即第六天的魔王）的魔性作用，如傲慢的掌权者为了保身，以操纵和破坏他人生命为乐，就成了憎恨正义与善意的利己主义的俘虏。

一般人的生命就在这六道中轮回。但人的欲望满足最终是无常的。执着于“常”就产生苦恼。达到看透无常、超越无常的境界则进入第七层次的“声闻界”和第八层次的“缘觉界”。

“声闻界”和“缘觉界”与学术家、教育家、艺术家所具有的反思性的智慧是相通的。这“二乘界”（即“声闻界”和“缘觉界”）的智慧作用也是人的生命中所具有的。

第九是“菩萨界”，这种生命境界与中国精神的精髓“仁”是相通的，它具有丰富的善性，是为己为他共创幸福的作用。

最后是“佛界”，它具有悟到生命实相的智慧，包含了生生流动的九界，与大宇宙成为一体。

天台宗的生命论认为，教育就是培育和强化“人界”“天界”“二乘界”和“菩萨界”所发动的善心，抑制从地狱界至修罗界的恶心的作用，弃恶扬善，并运用于人生。

顾

还有一派认为人性无所谓善恶。以告子为代表。告子以水为喻说①：

性犹湍水也，决诸东方则东流，决之西方则西流。人性之无分于善与不善也，犹水之无分于东西也。

但孟子却反驳这种论点，说：“人性之善也，犹水之就下也，人无有不善，水无有不下。”但孟子的这些反驳没有说服力，水向下流与水向何方流是两个不同的问题。

西方也有对人的本性的议论。夸美纽斯、卢梭主张自然教育论，认为教育要遵循自然，也可算作性善说。基督教主张原罪说，认为人生下来就

---

① 《孟子》的告子章句篇上。小林勝人訳注『孟子（下）』岩波文庫、220 — 222 頁。

是有罪的，一生都要赎罪，可以算作性恶说。洛克①主张白板说，认为儿童生来如一张白纸，是不是可以算作人性无所谓善恶这一派了？佛教可以算作一种性善的学说，不仅认为人的本性是善的，而且劝说大家行善。本来印度佛教是主张要长期修炼才能成佛，但到了中国的禅宗佛教，就认为人只要有善行，就能立地成佛。

但是正如池田先生所说的，无论哪一派，都认为人是要接受教育的，只有接受了教育，人才能从一般的动物中区别出来，成为真正的人、社会的人。所以教育理论界认为教育是人社会化的过程，是立德树人的过程。

所有生物都有趋利避害的本能，正是因为有这种本能，所以生物才不断进化。人当然也有趋利避害的本能，但人与其他生物的不同，在于人有思想，有理智。人在群体的社会生活中养成了什么能做、什么不能做的天性。趋利避害，但不能损人利己。恻隐之心人皆有之，这就是人类在长期群体生活中养成的天性。但人受后天环境、教育的影响很大。古人云"近朱者赤，近墨者黑"，就是说环境的影响。教育的影响就更大了。因为教育是有目的、有意识的活动。社会上所以有好人、坏人，都是环境教育的结果。

所以我认为，人本没有性善性恶的区别，关键在于后天的教育。趋利避害是人的天性，当儿童贪图好吃的、好玩的的时候，成人就要教育他，让他认识到人类社会生活有着共同的准则，并遵守这些准则。

培育不屈于欲望的"善心"

池田

能接触到基于人性论的顾先生教育哲学的核心，我也感铭至深。

---

① 约翰·洛克（1632—1704），英国经验论代表的哲学家。他根据人的自然权、抵抗权、社会契约论拥护 1688 年的英国光荣革命，推进了民主主义思想的传播。洛克的经验论哲学表现形式为譬喻，"白板"在拉丁语中意为"没有写任何东西的白色石板"。白板上可以写任何东西，即认为主张、知识观念不是人生来就有的，而是通过后天的经验获得的。

绝不损人利己——我认为教育必须首先教会孩子们这个道理。我自己也常常在创价校园教育学生们"不能把自己的幸福建立在他人的痛苦之上"。

释尊、孔子和日莲等很多"圣人",也被称许为开辟人类丰富精神的"伟大教师"。我想,现代教育不能迷失强化和培育善心之路,不能让教育仅仅传播知识而为欲望所驱使。

我从陶冶和强化善、打破恶的教育观点出发,常常劝导青年学习东西方人类的睿智,主张人间主义、和平、人权、正义、勇气、友情的重要性。而且,我还强调书籍的重要性,经常与学生们交流《三国志》《史记》以及鲁迅、歌德、托尔斯泰、泰戈尔等创作的东西方经典作品。

上次也谈到①,圣人孔子在贵国重新受到了关注。

贵国有着数千年人类精神结晶的丰富的文化世界。如与西方的"七艺"(诞生于古代希腊和罗马的、成为欧洲中世纪教育机构基础科目的学科总称,包括文法、修辞、逻辑、算术、几何、天文、音乐)相通的"六艺"(古代中国绅士所必需的礼、乐、射、御、书、数等六个方面的教养),就是众所周知的。可以说在培育具有丰富精神内涵的人方面,贵国的资源比任何国家都丰富。

当然,如果把目光转向现实,贵国正处在快速发展时期,也许还存在着一些严重的教育问题,比如顾先生所说的年轻人的即时享乐问题、过于激烈的考试竞争问题等。

今天的市场经济已经演变为弱肉强食的热带雨林,我们的教育,不应该只肯定那些适应市场经济运行的人,只以他们为胜者,而应该追求发扬每个人的个性、造就闪耀着多样性的和谐社会。我相信,要实现这个理想,成人社会就要以顾先生所说的对孩子的"爱"携起手来,顽强地向困难挑战。

---

① 见第 2 章第 2 节。

3 "人间教育"的理念与行动

"教育要为了孩子们的幸福"

池田

创价学会第一任会长牧口常三郎先生用毕生精力写成的大作《创价教育学体系》一书出版于 1930 年，当时很多教师所采用的教育方法是观念性的，没有与改善儿童的实际生活联系起来。

"无疑，哲学性的教育学确实存在着，然而它对实际的教育者们起着多大的作用？有人说连从二层楼上点眼药的效果都没有，这不是一种淋漓尽致的揭露吗？"[①] 牧口会长就是这样深深地担忧着当时停滞不前的教育。

鉴于此，牧口会长着眼于未来，提倡纠正教师的教育方法，提出了给孩子的实际生活带来变革的新的教育学说。

《创价教育学体系》也是通过牧口会长的弟子户田城圣先生（第二任会长）在物质上和精神上两方面的努力下才出版的。书的编辑、出版以及整个资金都是户田先生一人承担的。可以说这是牧口和户田这两位同心同德的师徒共同缔造的伟业。

《创价教育学体系》全四卷是以自古而今的哲学思想为基础而构建的。其中最为重要的基石是从夸美纽斯、卢梭、裴斯泰洛齐、赫尔巴特、斯宾塞、杜威等那里继承下来的儿童中心的教育理念。为了实现这一理念，该书也从培根、洛克、休谟等的经验主义哲学和康德、迪尔凯姆、沃德等人

[①] 『創価教育学体系』第一卷・第一篇「教育学組織論」第二章第四節「創価教育学樹立の必要」。『牧口全集』第五卷、38 頁。

的社会学那里接受了重视实证的研究精神①。

　　为了综合这些理论并构建一个学术体系，牧口从康德的批判主义哲学以及与其系谱一脉相承的文德尔班和李凯尔特的新康德哲学中吸收了价值论这一主题。此外，牧口通过学习近代经济学，涉猎了马克思和李嘉图的客观价值说和门格尔、杰文斯的主观价值说，在此基础上，他把价值定义

---

　　①　卢梭、夸美纽斯和裴斯泰洛齐三人皆主张教育应该顺应人的成长规律。在《创价教育学体系》中，牧口常三郎针对使学生大为叫苦的灌输式的旧式教育，提出“找出解决这种问题办法的是卢梭、夸美纽斯、裴斯泰洛齐等教育改革家的前辈们。正是由于他们，世界青少年能够摆脱牢狱般的痛苦学习而享受学校学习的快乐。这不仅和医学上的大发现一样具有重要价值，还使广泛的青少年受益，其价值是极其大的”（第四篇「教育改造論」、『牧口全集』第六卷、28－29頁）。其中，用第四篇《教育改造论》第三章第四节论述裴斯泰洛齐的功绩。认为“与当时只注重知识的灌输的教育不同，裴氏提倡通过实物教学，启发知识为目的的教育”，称在《教育方法上的工夫研究》中可以看到其精髓的部分。还称赞裴氏钻研“教育学是建立在深厚的哲学根本原理的基础上，即建立在人性的法则的基础上的”，在自己的经验上阐释教育理论。但是批判裴氏的学生虽继承了其演绎方法，最终“陷入实际疏离的哲学”教育学。为建设科学的教育学，牧口自身讲述“从教育实践中归纳采用探索教育原理的研究方法”。德国的赫尔巴特曾拜访了裴斯泰洛齐，为其儿童教育实践所感动，并在其基础上发展出体系化的教育学。赫伯特·斯宾塞（1820—1903）主张功利主义的教育观。他认为人生的目的是追求幸福的“完整的生活”（complete living），而培养这样生活的人是教育的目的（《教育论》）。另外还论及“儿童的权利”。杜威在以下的话语中倡导教育的“儿童中心主义”。“一场教育变革正在开始，这场变革的主要内容是教育的重力中心的转移，它同哥白尼的把地球中心学说改变为太阳中心学说的理论一样具有重大意义。即在教育过程中儿童就是太阳、就是中心，教育的经营、教育的组织必须围绕着这个中心来进行。”（『学校と社会』宮原誠一訳、岩波文庫、45頁）经验主义哲学如洛克的“白板”说，认为所有的知识都是后天经验所得。苏格兰哲学家大卫·休谟（1711—1776）继承了这一学说。休谟从经验主义哲学出发，认为“教育的不同会导致人的不同”。再者，以“知识就是力量”而闻名的英国弗兰西斯·培根（1561—1626）认为，人要获得正确的知识就需要用通过反复“实验”以剥离偏见的归纳法。基于经验事实的假说，及通过实验证实假说的思想被法国奥古斯特·孔德（1798—1857）所强调，被称为实证主义。孔德认为人类智慧的发展顺序是从神学阶段到形而上学阶段，再到现代实证阶段，即“三阶段规律”。将孔德构想的新学问——社会学创立的是法国的埃米尔·迪尔凯姆（1858—1917）（又译为涂尔干）。在《创价教育学体系》中，迪尔凯姆的《教育与社会学》《社会学与哲学》《社会分工论》被多次引用。将社会学与教育学相关联是创价教育学的特征。如引用迪尔凯姆的话，认为“教育促进个人的社会化”（第二编「教育目的論」第三章第一節「教育の目的と社会生活」、『牧口全集』第五卷、142頁）。莱斯特·弗兰克·沃德（1841—1913）提倡以社会改良为目的的应用社会学，主张消除歧视和不平等。在社会进化论风行，适者生存、弱肉强食的非人竞争激烈的时代，主张“知性平等主义”。沃德认为“知性发展才能解决社会问题”，强烈呼吁教育机会均等。沃德是一位自学成才的大学者。

为生命与对象的关系①。

牧口不仅吸收了上述西方思想家的思想，而且从东方的儒教中选取了《论语》《孟子》，而且还涉及朱子学和阳明学。

牧口先生最终把佛教思想作为整合各种思想的原理。他基于释尊的言教，最后归于日莲大圣人的佛法。

牧口先生正是这样在《创价教育学体系》中进行了教育学史上罕见的对众多人物的思想和理论的归纳，其恢宏巨制有如一场思想的交响乐。

在这里，我想基于牧口会长的《创价教育学体系》，简单地介绍一下我们的创价教育是什么。

牧口会长对当时作为军国主义工具的教育的危险性鸣响了警钟，他主张幸福才是人生的目的，因而幸福也必须是教育的目的。

那么，什么是幸福？牧口会长认为幸福就在于"创造价值"。"创价"的意思就是创造价值。

---

① 伊曼努尔·康德（1724—1804）通过《纯粹理性批判》《实践理性批判》《判断力批判》三书提倡批判哲学。牧口常三郎在去世前一个月写到"正在精读康德哲学"（「獄中書簡」から。1944 年 13 日付、妻·牧口クマと牧口貞子宛てはがき。『牧口全集』第十卷、300 頁）。新康德派是 19 世纪 70 年代—20 世纪 20 年代在德国兴起的"回到康德去"的哲学流派。其中，西南德意志学派（巴登学派）的代表有文德尔班（1848—1915）及其学生李凯尔特（1863—1936）。新康德派在逻辑学、伦理学、美学、宗教哲学等哲学各个领域以"价值"进行统一考察，从此出发发展出自己的价值哲学。文德尔班将"真、善、美、圣"的普遍价值作为道德、艺术、宗教的根本。在此基础上，牧口常三郎提出"美、利、善"的价值体系。李凯尔特区别了"剥离价值的自然"和"蕴含价值的文化"，将文化体现的价值称为文化价值，将以蕴含文化价值的现象为对象的研究称为文化科学。基于此，牧口常三郎认为，自己过去所教授的地理学、教育学的研究对象都是价值现象。论述了由于"我的学问对象离不开生活"，故不能离开价值问题（『創価教育学体系』第二卷·第三篇「価值論」序、『牧口全集』第五卷、206—207 頁）。经济学中，"客观价值说"指"财产＝商品中存在客观的价值"也就是"财产本身具有价值"。"劳动价值说"（"财产的交换价值＝价格"是由生产劳动量或劳动时间大小决定的）即是如此。它由英国大卫·李嘉图（1772—1823）发展，卡尔·马克思（1818—1883）集其大成。与此相对的是"主观价值说"，即"价值是由人对财产所抱有的主观想法决定的"，或者说是由"每个人主观满意度的大小决定"。"效应价值说"（财产的交换是由效用＝满意度的大小决定）即是如此。它由奥地利门格尔（1840—1921）及英国威廉姆·斯坦利·杰文斯（1835—1882）提出。价值定义为生命与对象的关系："如前所陈，价值的概念意味着评价对象和主观关系。对象中与人的伸展性无关的性质不会产生价值，因此价值是人的生命和对象的相关性"。（『創価教育学体系』第二卷·第三篇「価值論」第四章第二節「関係性及関係力」。『牧口全集』第五卷、293 頁）

关于价值的内容，上次也简略地谈到了①，即"美、利、善"的价值。培养在实际生活中创造这些价值的人格就是创价教育的目的和使命。牧口会长将创价教育学还定义为"培养能创造作为人生目的的价值的人才之方法知识体系"②。

我们经常把创价教育用另一个词即"人间教育"来表达，就是因为我们重视培养人格的工作。人不是由机器来制造的，国家政策也不是造就人的，人是通过人与人之间的相互作用、人格间的相互接触而得到锻炼和成长的。

使孩子们具备丰富的价值创造的能力进而自己开创幸福的人生；激发每个人本来所具有的可能性，培养在任何恶劣的条件下都能以坚韧的生命力坚持进行价值创造的人格——这就是创价教育所说的"人间教育"的目标。

顾

感谢池田先生给我介绍了创价学会第一任会长牧口常三郎先生的《创价教育学体系》一书的详细内容。从您的介绍中可以看出，牧口先生不仅是一位伟大的和平主义者，而且是一位伟大的哲学家、教育家。可惜我手头还没有《创价教育学体系》的中译本，否则我一定要好好拜读，并从中得到启示。

牧口先生认为教育的目的是"为了孩子的幸福"，真是一语中的。我们讲教育的最终目的就是使每个人的潜在能力都能得到自由充分的发展，成为一个幸福的人。童年是人一生中最无忧无虑的时期，每个孩子都应该充分享受幸福的童年。教育应该满足他们求知的需要，更应该是他们心灵发展的重要途径。可惜我们现在的教育现实是孩子享受不到这种幸福。他们为过重的学习负担所累，为学习的竞争所累，为父母的唠唠叨叨及没完没

---

① 见第 3 章第 1 节。

② 『創価教育学体系』第一卷·第一篇「教育学組織論」第一章「緒論」の冒頭の言葉。『牧口全集』第五卷、13 页。

了的要求所累。为了考上大学，他们没有游戏，没有伙伴。

牧口先生认为，幸福是人生的目的，幸福就在于"创造价值"。这确实是精辟的见解。这里的"价值"当然包括物质价值，就是牧口先生说的"利"，也包括精神价值，就是牧口先生说的"善"与"美"。这也使我了解了创价学会名称的由来。

池田先生对牧口先生《创价教育学体系》的介绍，使我增加了许多知识，得到很多启示。

建立"文化人格"的六大标准

池田

回到刚才"美、利、善"的话题。牧口会长历任小学教师和校长，他在一线为了实现孩子们的幸福而努力地工作。正因为如此，他在思考教育学的时候就不希望陷入一种观念游戏。

把"利"置于价值之中，是因为他理解"利"也就是经济价值对人们是何等重要。他说，在某种程度上，似乎与教育关系较少的经济活动"只要是不损害社会共同生活，在所允许的范围内，无害的利的活动本身就在无意识地为社会幸福做出贡献"[1]，指出"利"的价值创造与"善"的价值是联系在一起的。

现代人容易将暂时的快乐、物质上的丰富以及物质欲望的满足当作幸福。但是，从牧口会长的价值论看，只有物质欲望的满足绝不是真正的"利"的价值，也不能导向幸福。牧口会长所说的"利"不是指在经济上自己赚钱，而是通过它产生贡献于他人的善的价值，这才是"利"的价值。可以说，牧口会长的思想对现代肤浅的经济至上主义鸣响了警钟。

下面，我略微谈一下"创价教育"在培育创造三种价值的人方面有哪

---

[1] 『創価教育学体系』第一卷・第一篇「教育学組織論」第五章第三節「教育方法の区分」。『牧口全集』第五卷、102 頁。

些内容。

牧口会长在论述教育的制度、方法、教材等问题时，举出了"创价教育的六大标准"①。

（1）感情的理性化（具有控制）；

（2）自然的价值化（提升天生的素质，使之具有价值性）；

（3）个人的社会化（习得与社会生活相适应的行为方式）；

（4）个人的依法化（不是以人为标准，而是根据道理进行判断和行动）；

（5）他律的自律化（自主而非被动地进行判断和行动）；

（6）放纵的统一化（使无秩序的状态变得有规则）。

通过面向这六大标准的教育，将"自然的个性"培育成"文化的人格"。所谓"文化的人格"，就是无论处于怎样的环境之中均能以一己之力创造价值的人格。只要针对蕴含着具有无限可能性的存在，面向六大标准实施扎实的教育，就能开启"文化的人格"。

另外，牧口会长根据这一思考，认为"体育和智育"是教育的两根支柱，主张以其中的智育为基础，德育、美育、利育才能成立。也就是说，在智育之中教导学生进行"美、利、善"的价值创造②。

在这里，体育是为了健康而进行的提高身体能力的教育；智育是提高智能和学习能力的教育；德育是掌握社会生活中的道德的教育；而美育则是追求美的价值的教育，如艺术教育；利育是为了创造经济价值的教育，如职业技术教育。

另外，下面还将提到，牧口先生在推动创价教育的时候，还提出了"创立半日学校制度""提高教育者的技能""批判灌输式教育"等问题，对整个教育提出了自己独特的思考。

---

① 『創価教育学体系』第三卷・第四篇「教育改造論」の卷頭に掲示されている。『牧口全集』第六卷、12頁。

② 『創価教育学体系』第一卷・第一篇「教育学組織論」第五章第三節「教育方法の区分」。『牧口全集』第五卷、96頁以下。

这样一本站在时代前沿论述教育革命的《创价教育学体系》现在除了日文版以外，已有英语、法语、西班牙语、葡萄牙语、越南语、印地语等10 种语言的版本出版。

此外，创价教育的学堂也在世界各地生根，很多有为的人才是从这里起飞的。日本的创价大学于 2011 年迎来了创立四十周年纪念，此外还有创价学园（包括东京和大阪的创价小学、创价初中、创价高中以及北海道的创价幼儿园），2001 年创办的美国创价大学和巴西创价学园 2011 年也迎来创立十周年纪念。此外，韩国、中国香港、新加坡、马来西亚等地也设有创价幼儿园。

教育才是开创未来的最大力量。我作为这些学校的创办人，看到我们的毕业生度过一个创造价值的人生，是何等喜悦。

素质教育——促进人的"全面发展"

池田

刚才我简述了创价教育的历史背景、教育理念和当前的状况，这里我还有一些相关问题请教顾先生。

贵国因为"应试教育"存在很多弊端而广泛开展了"素质教育"的研究和实践。

1985 年 5 月，邓小平在全国教育工作会议上指出"未来的经济发展，越来越取决于劳动者的素质"。当月底，中共中央发布了《关于教育体制改革的决定》，指出"改革的根本目的是提高民族素质"。我听说从这个时候开始，关于"素质"的研究得到强力推进。

素质教育的影响似乎非常深远。顾先生写道："九十年代，在教育观念上影响最大的就是素质教育的推进。"[1] 近年来，在日本的媒体上，也能时常看到"素质教育"这个词。

---

① 前揭『中国教育の文化的基盤』272 頁。

在贵国大发展的今天，素质教育究竟要培养什么样的人才，这是日本的读者很感兴趣的话题。

联系到素质教育，顾先生论述道："今天，要培育具备创新精神和实践能力的人才，要给予儿童教育主体的地位，使儿童积极地、主动地、自主地学习"，强调"教育的本质是育人，是提高人的素质"[①]。

培养创造性、主体性、整体性，或者综合实施德育、智育和体育，这是否正是"素质教育"所蕴含的理想？

我曾把那种不偏于知识的全人格的教育称作"全人"教育，并强调这种教育的重要性，而且坚信"知识是提高智慧的手段"，主张"智慧才是幸福的源泉"。

从这个意义上说，素质的结构、素质教育的基本特点和思路是什么？支撑素质教育的理论基础是什么？素质教育的目的是什么？为什么一定要实施素质教育？就这些问题，我想请顾先生再给予一些说明。

顾

其实中国一直提倡全面发展的素质教育。早在孔子时代就提出人的发展包括德、美、体、智。孔子的教育内容包括礼、乐、射、御、书、数。礼是首位，就是我们今天讲的德育为首，立德树人；乐是美育，就是提高人的情操，其实也是为礼服务的，是礼的表现形式之一；射、御就是体育了，会射箭、会驾车，必须有强健的身体；书和数就是智育了，读经典书籍和学习数学，从而获得人生发展的知识。

新中国成立以后，一直把培养德、智、体、美、劳全面发展的人作为国家的教育方针。1957 年毛泽东提出，我们的教育方针是培养有社会主义觉悟、有文化的劳动者。《中华人民共和国教育法》提出："教育必须为社会主义现代化建设服务，必须与生产劳动相结合，培养德、智、体等方面全面发展的社会主义事业的建设者和接班人。"方针非常明确，但是为什么

---

① 前揭『中国教育の文化的基盤』277 頁、301 — 302 頁。

在上个世纪 80 年代又提出"素质教育"呢？我觉得有两个背景和原因：一是为了克服片面追求升学率的负面影响；二是为了提高教育质量和国民素质，特别是在义务教育得以普及以后提出的更高要求。

中国是一个十分重视教育的国家，在历史传统上，不论是富贵达人，还是庶民百姓，只要有条件，就会千方百计让自己的孩子求学。新中国成立以后，随着我国生产力的解放、经济的恢复与发展，人民群众求学的积极性尤为高涨。尤其是"文化大革命"以后，随着国家对知识、对人才的重视，我国教育得以迅速恢复和发展。青年求学的热情更加高涨。1977 年恢复高考，当年招生 27.3 万人，但报考的青年达 570 万人。当然，这是由于积聚了 10 年未能得到上学机会的青年所爆发出来的求学热情。但是随后几年，一直存在着激烈的升学竞争。

为了追求升学率，有些学校不顾学生的健康，轻视道德教育，加班加点，应付考试；有的学校为了提高升学率，押题猜题，忘记培养学生成才，让学生享受人生幸福的教育本质。1981 年《中国青年报》第 22 期发表了著名教育家叶圣陶先生①的文章《我呼吁》，呼吁社会各界关注中学生在高考重压下负担过重的问题，批判了当时中学和一部分小学片面追求升学率的错误做法。他称这种现象有如"千军万马过独木桥"，令人担忧。

1983 年 12 月 31 日，教育部颁发了《关于全日制普通中学全面贯彻党的教育方针、纠正片面追求升学率倾向的十项规定》（试行草案）指出，不能只抓升学，忽视对劳动后备军的培养；只抓考分，忽视德育和体育，忽视基础知识和能力的培养；只抓少数，忽视多数；只抓毕业班，忽视非毕业班；只抓高中，忽视初中等现象，要求改正。但文件发出以后，效果甚微。

---

① 叶圣陶（原名叶绍钧，1894—1988），中国作家、教育家、杂志编辑与出版人、社会活动家。五四运动时期新文学的积极倡导者。与茅盾等人一起成立了"文学研究会"。小说《倪焕之》（1930）对青年教师倪焕之与社会现实中的封建性进行的斗争做了写实性的描写。九一八事变以后，参加"文艺界反帝抗日大联盟"。新中国成立后，历任人民教育出版社社长、教育部副部长、第六届全国政协副主席等职。通过对安徒生童话的介绍及其自身的创作，成为中国儿童文学的开拓者之一。

1993 年中共中央、国务院发布了《中国教育改革和发展纲要》。其中提出："中小学要由'应试教育'转向全面提高国民素质的轨道，面向全体学生，全面提高学生的思想道德、文化科学、劳动技能和身体心理素质，促进学生生动活泼地发展，办出各自的特色。"素质教育因而成为中国的重大教育决策。

素质教育提出的第二个历史背景和重要缘由是，为了提高教育质量，提高国民素质。20 世纪 80 年代以前，虽然"素质教育"一词未见于正式文件，但提高教育质量、提高国民素质是中国领导人和各级教育部门经常关注的问题。1985 年 5 月 19 日，邓小平在全国教育工作会议上指出："我们国家，国力的强弱，经济发展后劲的大小，越来越取决于劳动者的素质，取决于知识分子的数量和质量。"5 月 27 日发布的《中共中央关于教育体制改革的决定》明确指出，"在整个教育体制改革的过程中，必须牢牢记住改革的根本目的是提高民族素质，多出人才、出好人才。"1986 年颁布的《中华人民共和国义务教育法》第三条规定："义务教育必须贯彻国家的教育方针，努力提高教育质量，使儿童、少年在品德、智力、体质等方面全面发展，为提高全民族的素质，培养有理想、有道德、有文化、有纪律的社会主义建设人才奠定基础。"以后其他许多文件都提到提高民族素质的问题。

"素质教育"是我国教育发展到一定阶段提出的质量要求，也是时代的要求。在我国发达地区普及九年义务教育以后，基础教育如何进一步提高教育质量的问题就提上了议事日程。1990 年，江苏省发布《江苏省教育委员会关于当前小学教育改革的意见（试行）》，提出："实施以提高素质为核心的教育，关键是转变教育思想，树立国民素质教育的观念。各级教育行政部门要组织学校和教师学习教育科学理论，开展素质教育的研究和讨论，并开展到家庭和社会，唤起为中华民族的未来而全面提高学生素质的公众教育意识，形成强大的舆论力量和良好的改革环境，推进小学素质教育的全面实施。"这是我国首次以政府文件的方式明确提出"素质教育"。1991 年江苏省又率先召开了素质教育研讨会。

当然，从江苏省提出素质教育的背景来看，素质教育不仅是针对片面追求升学率而提出的，它与当时小学生课业负担过重也不无关系。另外，90 年代初期，珠江三角洲、长江三角洲都先后提出实现教育现代化问题。教育现代化的主要内容就是提高国民素质。

因此，素质教育是在普及九年义务教育以后，教育界思考教育如何进一步提高和发展而提出的。

2010 年 7 月颁布的《国家中长期教育改革和发展规划纲要（2010—2020 年)》再一次把素质教育作为教育工作的战略主题，将其提到很高的地位。纲要提出："坚持以人为本、全面实施素质教育是教育改革发展的战略主题，是贯彻党的教育方针的时代要求，其核心是解决好培养什么人、怎样培养人的重大问题，重点是面向全体学生、促进学生全面发展，着力提高学生服务国家服务人民的社会责任感、勇于探索的创新精神和善于解决问题的实践能力。"这就把中国推行素质教育的目的和内容说得非常清楚了。

推进素质教育之所以那么困难，是由于社会矛盾也反映到教育领域中来了。中国改革开放 30 多年来，经济发展很快，过去只有少数人能够享受到上学的权利，现在变成人人都能享受的权利，但教育资源不足，特别是教育发展不均衡，因而引起了激烈的教育竞争。因此，要解决这个问题，还是要扩大教育资源，促进教育公平，提高教育质量。这也就是现在制定中长期教育改革和发展规划纲要的缘由。

推进素质教育之所以困难，还在于人们的教育观念，即人才观的变异。每个父母都希望自己的子女能够接受良好的教育，这是无可非议的；同时由于社会资源的分配不均，为了追求更优越的职位，父母都希望子女通过学习而出人头地，即中国传统中讲的"学而优则仕"[①]，或叫"读书做官"。但人是有差异的，不可能人人都当冠军，而有些父母不顾子女的实际情况，不认识儿童成长的规律，只是要求学生死读书。学校老师为了满足家长的

---

① 出自《论语》子张篇第十九，是孔子的弟子子夏的话。原句为："仕而优则学，学而优则仕。"后半句容易被理解为把学问作为当官的手段，具有功利性的意思，所以不少人认为孔子是主张读书就是为了做官。

要求、上级领导对政绩的要求，加重学生的负担，逼迫学生死读书、读死书，忽视学生全面素质的提高。

这是一个社会问题，不是纯粹的教育问题，因此需要全社会的努力才能逐步解决。

池田

感谢您对实行素质教育的背景、目的以及现存的一些问题进行阐述。您谈的很有价值，对许多教育相关人士深入研究教育也大有裨益。顾先生说："这是一个社会问题，不是纯粹的教育问题"，越是投入地致力于解决问题，越会感到问题解决之难引起的愤懑羞愧之情。我能感受到顾先生的这种心情。

此外，正如您所言"不可能人人都当冠军"一样，过度的教育竞争只会让矛盾丛生。这样，充分发挥个性的素质教育和"人间教育"就更有实行的必要了，为此整个社会价值观的转变是必不可少的。

4 终身教育——走向多样而丰富的人生

只有持续学习，人才能保持青春活力，社会才能发展

池田

我们谈了许多青少年教育的话题，但学习绝不仅是青少年的事情。在社会变得如此复杂、进步非常显著的时代里，成人如果不继续学习，将很难适应社会的变化。甚至，可以说成年以后，正需要以青少年时期的学习为基础，学习和运用更为实用的知识。实际上，近年来越来越多的人就业以后，为了提高技能，继续上专门学校，有的人在退休以后还为了弥补以前学习上的遗憾而重新进入大学学习。

在讨论教育的时候，这种不限于学校教育的所谓"终身教育"的视角非常重要。不断学习的人，总是青春永驻的、美丽的人，是饱含着人性光

辉的。不断学习的人是谦虚的、能感受人生喜悦的人。所以加强终身教育，也是创造更加美好的社会的关键。丹麦著名教育家汉斯·亨宁森指出："'终身教育'不仅对个人有益，对社会全体亦有益。"[1]

牧口先生曾在《创价教育学体系》中提倡一种"半日学校制度"，这种制度是半天读书半天工作。牧口先生认为一边培养用劳动来立足的生活感觉，一边学习知识，可以提高学习的效率。学习不仅仅是为成人所做的准备，其意义还在于通过养成一边生活一边学习的习惯，培养一生在任何情况下都努力自主钻研的人。

牧口先生早就痛感到建立边劳动边学习的教育制度的必要性，因为它可以使更多的人追求更为丰富多样的生活方式。

实际上，牧口会长在 1905 年就开始了"高等女学讲义"，这可以说开女子远程教育之先河，因为它为不能上学的女性提供了学习机会。

牧口先生的弟子户田会长也在 40 年后的 1945 年开始了面向初中生的数学函授教育和英语讲座。创价教育的历史，始终是在努力提供一种可以有志于终身学习和不断学习的环境。

我本人也步老师的后尘，1976 年在创价大学开办了"通信教育部"，可以自豪地说，由于需求旺盛，经过多年发展，这里的学生数量在日本是名列前茅的。

现在，"通信教育部"也开设了经济学部、法学部、教育学部所开设的四个专业，无论年龄和职业状况如何，学生在任何时候任何地点都可以自由自主地学习。有的学生一边工作，一边为了取得幼儿园或小学、初中、高中的教师资格来这里学习。

每年夏天和秋天，在创价大学校园或别的地方，我们都要办学习班，

---

① 汉斯·亨宁森，丹麦阿斯科民众高等学校原校长，1928 年生，历任丹麦教师教育大学协会理事长、全民民众高等学校·农业学校联盟秘书长、丹麦文化协会管理委员会委员长等，并曾被丹麦教育部长任命为"教师教育新法准备委员会"第一任委员长。此处引用于池田大作与亨宁森的对话录『明日をつくる「経言うの聖業」—デンマークと日本　友情の語らい—』潮出版社、106 頁。

一些人虽然已经工作，但挤出时间从世界各地来到这里互相学习。今年夏天有来自世界 17 个国家和地区的约 5000 名学生来这里听课。

"远程教育"是终身学习的支柱，我感到通过互联网的尖端技术，远程教育今后将担负满足更多学习需求的使命。

我想请您谈谈对"终身教育"作用的看法。另外，中国在"终身教育"方面有哪些措施？今后，随着劳动的多样化，学习方法也会多样化。成人要进行有效率的学习，您认为什么方法是最合适的？

迈向终身学习——中国的四项措施

顾

池田先生谈到，终身教育是开创更加美好的社会的关键。而且牧口先生在《创价教育学体系》中就提到终身教育的必要性，认为它可以使更多的人有志于采取更为丰富多样的生活方式。牧口先生在 20 世纪之初就开始实施函授教育，这真是了不起的创举。牧口先生可谓是终身教育的先驱。池田先生继承牧口先生的遗志，开办了"通信教育部""暑期学校"等，通过互联网的先进技术开展远程教育，这是实施终身教育的有效途径。

中国古时候就有一句成语"学无止境"，或者俗话讲"活到老学到老"，指的是一个人要不断学习，才能提高个人的学问和修养。这是一种古老的朴素的终身教育思想。

今天我们讲的终身教育，已经不是那种古老的思想，而是因科学技术发展而造成生产变革的要求。现代科学技术造成生产的不断变革，工人全面流动。为了适应这种变革，人们就要不断学习。因此，终身教育思潮始于上个世纪初，盛行于 60 年代。开始时是与成人教育、职业教育联系在一起的。随着时代的进步、教育的普及以及人们对文明的精神生活的追求，终身教育已经不只是为了谋生，而且还是人们追求自我发展的需要。终身教育正在向终身学习转变，成为人们生活的一部分，促进人的全面发展。

中国现在的做法是如最近发布的《国家中长期教育改革和发展规划纲要（2010—2020 年)》中提到的，要"广泛开展城乡社区教育，加快各类学习型组织建设，基本形成全民学习、终身学习的学习型社会"。这是今后 10 年努力的方向。我想首先要把各级各类教育都纳入终身教育体系，包括正规教育与非正规教育、正式教育与非正式教育，从小学开始就要培养学生终身学习的意识和能力；其次是加强继续教育，搭建终身学习的"立交桥"，沟通非正规教育与正规教育；再次是重视社区教育，特别是老年教育；最后是开展远程教育，建设以卫星、电视和互联网等为载体的远程开放继续教育及公共服务平台，为学习者提供方便、灵活、个性化的学习条件。对于成人和老年人来说，用互联网是最便捷的方式。我是 1999 年，也即 70 岁的时候开始使用电脑，现在感到学习和写作都离不开它了。

5 教师与学生

教师才是学生"最大的教育环境"

池田

无须赘言，学校教育中教师的作用是极其重要的。国家无论进行何种制度变革，但在实际的教育现场，针对孩子实施这些制度的只有教师。如果学生能够遇到对孩子的可能性深信不疑、满怀热情地守望孩子的教师，那是多么幸福的事儿！

在此前的对话中，顾先生把教师称作学校"不可替代的资源"，提高教师的素质正是提高教育质量的关键。学校教育的成败，很大程度上取决于教师本身的能力。

正因如此，教师需要不断地努力磨砺自己的教育技能与人格。

牧口先生是这样论述教师所需要的教育技能的①：

"教师的工作因应时势之进步而变化，现代之教师自小学而大学，须对照此种变迁而深刻反思。印刷出版在进步，图书价格愈加低廉，此时仍将传授原书原本奉为本职，实为不经济至极。"

"须说当下对于教师工作之劳力分配，其实质作用在于指导儿童对教育材料之感应作用。"

"让教材自己直接跟儿童说话！"他认为，培育儿童自主学习的能力，才是教师应有的教育技能。

牧口先生的目标是让孩子用自己的力量开发智慧，并以其智慧达至幸福。"教育"正如其字，且教且育者也。

为了培育孩子，教师自己就要努力，要把自己的新发现直接地传递给孩子。在这个过程中，孩子就能自由地成长，刚才说到的我们推动的"教育实践记录"正是为众多教师提供提高教育技能的机会。

牧口先生这样说道②：

"（教师）不能以'应如我般卓越！'之傲慢态度引导学生，而须以'不应满足作余等人物，而当以更伟大之人物为目标而前行！'之谦逊态度引导学生。为此，奖励学生'与余共进，余进则汝进'，方为教师应行之正途。"

"学校正如苗田。小苗的发育好则一年的收获多。学校正是培养人才的苗田，所以教师很重要。"

但有的时候，因为教师比学生的经验更为丰富，所以不少教师容易认为自己什么都懂，常对儿童采取居高临下的态度。但是，这种教师形象不能促使孩子们的心独立起来，不能促使他们自发地学习。因此，还是需要

---

① 以下几句引自『創価教育学体系』第三卷·第四篇「教育改造論」第二章第二節「教育機関」の進化論的考察」。『牧口全集』第六卷、51頁。同第三章第一節「教育の本務の進化論的考察」、同書、53頁。

② 『創価教育学体系』第四卷·第一篇第二章「教育方法論建築の基礎に横はる先決問題」第四節。『牧口全集』第六卷、286頁。前掲『牧口常三郎箴言集』107頁。

教师以与学生共同学习的态度，赢得孩子们对教师的信任与敬意，这样才能有自由生动的学习。

顾

历来思想家、教育家没有不重视教师的。伟大教育家夸美纽斯把教师称为"太阳底下最光辉的职业"，再也没有比这更高的荣誉了。中国古代就把教师放在重要的位置，所谓"天地君亲师"，教师的地位与天、地、君王、父母亲等量齐观。事师如事父，这是中国的传统，孔子去世后，不少学生在孔子墓旁居丧三年，子贡守墓六年，可见对老师的尊重。

为什么人们这样尊重教师？因为教师授予学生知识、启发学生智慧、陶冶学生情操、培养学生人格。中国古代著名教育家韩愈的《师说》一直被大家列为论述教师的经典。韩愈说"道之所存，师之所存"，教师的职责是"传道、授业、解惑"①。道就是修己治国之道，用今天的理解来讲，就是要培养高尚的道德品质，具有远大的理想抱负；业就是知识能力，实现"道"的本领；解惑则是帮助学生排解知识学习和日常生活中遇到的困惑。所以教师是不可替代的职业。

现代科学技术高度发达，教育媒体众多，学生获取知识的渠道多样，老师已经不是学生获取知识的唯一载体。因此对教师的作用就产生了新的认识。有些学者就提出"学校消亡论"，认为儿童的成长可以不需要学校，当然也就不需要老师了。这种理论恐怕站不住脚，因为任何高科技产品都代替不了人的作用。师生的关系是建立在人情意识之上的，机器代替不了人的情感和智慧。儿童的成长不只是获取某些知识，更重要的是要从一个自然人成长为一个社会人，要靠父母和年长者，特别是老师的熏陶和培养。

当然，教师也要与时俱进，正如池田先生介绍牧口先生的高见："教师的工作因应时势之进步而变化"，认为应该"培养儿童自主学习的能力"。

---

① 韩愈（786—824），中唐时期的诗人、文学家。引自星川清孝『新釈漢文大系70 唐宋八大家文読本一』明治書院、84－95頁。韩愈认为传道、授业与解惑是教师的三大责任，同时他也主张教师没有身份之贵贱和年龄之高低，道之所存，师之所存。

在那个时代就提出这样的观点是十分先进的。在上世纪80年代初我就提出
"学生既是教育的对象，又是教育的主体"，教师要发挥学生的主体作用。
当时在中国教育界就这个问题争论了好多年，现在大家都意识到这个问题
的重要性。池田先生介绍牧口先生的目标："让孩子用自己的力量开发智
慧，并以其智慧达至幸福。"这确是教育的真谛，值得现在的教师们铭记
于心。

可惜现在许多教师还没有转变观念，教学还是以讲授、训练为主，采
用的方法仍然是灌输式而不是启发式，教师不相信学生有自学的巨大潜能。
这当然与现实生活中片面追求升学率有关，与简单地以书面考试成绩来评
价学生有关。

从"良好师生关系"中培育更多的人才

池田

刚才谈到教育的关键在教师。下面我想谈谈教师与学生的关系。

本来，教师与学生的关系就是师徒关系——比如古希腊的苏格拉底和
柏拉图的师徒关系就很典型，这种人格与人格的相互接触、相互提升的美
好人际关系，不是很理想吗？

师父盼望弟子成长，用尽一切手段传授自己所知的真理，而弟子则以
切切求道之心领会师父的教诲，并化为自己的血肉。为报答师父的恩情，
弟子终生奋发努力。从这种师徒关系中可以见到的灵魂深处的交流，对于
师生关系是非常必要的。

这一点，顾先生在以前与我的对谈中曾说："老师对学生的爱，是超越
亲子血缘的，是对民族的爱，也是对人类未来的爱。相反，学生对老师的
爱，则是对老师恩情的铭记。"[1] 在您的著作中，也曾指出"研究师生观，

---

① 见第1章第5节。

对于实现教育的现代化具有十分重要的意义"①，说明您非常关注教育中的师生关系。

贵国本是重视师徒关系的文化之邦。"三人行必有我师焉。择其善者而从之，其不善者而改之。"②《论语》中的这段话表达了求师学习态度的重要性。本来，《论语》本身就是孔子和他的弟子的言行录，是他们师徒交流的记录。孔子是怎样训育弟子的，弟子又是怎样学习的，现在读来也是一部活剧。

另外，天台大师的《摩诃止观》基于《荀子》中的《劝学篇》所写的"从蓝而青"③，也是表达师徒关系的一句话，比喻弟子的成长要在学问上超越老师。

前面曾谈到④，我 19 岁的时候遇到并师从户田先生。今天的我，全是师父十年熏陶的结果。通过我自身的体验，我感到以师徒关系为基础的教育，对于世世代代培育有为人才是非常重要的。

与我现在正在对谈的美国杜威学会原会长、南伊利诺伊大学的希克曼教授指出："在今天这样社会安定、物质丰富的时代，特别重要的是唤起和称颂患难时亦能持续，且能更加强劲发展的'良好师徒关系'。"教授还说："我们都有义务不断努力地成为最好的弟子和最好的老师。"⑤

用师徒关系来观察的话，教师自己能否成为学生们的师父呢？我感到，那要看一个教师是否去认真地洞察学生有何种资质，是否常怀提升学生的愿望并付诸行动。我想，要做到这一点，重要的是教师本人是否有一个值得尊敬的、成为自己人生楷模的师父。

---

① 前揭『教育：伝統と変革』105 頁。

② 《论语》述而篇第七。参见前揭『新釈漢文大系 1 論語』163 頁。

③ 《荀子》开篇（劝学篇第一）说："君子曰：学不可以已。青，取之于蓝，而青于蓝；冰，水为之，而寒于水。"荀子持性恶说，因此强调后天努力的重要性，教导大家要不厌其学。藤井専英『新釈漢文大系 5 荀子 上』明治書院、15 頁。『摩訶止観』卷第一上中，有总结该书的章安大师灌顶的长篇序文，其中说天台大师就是"从蓝而青"。『大正大蔵経』第四十六巻、1 頁以上。

④ 见第 1 章第 5 节。

⑤ 池田大作先生与两位教授的对谈「人間教育への新しき潮流―ディーイと創価教育」（教育月刊誌『灯台』2009 年 12 月号―2011 年 7 月号）第三次连载时的发言（2010 年 2 月号、62 頁）。

我想，当一个社会有这种师徒间美好的人际关系存在时，真正的“为了教育的社会”就实现了。

顾

师生关系是巨大的教育力量。池田先生提出“教师与学生的理想关系是‘好师徒’”。师徒关系确是古代教育的传统，无论是在西方还是在东方，教师与学生均形成一种师徒关系。因为当时教育是个性化的，一位老师只带领几个学生，学生也往往吃住在老师家里。自从采用班级授课制以后，这种师徒关系就淡化了。

中国传统教育很重视师徒关系。早期私学时代，学生（古时称弟子）拜师以后通常与老师生活在一起，朝夕相处，学生要像侍奉父母一样事奉老师。孔子就说过：“有事，弟子服其劳；有酒食，先生馔。”① 在这种紧密的师生关系中，老师对学生潜移默化的影响是巨大的。

当然传统的师徒关系也有它的局限性，即缺乏开放性，不能从多方面获取知识，容易形成狭隘的派系。特别是在当今信息化、网络化时代，师生都需要有开放的心态，博采众长，才能有所创新，有所发展。孔子说："三人行，必有我师"。当然这里的"师"不是指通常的老师，而是说可以向不同的人学到有用的知识。这是一种开放的心态。

在师生关系中还有一个问题值得讨论，就是当师生之间对某些问题的意见不同时该如何处理。哈佛大学门口写着校训："与柏拉图为友，与亚里士多德为友，更与真理为友"②。亚里士多德说："吾爱吾师，吾更爱真理"。但是，我觉得不要把老师和真理对立起来。老师是学生的启蒙者，是引导学生走向真理的导师。老师的学识不一定都是真理，而且总希望学生

---

① 《论语》为政篇第二。『新釈漢文大系1　論語』43 頁。弟子有少者之意，先生有父母之意。

② 拉丁语是：Amicus Plato, Amicus Aristotle, sed Magis Amicus VERITAS. 英语是：Let Plato be your friend, and Aristotle, but more let your friend be truth. 用一个词表达大学的理念时通常仅用 Veritas（Truth）。

能够超越自己,即"青出于蓝胜于蓝",一代人胜过上一代人,这样社会才能进步。但是没有老师启蒙和引导,不可能走向真理,更不可能超越老师。当然,世界上也有无师自通的人,但他走的路就不会像有老师指引那样快捷。因此,我宁肯把那句话改为"吾爱真理,亦爱吾师"。

池田

您指出了师生关系的本质问题。"吾爱真理,亦爱吾师"真是至理名言。我想这也是顾先生从多年的实践中总结出来的。我的老师户田先生也曾说过:"'先生'只不过是因为先出生才这样叫的。有句话叫'后生可畏'。你们是'后生'所以要变得比先生更伟大。"晚年时还说:"该教的我都教了。以后就是你们这些青年教我了。"这是老师的伟大之处。在佛典中,把这种真挚求道的老师、学生与真理放在一起,只有"良师"和"贤弟子"及"良法"三位一体,才能成就祈愿,社会大难才能消除,社会建设才能顺利进行①。

无论如何,与伟大的老师相遇,人的才华才能开花结果。一位日本文人曾言:"我以外皆我师"②。正像顾先生所言,重要的是人要一生怀有一颗从所有人身上学习的心。

创造让教师"对教育充满信心"的环境

池田

开创未来是教育的使命,教师正是这一使命的承担者。但现在教师对自己的教育方法不够自信的情况时有发生。比如前一节所介绍的"班级解

---

① 原文是:"良师、良檀那(即布施)、良法,三此者相济而祈,可除国土之大难。"「法华初心成仏抄」、『御书全集』550 页。

② 作家吉川英治(1892—1962)的座右铭。在其留下的笔墨中有"我以外皆我师也""吾以外皆吾师"等。《新书太阁记》的《大阪筑城》的章节中,有体现丰臣秀吉人生观的句子"我以外皆我师也"。

体"的原因之一即是如此。另一方面，父母们也不是放心地把孩子交给学校，而是用一种严厉的目光盯着一线的教师。我感到，在这种情况下，很多教师即使非常努力地教育孩子，对孩子的指导力也会下降。

本来，教师的地位是很高的，是值得尊敬的圣业，可却陷入如此境地，实在是可悲的大问题。

听说中国"文化大革命"以后教师的地位也明显下降，这种影响现在是否还存在呢？您认为教师本身在创造对教育充满信心的环境方面、在提高教师自身的地位方面，哪些实践更重要呢？

此外，顾先生始终强调建设教师队伍的必要性："关键是教师，重点必须放在教师队伍的建设上。"① 那么，提高教师素质应该采取哪些措施呢？

顾

教育大计，教师为本。教师的一言一行会影响学生的一生。所以说，有好的教师，才有好的教育。中国历来有尊师重教的传统。但在"文化大革命"期间，教师受到很大的摧残。因为"文化大革命"就是革文化的命，既然不要文化了，当然也就不需要传递文化的使者——教师。"文化大革命"结束以后，经过拨乱反正，30多年来随着对教育的重视，教师的地位得到很大提高。但是，有的父母又有另一种想法，似乎子女的成长完全依靠学校、依靠教师，把自己放在顾客的地位，认为教师是应该为我服务的，忘记了自己在教育子女上的责任，因而引起了家长和教师之间的矛盾。这就是池田先生所说的，出现父母不放心把孩子交给学校，用一种严厉的目光盯着一线教师的情况。这在中国也是有的。

教师地位的提高要从两方面着手：一方面是提高教师的物质待遇，让教师职业成为社会上值得羡慕的职业；同时社会要奖励优秀教师，给予精神上的荣誉，让全社会敬仰。另一方面要提升教师专业化水平，使教师有较好的职业道德，敬业爱生；有精湛的教育教学能力，有较高的教育质量，

---

① 前揭『雑草集——顧明遠教育随筆』213 頁。

值得大家尊敬。

提高教师的物质待遇和社会地位是政府的职责。教师队伍的建设主要指后一个方面，就是提高教师的素质。经过改革开放 30 多年来的努力，中国教师队伍的素质有了很大提高。教师从学历上基本达到了《教师法》的要求，而且在逐步提高。但是从实际工作水平来讲，还有待提高。在学历达到规定的标准以后，师德和教书育人的能力的提高显得尤为重要。

中国至今还没有建立一个教师专业标准和教师资格认证制度。因此教师队伍的建设包括了这些制度的建设，同时也包括教师在职培训的制度建设。这次颁布的《教育规划纲要》就有专门一章论述"加强教师队伍建设"（《教育规划纲要》第十七章），作为今后教育改革和发展的最重要的保障措施。《教育规划纲要》指出："提高教师地位，维护教师权益，改善教师待遇，使教师成为受人尊重的职业。严格教师资质，提升教师素质，努力造就一支师德高尚、业务精湛、结构合理、充满活力的高素质专业化教师队伍。"这就是中国今后教师队伍建设的目标。

第5章

教育与和平
——东洋的精神文化使命[*]

池田

"念头宽厚的，如春风煦育，万物遭之而生。"[①]

顾先生以温和慈爱之心培养后代，与您谈话如沐春风，深受感化。可我们的对谈很快就到了最后一章。

顾

池田先生通东西之学，明古今之变，博学善谈，我们的对谈涉及文化、教育诸多领域，我也获益匪浅。池田先生对于世界和平及中日友好坚持不懈的胆略和勇气，也令我深感敬佩。

池田

彼此彼此，我才感激不尽，心中更加深了对顾先生的敬重。去年（2011年）12月，创价学会的"日中友好教育交流团"访问贵国并得以和顾先生恳谈，对此我深表谢意。我听说，您当时还满怀慈爱地鼓励大家致力于东日本大地震的灾后重建，还对创价学会教育本部进行的"教育实践

---

[*] 本章内容曾刊载于《东洋学术研究》第51卷第1号（2012年5月）。

[①] 洪自誠『菜根譚』神子侃・吉田豊訳、徳間書店、120頁。

记录"给予了高度评价。交流团的成员们后来都一一讲述了为顾先生温暖的爱心所感动的经历。我坚信，与对中国的教育政策发挥着引领作用的顾先生的会面，已经铭刻于交流团成员的心中，这将成为他们在学校教育现场从事更为充实的教育实践的原点。

顾

能和教育本部的各位交流，是我的荣幸。交流团的诸位读了我们的对谈，表示要将我的"没有爱就没有教育，没有兴趣就没有学习"的教育信条付诸实践。能进行这样有意义的对谈，我感激不尽。

交流团的成员有从宫城县来的，给我讲了东日本大地震受灾地区的情况。我对这次大地震深感痛心。中国有句话叫"多难兴邦"，意思是国家多灾多难，人民反而会奋起为国家的繁荣昌盛而努力。

今年（2012 年）是壬辰龙年，池田先生是龙年出生的吧。祝愿池田先生以及日本的诸位先生，都也如龙一样勇往向前，并祝愿灾后重建早日完成。

池田

非常感谢！"多难兴邦"是 2008 年四川汶川地震时温家宝总理鼓舞灾区人民的话，向世界传达出了对受灾人民的鼓舞。我也为贵国的不屈精神所折服。

1 中国的和平思想：孙文"三民主义"中的体现

为了"民族、民权、民生"

池田

至此，我们的书信往还从彼此的生平经历开始，就文化与文明的定义、中日两国教育的历史、教育第一线存在的问题等种种话题进行了有意义的对话。这次，作为我们对话的总结，我们来谈谈对两国未来都很重要的"教育与和平"这一话题吧。

去年（2011年），是贵国辛亥革命一百周年。辛亥革命得到广大民众的压倒性支持而推翻了清朝，在近代中国建设的历史上是划时代的。当时很多曾经留学日本的青年也参加到革命运动之中，可以说，辛亥革命与我国也有很深的缘分。

为了纪念辛亥革命一百周年，日本各地都召开了以辛亥革命或孙文先生为主题的研讨会或展示会。日本企业家梅屋庄吉先生曾经长期对孙文先生给予无私的支持。作为纪念活动的一部分，贵国向梅屋的家乡长崎县赠送了梅屋夫妇①与孙文先生的铜像。

今年，是日中邦交正常化四十周年。值此之际，我也决心与后辈青年一道，坚定地沿着两国友好的道路继续前进。

什么是在贵国得以传承的和平思想？这里，我想基于孙文先生的"三民主义"做一些思考。

我自很小的时候，就对打破了近代中国黑暗的孙文先生充满了崇敬之心。在20岁前后，《孙文传》②就是我的爱读之书，常常摆在我的书架上。

---

① 梅屋庄吉（1869—1934），日本实业家，生于长崎。1895年，在香港开照相馆时与孙文相识，并为其革命热情所感染，相约"君举兵则我举财相助"，后来果真给予了巨额的资金支持，金额大抵相当于现在的一两兆日元。梅屋在电影产业方面也十分活跃，是日本活动写真株式会社的创始人之一。辛亥革命发生后，梅屋派遣摄影队制作革命的纪录片，并将其收益赠予孙文。庄吉之妻（1875—1947）也积极促成孙文与宋庆龄（1893—1981）的婚姻，给孙文夫妻以生活上的支持，孙文的结婚喜宴正是在东京新宿百人町的梅屋庄吉家中举行的。孙文死后，为向后世显其功绩，庄吉向中国赠送了四尊孙文铜像，现存于广州（中山大学与黄埔军校旧址）、南京和澳门。其后，随着中日关系恶化，庄吉为两国友好而奔走，却被宪兵队传唤并受到了非国民待遇。笃信"富贵在心"的庄吉后来留下遗言："给孙文之支持乃因年轻时盟约之所为，一切不宜外道。"所以很长时间，庄吉支持孙文的细节均不为外界所知。此外，庄吉还支持过菲律宾和印度的革命家。

② 改造社1931年出版，是《伟人传全集》的第22卷，作者王枢之。这部名著基于作者的实际体验于1950年由岩波书店再版，铃江言一（1894—1945），笔名王枢之，中国革命史研究家。1919年3月前往北京，五四运动引起他的共鸣，从此参加中国革命。中日战争爆发后他又为和平奔走。还著有《中国无产阶级运动史》（1929年出版，后来石崎书店以《中国解放斗争史》的书名再版）、《支那革命的阶级对立》（1930年出版，其后由平凡社东洋文库以《中国革命的阶级对立》的书名再版，全二卷）。

"三民主义"是集民族主义、民权主义和民生主义于一体的政治思想。早在 1905 年，它就作为中国同盟会①的纲领被提出来了，此后经过辛亥革命的激荡而得到了进一步的发展。孙文先生在去世的前一年（即 1924 年），以"三民主义"为主题连续发表了几次演讲，这些演讲已被译成日文，在日本也广为人知。

顾

辛亥革命在孙中山先生领导下，不仅推翻了清政府，结束了几千年的封建王朝统治，而且开启了中国社会的伟大变革。孙中山先生是中国民主革命的伟大先驱。因此，纪念辛亥革命和缅怀孙中山先生的崇高革命精神是联系在一起的。去年 10 月 10 日，北京召开了隆重的纪念大会，国家领导人及各界代表 3000 多人出席了大会。会上国家主席胡锦涛做了重要讲话，对孙中山先生做出了极高的评价。他说："孙中山先生是伟大的民族英雄、伟大的爱国主义者、中国民主革命的伟大先驱。"并且号召全国人民，隆重纪念辛亥革命一百周年"就是要学习和弘扬他们为振兴中华而矢志不渝的崇高精神，激励海内外中华儿女为实现中华民族伟大复兴而共同奋斗"②。当天，中国各地也举行了各种纪念活动，报纸杂志刊登了纪念辛亥革命和缅怀孙中山先生的文章。

我是从小受孙中山先生"三民主义"的思想教育长大的。我在中小学上学时，每逢周一早晨第一个活动就是在孙中山先生的遗像前默哀，背诵"总理遗嘱"。"余致力国民革命，凡四十年……革命尚未成功，同志仍须努力"③。这个遗训至今还深刻地印在脑海中。

---

① 1905 年以推翻清朝为目的在东京成立。当时称中国革命同盟会，是基于为革命进行大同团结这一认识而成立的统一组织，合并了以孙文为核心的兴中会（广东系）、光复会（浙江系）、华兴会（湖南系）等，以孙文为该会总理。同盟会提出了将三民主义具体化的四大纲领："驱除鞑虏""恢复中华"（即"民族主义"），"创立民国"（即"民权主义"），"平均地权"（即"民生主义"）。

② 人民网（日语版），2011 年 10 月 10 日。

③ 外务省调查部编『孫文全集』下卷、原書房、907 頁。

孙中山先生不仅是一个推翻旧世界的革命者，而且也是新世界的建设者。他主张实业建国，要把中国建设成民主富强的国家。据学者研究，孙中山开始对清政府抱有幻想，1894 曾经上书给清政府军机大臣李鸿章①，批评洋务运动追求坚船利炮是舍本求末，提出了只有通过振兴实业、发展经济才能救中国的经济纲领，但是被李鸿章弃之不理。1895 年甲午战争惨败使孙中山认清了清政府的腐败和无可救药，于是决然走上了以武力推翻清王朝的革命道路。但他认为革命的根本目的是谋求中国的独立和富强。他大声疾呼"亟救斯民于水火，切扶大厦之将倾"，提出了民族、民权、民生的"三民主义"政治主张。所谓"民族"，就是要推翻帝国主义列强用坚船利炮强迫中国签订的不平等条约，谋求中华民族之独立；所谓"民权"就是要推翻清王朝的专制统治，建立共和民主政体；所谓"民生"，就是要发展实业，建设富强的国家，改善人民大众的生活。

始于"修身"，终于"平天下"

池田

谢谢您直指要害的清晰说明。您从少年时代到现在，仍在内心铭记孙文先生为了人民、为了祖国而不断燃起革命之火的呐喊，我深受感动。

表面上看，"三民主义"与来自欧美的德谟克拉西（民主主义）密切相关。但孙文先生的本意却不是简单地引进或移植外国的政治思想。与此

---

① 李鸿章（1823—1901），清朝政治家。19 世纪 60 年代以后推进旨在改革清朝的洋务运动。甲午战争（1894 年 7 月—1895 年 3 月）结束后，作为全权钦差大臣在《下关条约》（中国称《马关条约》）上签字。在战争前夕的 1894 年 6 月，28 岁的医生孙文曾上书李鸿章，提出约八千字的政治改革案，并要求见面，但未能实现。上书中提出，欧洲富强的根本不仅在于"坚船、锐炮、坚垒、强兵"四者，而在"人尽其才""地尽其利""物尽其用""财通其流"，此四事方为富强之道、治国之本，提出要复兴中国，应建立培育人才的教育制度，振兴农业、矿工业与商业。

相反，孙文先生认为只有从中国丰富的精神风土中才能找到"三民主义"的真正源泉。事实上，孙文先生的"三民主义"演讲追求以民为本的新的社会体制，整篇都强烈地打上了中国传统的高尚的理想主义与和平主义思想的烙印。

在辛亥革命期间，从皇帝退位至民国建立，是一场不流血的过渡。孙文先生认为，之所以能够实现"不流血的过渡，原因在于中国人爱好和平。爱好和平是中国人的一大品德。世界最爱好和平的当属中国人"。他还断言，"中国人数千年爱好和平，全乃天性使然"①。

作为"中国人具有爱好和平天性"的例子，孙文先生介绍了古往今来中国人所继承的孟子的话。那是当时孟子回答战国时期梁惠王之子襄王"究竟谁能统一天下"（"孰能一之"）的问题时所做的回答。孟子说："不嗜杀人者能一之……今天下牧民之君，诚能行此仁政，民皆延颈望欲归之，如水就下，沛然而来，谁能止之?"② 这鲜明地表达了儒教思想的核心——仁爱思想与德治主义。

继而，孙文先生还就修己治国的主题，谈到了儒教原理的八条目——格物、致知、诚意、正心、修身、齐家、治国、平天下。《大学》就曾提出："物格而后知致。知致而后意诚。意诚而后心正。心正而后身修。身修而后家齐。家齐而后国治。国治而后天下平。"③ 孙文先生在此基础上阐发说："人之发展自内而外。只有从一人之内部开始，才可发展至'平天下'"。我年轻时读《孙文传》，就对阐述这一原理之处感铭至深，当时还写了读书笔记。以一人之内部变革为起点，以实现社会安定，构筑世界和平——"革命之父"这一基于中国传统思想的信念，与我们佛法者所追求的"人间革命"的思想是有深深的共鸣的。

孙文先生以上述中国固有的和平思想为基础，主张实行"大同之治"，这是"三民主义"讲演的一个结论。所谓"大同之治"，当然无非是《礼

---

① 『三民主義（上）』安藤彦太郎訳、岩波文庫、92 頁、123 頁。
② 内野熊一郎『新釈漢文大系 4　孟子』明治書店、25 — 26 頁。
③ 『新釈漢文大系 2　大学　中庸』44 — 45 頁。

记》所倡导的理想社会①。没有利己主义，人与人普遍地建立了稳固的信任，人人都可以安心地生活——孙文先生正是以这种大同世界为目标而立下革命之志的。

"民最贵，君最轻"

顾

池田先生提到，孙中山先生的三民主义也来源于中国文化的和平思想。的确是这样。中国传统文化讲求和平、讲求道义。《论语》一书中讲到"义"的地方就有 24 次。他在评论他的弟子子产时说："有君子之道四焉：其行己也恭，其事上也敬，其养民也惠，其使民也义。"② 这体现了孔子对一个人的人格要求。孟子主张"民贵君轻"，他说："民为贵，社稷次之，君为轻。"③《孟子》第一章讲孟子见梁惠王，王问他："您老不远千里而来，对我的国家有什么利益吗？"孟子回答："王何必说到利益，只要讲仁义就好了。"有一次孟子去见齐宣王，齐宣王问他，听说周文王有狩猎场纵横七十里，老百姓说它太小；我的狩猎场纵横只有四十里，老百姓还嫌它太大，这是什么道理？孟子说："周文王的狩猎场，割草打柴的去，打鸟捕兽的也去，同老百姓一同享用，所以老百姓认为它太小。而我刚到齐国边界时就听说齐国首都郊外的狩猎场纵横四十里，谁要杀害了里面的麋鹿，就等于犯了杀人罪。这是把四十里方圆的陷阱设在国中，老百姓自然会说它太大了。"当然，他重视民，也还是为了君王更好地统治。所以他说："诸侯之宝三：土地、人民、政事。"又说："得乎丘民而为天子。"但"民贵君轻"的思想反映了孟子的民本思想。孙中山的三民主义确实继承和发扬了中国文化传统中的道义和民本

---

① 『三民主義（上）』124 頁、136 頁。前文已有论述，见第 2 章第 4 节。

② 公冶长篇第五。『新釈漢文大系 1　論語』112 — 113 頁。

③ 『新釈漢文大系 4　孟子』491 頁。孟子与惠王的对话参见该书第 7 — 8 页，与宣王的对话参见该书第 48 — 49 页。下文"诸侯之宝……"参见第 501 页，"得乎丘民……"参见第 491 页。

思想。

池田

您的解释使我们更清晰地认识到作为贵国精神基础的《论语》《孟子》是如何注重道义和人民的。这些历经两千年以上而传承下来的领袖形象、和平建设理念以及对人类善性的坚信，都为孙文先生所继承，也成为革命的原动力，这不恰恰证明了哲学、思想的强大生命力吗？

孙文先生经过辛亥革命而成为中华民国的临时大总统，但仅仅两个多月就辞职了。接下来的大总统袁世凯[①]以强大的武力为后盾，用尽权谋术数，最后逆时代而动，当了皇帝。孙文先生却因反袁斗争而流亡海外，在反反复复的艰苦斗争之后，孙文先生终于在 1925 年留下"革命尚未成功"的遗言而去世，可以说是壮志未酬身先死。

"至诚而不动者，未之有也"[②]。时至今日，孙文先生依然深受中国人民的爱戴。

孙文先生作为"中国革命之父"受到尊敬是理所当然的，孙文先生如严父般高洁的精神与行动不也正是人们景仰的楷模吗？对此，我也想请顾先生谈谈您的见解。

顾

孙中山先生所以受到全中国人民的尊敬，就是因为他是中国民主革命的先驱，他领导中国人民推翻了压在头上的封建王朝，建立了民主共和国。虽然辛亥革命的成果被袁世凯窃取了，中国没有改变半殖民地半封建的社会性质，但毕竟开辟了革命的新道路。中国共产党接过了孙中山的革命火炬，终于推翻了封建主义和帝国主义两座大山。没有孙中山领导的辛亥革

① 袁世凯（1859—1916），清末民初的军人、政治家。甲午战争失败后，在中国推动陆军现代化，并以其军事力量为后盾历任清政府要职。辛亥革命后，曾任中华民国临时大总统、第一任大总统。1915 年复辟，即位"中华帝国"皇帝。翌年在反帝制运动中倒台。

② 前揭『対話の文明——平和の希望哲学を語る』186 頁。

命，也就没有今天的新中国。

孙中山先生之所以受到中国人民的尊敬，还在于他的爱国主义精神。他率先发出“振兴中华”的呐喊，而且身体力行，实践了“吾志所向，一往无前，愈挫愈奋，再接再厉”的誓言，推动中国走向世界。

孙中山先生之所以受到中国人民的尊敬，还在于他具有世界的眼光，绘制了振兴中华的建国蓝图。虽然后来他的理想并未实现，但他发展实业的思想一直为中国人民所继承和发展，而且在新中国共产党领导下逐步成为现实。

拯救颓废的世道要用“文化之力”

池田

我曾与孙文先生的母校——香港大学的校长、历史学家王赓武博士[①]进行过八次对谈，我们围绕教育观、历史观以及孙文先生的生平进行了讨论。王博士去年在一份英文报纸上发表文章说，有“四大历史遗产”决定了中国改革的方向[②]。

在“四大历史遗产”中，第三大遗产就是“在中国人的意识中最早点燃现代性火花”的代表人物孙文先生的思想。孙文思想“在学习外部世界的同时，也含有主张肯定中国传统价值的开明的要素”。他指出这种民族主义的前提，包括“尊重民主主义的理想”以及“把贫苦大众从千年来的低等身份中解放出来”。我再次感到孙文先生在贵国占有重要的地位，其理想与思想也将永远传承下去。

---

① 代表亚洲水准的国际知名学者。其专业为历史学，但在哲学、经济学与文学等方面也有很深的造诣。1930 年生于印度尼西亚，幼时在马来西亚学习，19 岁入国立马来亚大学学习经济与历史，先后获学士、硕士学位。后到伦敦大学留学，27 岁成为哲学博士。其后在母校马来亚大学、澳大利亚国立大学执教，1986 年任香港大学校长。在香港历任公害环境问题顾问委员会主席、文艺家协会主席、行政局议员等。1988 年以后，与池田大作共有八次对谈。曾任新加坡国立东亚研究所所长，现任该研究所理事长。

② 见第 2 章第 3 节。

此外，主张兼爱非攻的墨家①、歌颂反战精神的杜甫诗歌②等古往今来传承下来的精神遗产也仍活在贵国的现实之中。

当然，在现实的历史之中，在治乱兴亡的反复过程中，贵国也有过武力斗争的时代，也存在过很多暴君，也有元代那样不断发动领土扩张战争的时期。

佛法中有"斗诤言讼"③之说，在纷争、斗争不曾断绝的社会中，人会动用善恶，成为两义性的存在。在现代社会，经济快速发展的反面，又有拜金主义、利己主义的蔓延，还有道德的滑坡。

我们必须以"文化之力"克服这种人性危机。我认为，其中教育之力是相当重要的。我坚信，修身、齐家、治国、平天下——律己以提升人格，使家庭和地方安定，进而使国家与社会走上和平大道，皆应由教

———————

① 墨家为中国战国时代的诸子百家之一，因墨子（公元前5世纪—公元前4世纪，应活跃于孔子之后、孟子之前的时期）而兴盛。墨子批判儒家的仁爱是优先爱自己相近的人的有差别的爱，这种差别正是天下之害的根源。他认为，平等地爱所有人（"兼爱"）才是天的意志，主张由此而互相增进福利（交利）并实现人人幸福的"天下大利"。在战国时代，墨子反对战争，主张"非攻"。不仅否定对他国的侵犯，而且为了阻止侵略，他还致力于小国防卫，根据对方需要而负责城寨补修等土木工事、防卫兵器的开发与制造、防卫战役的指挥等。他还学习了守城所需的建筑、冶金、医术、农业等高级技术，学习了洞察人心的学养和为说服他人之用的逻辑学。因墨家守卫之坚固而有"墨守"之说。还有一说认为因其修筑工事及制造器具时，木匠大量使用墨水，故称"墨家"。墨家在战国时代具有与儒家相当的势力，但秦统一中国后逐渐消亡。在晚清博爱主义受到关注以前被长期遗忘。

② 杜甫（712—770），盛唐时期的诗人。李白被称为"诗仙"，杜甫则被称为"诗圣"。杜甫科举未及第，故很久未能仕官，仕官不久又卷入战乱与政争而无法继续为官，一生过着辛酸动荡的生活。其诗多咏社会实际，故被誉为"诗史"。他的不少诗也慨叹战争的悲苦，其中描写安史之乱时期（755—763）社会生活的"三吏""三别"很有名（描写官吏征用年轻人当兵的《新安吏》，描写士兵因战斗失败而大量溺亡的《潼关吏》，描写因男丁不足而征用老婆婆当兵的《石壕吏》，描写婚后不久丈夫就被征到战场的新娘之苦的《新婚别》，描写儿孙战死、与妻别离的出征老人的《垂老别》，描写战士因兵役而未能成婚、回乡后看到母亲遗骸早已腐烂的《无家别》）。在此前的作品《兵车行》中，杜甫抒发了他对不顾人民死活而穷兵黩武的统治者的愤怒。池田大作先生在北京大学的第二次演讲《迈向和平的王道——我的考察》（1984）中，曾提到这首诗。（前揭『21世纪文明与大乘佛教』283－284页。『池田全集』第一卷、360－361页。）此外，杜甫还有大量的厌战和反战的诗歌，如歌咏"国破山河在"的《春望》即是其中一首。

③ 《大集经（大方等大集经）》第五十五卷有此论述。其说将释尊灭后的时期以五百年为单位进行了划分，这是对第五个五百年这一时期的描写："于我灭后……次五百年，我于法中斗诤言讼，白法隐没……"（『大正大藏经』第十三卷、363页、上・中）

育开始。

　　贵国的中山大学是孙文先生去世前一年创建的，在这所大学，他的"三民主义"讲演有十六次之多。

　　中山大学现在与创价大学也签有合作交流协议，彼此的交流已经非常深入。1996年，我曾在东京欢迎王珣章校长，当时我们谈到，孙文先生在身体已经衰弱的情况下，还满怀激情地向中山大学的学生们呼吁要和世界人民团结起来。三年后，我还被任命为中山大学孙中山研究所的名誉所长，我当时写了一首题为《中国的黎明，革命的伟人——献给伟大的孙中山先生》的诗赠送给该所。

　　孙文先生当时这样对学生说："凡国家之强弱，以其国学生之程度便可知"，"如以道路之开垦为喻，则余为披荆斩棘者，诸君则为架桥布石者，诸君之责任远超余矣"①。"革命之父"寄予教育的厚望是多么的深切！对青年的期待是多么的高远！

　　在思索这些问题的时候，作为从事教育与和平事业的一分子，我想大声疾呼："青年们，向孙文先生的伟大精神学习！"

顾

　　孙中山先生是一位爱国主义者，将一生奉献给了复兴中华的伟大事业。同时，他视野广阔、思想开放。正如马敏教授说的，他"享年59岁，却有31年的时间先后在14个国家和地区活动，堪称'世界公民'"②。

　　孙中山先生的革命事业受到许多国际友人的支持，特别是日本友人

---

① 　外务省调查部编『孫文全集』中卷、原書房、318—319页。
② 　《光明日报》2011年10月1日，马敏《孙中山实业思想的启示》。

的支持。1998 年我曾经参观了神户的孙中山纪念馆①，感触良多，没有日本友人的帮助，辛亥革命恐怕难以成功。其实，在中日两国关系史上，从中国唐朝开始，中日交往有许多佳话。日本侵华战争只是历史长河中的一个插曲，希望中日两国人民能正视历史，吸取教训，永远友好下去。

今天，青年们需要从优秀的文化传统中汲取营养，正确地对待历史，从历史中吸取经验教训。同时，要开阔视野，面向世界，吸收世界上一切优秀的文明成果，为世界和平而努力。

2 佛教的和平思想：《立正安国论》中的体现

池田

"日本的侵华战争只是历史长河中的一个插曲"——面对顾先生的宽宏大量，我不禁感激涕零。日本人永远也不能忘记历史的教训，必须正确地告诉青年。

"没有比战争更残酷之事，没有比战争更悲惨之事。"

这是我作为毕生事业而写的小说《人间革命》开始的一节（现在我仍以《新·人间革命》为题从事写作）。这部小说是我 1964 年 12 月在冲绳开始写的。冲绳与广岛、长崎一样，是在二战中日本人伤亡最多、日本本土最惨烈的地方。

这部小说的序阐明了贯穿全书的主题："发生在一人身上的伟大的人间革命，将会使一国完成宿命的转换，进而亦可使全人类宿命的转换成为

---

① 在明石海峡大桥旁边的神户市垂水区舞子公园内，展品主要展示孙文与日本特别是与神户有关的遗物与遗墨，其前身是侨居神户的中国贸易商人吴锦堂（1855—1926）的松海别墅中的"移情阁"。孙文于 1913 年 3 月正式访日，造访了松海别墅，在那里参加了神户中国人及政界和财界同仁欢迎午餐会。两年后，吴锦堂建了八角三层的楼阁并命名为"移情阁"，1983 年，为纪念中日邦交正常化十周年，"移情阁"被捐赠给兵库县，第二年 11 月 12 日（孙文生日）那一天作为"孙中山纪念馆"向普通民众开放。因修建明石海峡大桥，孙中山纪念馆又经拆卸修复工程于 2000 年移至现址。2005 年改称"孙文纪念馆"。孙文纪念馆是日本现存最早的混凝土砌块建筑，属于日本国家级和县级重点保护文物。

可能。”

　　所谓“人间革命”，是我的恩师户田先生对我们的运动方向或目的的一种概括性称谓，其含义是人人要变革自我的内在精神与生命，确立永不倒塌的幸福之境。有了人自身的变革，世界的变革才有可能。我想这与刚才所说的孙文先生的和平思想是有深深的共鸣的。创价的弟子们都坚定不移地确信，我们要走人人追求以自我为对象的人间革命，并将此善推而广之，进而实现社会安定及世界和平。

宗教成为“统治人民的手段”是一大悲剧

顾

　　池田先生的《人间革命》我拜读过多次，真是一部呼吁和平的宣言书。“人间革命”即改变人的观念，变革自我，确立幸福的人生；从而改变全人类的命运，促进世界和平。先生的《新·人间革命》开宗明义地提出：“人要常为人们的幸福，为和平，发出勇敢的呐喊，发出睿智的话语。总之，要行动。活着就是战斗。”[①] 先生为和平而呐喊，尤其是对中日世代友好，先生倾注了全力，不屈不挠，令人钦佩。

　　创价学会是信奉佛教的团体。我对宗教没有研究，但是我总觉得，所有宗教（当然邪教不能称宗教）的创始人都是因为遇到许多人间不解的难题，为了解救人间的苦难而劝人为善，主张和平的。后世发生的宗教之争、教派之争，甚至发生宗教战争，是宗教的始祖们始料未及的。因此回归宗教的本义，就是要与人为善，祈求和平。

　　我的一位研究生沈立博士，他皈依佛教，精研佛法。我就让他从教育学的视角来看佛教，研究佛经的教育意义。于是他的博士论文就是《觉人教育——佛教教育论》，论述了佛教的产生，其教育意义、教育内容、教育

---

① 第十三卷「金の橋」の章。『新·人間革命』聖教新聞社、7 頁。聖教ワイド文庫版、7 頁。

方式、教育机构等。我为了指导他写论文，也读了一些佛学的著作。我感觉到，佛教是一个从善的宗教。它不求名不求利，只为普度众生，使人都到极乐世界。佛教传到中国以后，与中国文化相结合，对儒学产生了很大影响；同时吸收了儒家思想，自身也得到很大发展，从小乘佛教演变为大乘佛教，宣扬人人皆能成佛。沈立博士引用了您在《我的释尊观》中的一段话："我愿向世人推荐人类罕见的思想巨人乔达摩·佛陀——他既没有特别激烈的理论或狂热的宗教教义，更没有气势磅礴的宏大哲学体系；相反，他以令人惊叹不已而又极为平常的语调，运用多种易于理解的譬喻和故事，将人们内在的灵魂唤醒。——但这决不意味着他缺乏深邃的思想。佛陀正是这样的伟人，他以简洁明白的语言，通过平淡无奇的谈话，扬弃了传统的思想观念，引导人们从黑暗走向光明。"①

佛教在中国有广泛的信徒。讲中国文化不能不讲到佛教在中国的传播。当然，去寺庙烧香拜佛的不一定都了解佛陀的思想，但是都知道要与人为善，践行善事。

池田

且不说我的著作，您肯定佛教旨在拯救众生、使人人幸福，的确完全如此。佛教所倡导的目的，也集约于这一点。

令人心痛的是，纵观人类历史，宗教对立常常迷失"为了人"的本意，而与政治和经济的利害得失搅在一起，成为引起纷争和战争的重要原因。绝不能让宗教成为束缚人的权威和教条，不能让宗教成为使人民受苦的邪恶手段。所以，要有具有开放精神的"对话"，而其基础正是教育。我们的运动重点也在这里，与此同时，我们还重视不断砥砺人格的"人间革命"实践。我认为绝不能改变宗教的原点——为了人。

我们所信奉的日莲大圣人，在 1260 年 7 月向当时的镰仓幕府最高领导

---

① 『私の釈尊観』文藝春秋、1—2 頁。

人北条时赖①提交了谏晓之书《立正安国论》，其后大圣人自己也几度抄写此文，后来又加以若干修改，此文终于成为日莲佛法中最重要的典籍。

前面也提到过②，"立正安国"——这一标题体现了大圣人的理想与追求。所谓"立正"，即是把正确的生命尊严思想和哲理作为人类精神的中心和社会的根本。也就是说，统御人之"恶生命"（亦可称之为魔性与兽性）而确立内在的善性，发现心中慈悲与共生的智慧。现在我们就称之为"人间革命"。这意味着，只有以"立正"为基础，才能实现"安国"即社会安定与民众幸福的目的，其方向与贵国的先哲们所追求的"修身、齐家、治国、平天下"的方向是相同的。

进而，大圣人提出："欲一身之安稳，需祷四表之静谧"③，所谓"四表之静谧"就是令社会安治。就是说，要想自己幸福，也必须实现地区与社会的安泰。

中国传统文化的核心是"爱人"

顾

日莲大圣人出来向当时的幕府谏言，提倡佛法，讲解《法华经》，也是为了普度众生。心正才能国立，确与中国"修身、齐家、治国、平天下"的思想有某些相似之处。

中国儒家学说也是以人为本，劝人为善的。孔子思想的核心是一个"仁"字。《论语》中解释"仁"字就有 104 次。总的解释就是"仁者爱

---

① 北条时赖（1227—1263），镰仓幕府第五代"执权"（1246—1256 年在职）。北条时赖排除了三浦氏、千叶氏等其他有势力的"御家人"（即与将军直接保持主从关系的武士），确立了北条氏专制体制。另一方面，为了争取其他御家人的支持，他缩短了御家人的"京都大番役"（即对京都的警备）服务期限，制定了可以公正而迅速地裁决御家人领地争端的"引付"制度。北条时赖辞去"执权"出家以后仍然参与幕政，导致执权（时赖的义兄北条长时）和得宗（北条氏惣领嫡流时赖）之间的分离，从而开辟了由执权体制向北条得宗体制过渡之路。

② 见第 2 章第 4 节。

③ 『御书全集』31 页。

人"。孔子曰："弟子入则孝，出则弟，谨而信，泛爱众，而亲仁。"① 孔子周游列国，就是宣传一个"仁"字，劝说各国君主恢复周朝的礼节，施仁政于民，建立和谐的社会。

孟子主张"性善说"，认为仁、义、礼、智四种道德规范是人的本性。虽然当时学界对孟子的性善说有争议，如荀子主张性恶说，告子主张不恶不善说，但最后都主张通过教育使人为善。刚才池田先生还提到，墨子更是主张"兼爱"，无差别地爱所有的人。

可见中国传统文化把爱人作为核心，爱人就是和平。因此和平思想渗透到中国人的心灵中。

池田

"爱人"，是顾先生在教育现场所宣示的信条。思想必须有体现它的楷模存在，才能发出不朽的光芒。从这个意义上说，孔子正是一个把理想落实到行动上的人，他的实际行动便是培育其衣钵的继承人，这令我感触很深。我觉得培养了许多后继者的孔子是注重行动之人。"仁"这个字就蕴含了深深的哲理，孔子的学说更成为万人行动的规范。在这点上，我感受到了他作为人类教师的伟大智慧。

日莲大圣人在自己一生中，始终践行"立正安国论"。"立正安国论"是我们和平运动永远的方针。这一理论指出，并非仅靠打坐修习佛法就能"立正"，而是应该祈福社会的太平，从自己做起，付诸行动。这种有力的实践论一直铭刻于我们心中。顺便说一下，大圣人在这本书中多次用"圀"字代替"国"或"國"字来表示国家的意思，可见他有把民众作为社会根本的思想②。我们坚信，"立正安国"的精神，将超越时代与地方的局限，有助于实现世界人民的幸福与和平。

---

① 学而篇第一。前揭『新釈漢文大系 1 論語』21 頁。
② 《立正安国论》中用的"国"字共有 72 个，其中约 80% 的 57 个使用这一特殊造字（"圀"）。另外，"国"中的"玉"有"王"的意思，而"國"中的"或"有以手持戈护卫国土之意。

3　环境教育与和平

顾

当今世界之所以不太平，就是有些国家、有些人总想当全世界的领袖，把自己的价值观强加于人。同时见利忘义，争夺资源，为了一己的利益，把别的民族置于水深火热之中而不顾。因此，要求世界和平，就要"和而不同"，讲求双赢、多赢。经济全球化已经把全人类绑在一条船上，只有同舟共济，共同克服人类遇到的种种危机，人类才不至于毁灭。

每个人都能绽放自我才是"和平"

池田

我深表赞同。创价教育之父牧口先生曾呼吁世界应该从军事的、政治的、经济的竞争时代向"人道的竞争"时代转变，而且无论是个人还是社会，都不能只顾自己利益，"要为他人着想，要选择既有利于他人又有利于自己的方法"①。

不断扩大的经济、军事等硬实力的竞争并不意味着人们的幸福。牧口会长展望了这样的一个时代：大家都在"如何才能使人们幸福，如何创造和平"这一点上竞争，共同实现有利于大家的"双赢"。

那么，幸福的社会、和平的社会是指一种什么状态？对此，我想谈谈自己的看法。

在我刚才所介绍的《立正安国论》当中，把社会的理想状态称作"四表之静谧"。所谓"四表"，即"东西南北"；所谓"静谧"，即一种安静平衡的状态。"四表之静谧"就是指社会安定、世界和平。这本书将"立正

---

① 『人生地理学』第三十章「生存競争地論」第二節「生存競争形式の変遷」。『牧口全集』第二卷、399頁。

安国"的理想社会描绘为"羲农之世""唐虞之国"。所谓"羲农之世"就是中国古代的伏羲时代和神农时代①，伏羲氏结网教民众捕鱼，神农氏则是传说中教人们农耕技术的帝王。这意味着，有良好的生活环境、人们得以过上富裕生活的社会，就是"羲农之世"。日莲大圣人论述说，当"立正安国"实现之时，便"风不坏枝，雨不碎壤，世若羲农"②。

《论语》中就可见"唐虞"之名："舜有臣五人，而天下治。武王曰：'予有乱臣十人。'孔子曰：'才难，不其然乎？唐虞之际，於斯为盛。'"（舜有贤臣五人，则国家可以治理得很好。武王曾说"我有十名可治天下之乱的良臣"。孔子对此评论说："人才难得，不正是这样吗？但尧治世的唐、舜治世的虞，比周武王的时候人才还要多呢！"③）。这里明确说，孔子本来把武王时代的周朝作为典范，但他认为唐虞时代有更多的有为之才。

而日莲大圣人所胸怀的和平理想，不仅是指不存在诉诸武力的暴力状态，而且是指生活环境良好、与自然环境关系和谐、人们的能力得到充分发展的社会。

---

① "羲农之世"即伏羲氏与神农氏教民的时代。伏羲氏和神农氏自古以来被列入三皇五帝之"三皇"之中（但谁是"三皇"中的另一人则众说纷纭，有女娲说、祝融说、黄帝说）。此二人可谓神话学上的"文化英雄"，与希腊神话中的普罗米修斯、中美洲神话中的羽蛇神（Quetzalcóatl）、日本神话中的大国主命、少彦名命一样，将种种文化与制度教与民众。伏羲观察天地人之法理而发明了八卦，还教人结网捕鱼，给人以火种教人烹饪，还教人饲养家畜、文字与乐器（三十五弦之瑟），并建立了婚姻制度。神农则教人农业与医药，传授制作锄与锹的方法、五谷栽培法、土地利用法、药草利用法、毒草分辨法等，教人以百草之效能。他还教人如何进行交易（"市"）。神农氏传说是牛首人身，在日本自古以来就受到尊崇。《御书全集》中有"一天安稳，无异于神农之昔"（1031 頁。「曾谷入道殿許御書」）之句，可见也把神农时代描绘成和平理想世界。"羲农之世"表达的是在迈向文明的过程中民众在物质与精神上都取得极大进步的时代。"唐虞之国"是指唐尧和虞舜二人所治理的国家。尧和舜都是传说中的圣人，都被列为三皇五帝中的"五帝"之中（关于五帝也有不同说法），尧起初为唐侯，成为天子之后以陶为都，故亦称"陶唐氏"。虞舜因以虞为都，故亦称"有虞氏"。尧被看作黄帝的子孙，其仁德如天子，智慧若神明。虽然舜只是一个贫穷受苦的普通劳动者，但被尧发现，尧经摄政后还将帝位禅让于舜。舜虽受其父与继母虐待，但始终孝顺，人望极高。舜也施行善政，把位子又让与成功治理洪水的禹。尧与舜均不像后世那样实行世袭制，这是他们作为圣人而得到长期尊崇的原因之一。

② 「如説修行抄」、『御書全集』502 頁。

③ 泰伯篇第八。『新釈漢文大系 1 論語』188 — 189 頁。

日莲大圣人之所以写《立正安国论》，起因是 1257 年（正嘉元年）发生了一次"正嘉大地震"①。书的开头对饱受涂炭之苦的民众做了生动的描写："天变地夭，饥馑疫疠，遍满天下，广布地上。牛马毙巷，骸骨充路，召死之辈，既逾大半，不悲之族，敢无一人。"② 可以说，这种故事并不遥远，我们人类今天也还面临着自然灾害、战争、贫困、饥饿以及环境问题等种种难题。

"东日本大地震"还引发了核泄漏的严重问题，必须举全国之力帮助灾区的人民，我们还必须严格进行安全性检测，认真讨论将来如何应对。我在今年（2012 年）1 月发表的倡言中，呼吁应转变政策以做到不依赖于核电。

总之，我坚信，如果没有与广义的自然环境的和谐，今后就不可能实现人类和平。

顾

池田先生从和平谈到环境。的确和平与环境密切相关。只有环境和谐才有人类和平。这里说的和谐包含人与自然的和谐，人与人的和谐。

科学技术的快速进步，给人类带来了丰富的物质财富，但同时也带来了对环境的严重污染。人类对环境的认识很差。工业革命二百多年来给环境造成的破坏，竟然无人觉察，直到 20 世纪 80 年代后期才被有识之士推

---

① 发生于正嘉元年八月二十三日（公历 1257 年 10 月 9 日），震级为 7.0 至 7.5，震源在北纬 35.2 度、东经 139.5 度的关东南部（国立天文台编『理科年表』）。因震中心在相模湾内及镰仓附近，因此受灾程度很大。《吾妻镜》中有以下记载："戌刻大地震。有音。神社佛阁均一宇皆无。山岳颓崩，人屋颠倒，筑地皆悉破损，处处地裂水涌，中下马桥附近地表裂破，中有火焰燃出，色青。"其后，直至九月余震依然不止。《吾妻镜》记载十一月八日再次发生与八月二十三日相同规模的地震："十一月八日己未大地震，如去八月廿三日。"

② 『御書全集』17 頁。

到台前。这时，地球上空已经出现了臭氧空洞①，地球气候变暖，使得人类感到生存的威胁，才开始重视起环境问题来。这次日本的核泄漏更是给人类敲起了警钟，警告人们要敬畏大自然。

人类生活在大自然之中，是大自然的一分子。人类必须利用自然，改造自然，为人类的生存和发展服务。但人类必须懂得自然的发展规律，在不破坏自然发展规律的前提下利用自然、改造自然。

中国环境思想——天人合一

池田

当前，贵国正在全力建设"和谐社会"，2006 年，中国共产党中央委员会第十六届第六次全体会议发表了 2020 年的发展目标。其中提到，"缩小城乡的发展差距"，"树立良好的道德风尚，培育和谐的人际关系"，还指出"使资源的利用效率得到明显提高，使环境问题明显好转"②。

贵国拥有世界最大规模的人口，2030 年贵国人口将增至 14 亿③，加之经济的快速发展，自然环境无疑将因此承受巨大的压力。温室效应、二氧化碳及污染物排放等问题将日益突出，随着人口的增加，水资源的压力也将日益增大。

日本在战后高度经济成长时期也发生了严重的公害问题，至今还有很

---

① 臭氧层的密度较高，特别是距离地面 25 千米处浓度最高。臭氧层可以吸收射向地球的紫外线，保护地球上的生物免受其害。但 20 世纪 80 年代初，科学家观察到南极上空的臭氧层已经变得稀薄，成为"臭氧层空洞"。关于臭氧层空洞的成因，一般认为是自 20 世纪 60 年代，人类开始使用自然界本不存在的氟利昂（广泛用于冰箱和空调中的制冷剂、电路等的清洗剂、靠垫和氨甲酸酯等的发泡剂、喷雾器中的喷雾剂等）等含氯化学物质，此类物质大量生产并排入大气中后，导致分解臭氧的氯原子增加，加速了臭氧层的破坏。人们担心臭氧层破坏使射到地球的紫外线增加，导致皮肤癌和白内障的增加，给浮游生物以打击，导致农作物减产等严重影响。为努力使臭氧层空洞消失，对氟利昂生产进行全面禁止的规定也开始逐步实施。

② 人民网（日语版），2006 年 10 月 12 日。

③ 联合国人口部推测（UN. World Population Prospects：The 2010 Revision）。日本总务省统计局归纳。

多饱受痛苦的受害者。如何应对气候变暖当然也是一项紧迫的课题。还有，偏远地区和山区人口迅速减少，凋敝现象非常严重。

不知中国的教育一线是如何思考和实施环境教育的？还存在哪些问题？在环境领域，日本教育也需付出自己的努力。

顾

为了发展生产，早日摆脱贫困，许多地方发展工业，特别是化工业，造成河湖污染、森林破坏。到了上个世纪 90 年代初才逐渐觉悟起来，政府着手治理污染，整治环境。特别是结合 2008 年奥运会在北京的召开，大力宣传治理环境的重要性，使市民都提高了认识。同时，环境教育也开始被重视起来，纳入了学校的课程。有些地方还结合当地的自然、工农业生产情况，把环境教育的内容编写成地方教材和校本教材。

但是，中国还是一个发展中国家，工业化尚未完成，城镇化正在加速进行，中国人口已达 13.7 亿，而且还在继续增长。环境污染问题还很严重，国民的环保意识还不强，例如城市的垃圾分类处理就十分困难。因此，一方面政府要加大力度。中共十七大提出要建设资源节约型、环境友好型社会。政府已经在"京都议定书"框架内制定了减排节能计划。另一方面要加强环境教育，让儿童从小认识保护环境的重要性；同时要加强市民的环保教育，结合城市的文明建设，把环境治理好，使之成为优美、舒适的宜居城市。总之，环境教育是一项长期任务，真正把环境治理好，保护人类的生存家园，还是任重而道远。

池田

这真是世界大国的一项大工程。

贵国的人们是如何考虑环境和人的关系的？我想起我与人称"国学大师"的季羡林先生以及与哈佛大学的杜维明教授对"天人合一"思想的讨论。"天"是古代中国提出的一个重要概念，是人们的世界观。比如说，如果承天命的天子失德，则天命也随之更改，从而开始新的王朝，这种易姓革命的思想在日本也广为人知。"天"曾经具有一种人格神的性质，但它又逐步具有了表示自然界运动规律的非人格的意义。

季羡林先生明确地说："'天'就是大自然，'人'就是人，'合'就是相互理解、结为友谊、互不敌对。"并说："人与自然界充满了不可回避的矛盾。但正因为有矛盾，所以就必须解决。矛盾解决了，就达到了和谐。"① 另一方面，儒教复兴的旗手杜维明教授指出："中国思想的精华就是'大同思想'，就是儒学的'天人合一'哲学。"但他认为，"天人合一"中的"人"并不是从属于绝对的"被创造物"，而是积极地、创造性地参与宇宙和自然的"共同创造者"②。

这两位的思想属于两代人，他们的经历也不同，但他们都从传统的"天人合一"思想中发展出了丰富的智慧。人固然要对自然抱有敬畏之心，但我想也应对人的巨大可能性抱有信心，要百折不挠地直面问题，这对于解决环境问题是不可或缺的。

顾

中国哲学中本来就有"天人合一"的思想。中国人早就认识到人与自然要和谐相处，并且把它作为最高的道德准则。《易经大传》中就讲道："有天地，然后有万物；有万物，然后有男女；有男女，然后有夫妇。"③老子说："道大，天大，地大，人亦大。域中有四大，而人居其一焉。人法地，地法天，天法道，道法自然。"④（《老子》第 25 章）老子说的"道"，就是基本法则，基本法则也必须遵循自然的发展规律，强调天地人都要尊重自然。宋代思想家张载明确提出"天人合一"的命题，认为人是自然的一部分，人与自然要和谐发展。

---

① 『東洋の智慧を語る』95 頁。『池田全集』第百十一卷、440 頁。
② 『対話の文明——平和の希望哲学を語る』215 頁、222 頁。
③ 今井宇三郎『新釈漢文大系 63　易経　下』明治書店、1803 頁。
④ 阿部吉雄他『新釈漢文大系 7　老子　荘子　上』明治書店、52 － 53 頁。

佛教的环境思想——“依正不二”“一念三千”

池田

您再次通过经典谈到了“天人合一”的概念。

以前曾说过，创价学会第一任会长牧口常三郎出版了论述人与环境的深刻关系的大著《人生地理学》。

在地理学研究中，牧口会长的问题意识是这样的：“把握‘地与人如何相涉’之事实，方可解决如何观察周围各要素之问题。”① 这里把自然与人这两者相互影响的不可分的关系作为了前提。

这部作品是牧口会长接触日莲佛法之前写的，但在思想上却是相通的。日莲大圣人说“依正不二，身土不二”②“正报”与“身”是经营生命活动的主体或人，而“依报”与“土”则是其身所依赖的环境和土壤，两者并非别物，而是一体不二。日莲大圣人还说：“众生有所用心，则土亦有所用心；心清则土清”③，因此佛法不是把人与外界割裂开来考虑问题，而是促使人积极构建良好的环境世界。可以说，这与“天人合一”的儒教思想也是息息相通的。

日莲大圣人灵活地运用天台大师基于法华经所提出的“一念三千”法门。一念三千的法理是说，众生的生命（一念）容纳或具足三千诸法（即现象世界之一切），这个三千诸法也包括了“国土”（即众生所住之环境）的含义。这是一个明确阐释有情（人类等有感情意识者）与非情（即没有意识与感情的草木国土）关系的法理。所谓“佛界”包括了有情和非情的生命。天台宗的中兴之祖妙乐也说：“法身应普遍，何需隔无情”④，意思

① 「諸論」第三章「如何に周囲を観察すべきか」。『牧口全集』第一卷、28 頁。
② 「三世諸仏総勘文教相癈立」、『御書全集』563 頁。
③ 「一生成仏抄」、『御書全集』384 頁。
④ 妙乐大师·湛然（711—782），为天台宗第六祖。引自『摩訶止観輔行伝弘決』第一の二、『大正大蔵経』第四十六卷、152 頁上。

是佛之生命（法身）应不止于有情，还应推广至无情。众生（有情）和草木国土（非情）虽然显现为两种现象，但是其根源和基础却是不可分的，我坚信，这种共生的思想对于今后推进可持续发展是很有启发意义的。

在现代社会，人们经常忘却了人与自然的关系，肆无忌惮地开发自然，从而导致了异常气象和温室效应。现在已是将共生的思想提升到时代精神的高度的时候了。

教育要使人有地球成员的自觉

顾

创价学会创始人、第一任会长牧口常三郎 1903 年出版的《人生地理学》过去我没有读过，池田先生提到以后，我特地到北京师范大学图书馆去借阅。图书馆告诉我，1907 年的中译本已经作为善本书珍藏，只能在图书馆借阅，不能借出图书馆，但借到了 2004 年出版的由复旦大学陈莉、易凌峰老师翻译的新版本，书中还有池田先生 2002 年为英文版写的前言。我读了受益匪浅，这不仅是讲人与环境的地理学，而且是一本人生的百科全书，是一本人生教育学著作。它不是简单地介绍地球上的山脉大河、海洋陆地，而是处处与人生联系起来，而且还讲到人与社会、人与国家的关系。它还批判了旧式的教育。牧口先生说："我们周围充满了丰富的事例和信息，但令人震惊的是，如此多的人特别是教师，忽略了这种基本又意义深远的观察法，而只坚持死记书本知识。"①这本书虽然写于一百多年以前，但今天读来仍有亲切感，仍有重要的教育意义。

读了这本书，我想起了 1992 年我对福岛大学附小的访问。我曾四次访问福岛县，那里有我的很多朋友。福岛的秀丽风景和文化教育给我留下的

---

① 牧口常三郎：《人生地理学》，陈莉、易凌峰译，复旦大学出版社 2004 年，第 9 页。其主旨为："即便乡土这有限的地区，也网罗有无限的材料，反映着广阔天地。基于对乡土的观察，可说明万国地理复杂现象之概略。而如若疏于对人的直接经验世界之乡土的观察而仅赖于书本，则如沙上之建楼阁。"

印象至今令我难忘。当时，他们的地理课改成了地球课。我问老师有什么区别？他告诉我说，过去地理课只客观地讲授地理现象，现在的地球课则把人作为地球的一员，把人与地球联系起来——人要保护地球。那天，三年级的小朋友还表演了他们自己创作的保护环境的节目，使我印象深刻。据说这是日本文部省特别批准试点的。不知道这项改革有没有推广普及？这所学校在大地震中有没有损坏？我颇为挂念，遥祝他们平安。

池田

非常感谢您还专门买了《人生地理学》，我想牧口先生以及渴望将恩师的哲学向世界推广的户田先生都会感到十分欣慰！

感谢您挂怀依旧在困境中的福岛县孩子们，我再度感受到了顾先生的慈爱之心。据当地的消息，您所担心的福岛大学附属小学在先前的大地震中没有受到很大灾害，去除放射性物质的工作也已完成，现在孩子们都在健康地学习。

另外，“地球科”是当时文部省安排的一个实验项目，利用三年时间，尝试将科学、社会科、家庭科并为“地球科”和“人间科”，将图工、音乐并为“表现科”。这种尝试在三年内就结束了，从 2000 年开始，全国小学开始逐步施行“综合学习时间”。福岛大学附属小学在“综合学习时间”中，比如通过当地火山吾妻山了解地球机理，其实是把以前“地球科”实验项目的经验利用起来了。

出身于福岛县并为中日友好尽力的诗人草野心平咏道：

“想携手时须携手，万倍之力来自万倍之人。”

“朋友啊，快活起来！苦难使我们相连。”[1]

顾先生始终关心着我们，世界人民始终支援着我们，这些都是福岛人民迎来明媚春光的万倍之力。

---

[1] 引自诗《给同志》。『草野心平全集』第三卷、筑摩书房、321 頁。

4 把东亚打造成和平的模范地区

"共生伦理"跃动的文化

池田

刚才我们通过孙文先生的思想、日莲大圣人的"立正安国"思想，可以看到在日中两国的精神传统与文化之中存在着创造和平的关键性构想。

我认为，这种精神文化不仅存在于中国和日本，而且共同存在于东亚汉字文化圈。关于这一点，我曾于 1992 年在贵国的中国社会科学院以《21 世纪与东亚文明》为题做了演讲①。我强调，东亚文化与精神具有一种可称为"共生伦理"的特点。所谓"共生伦理"，其基调是强调和谐而不是对立，强调统一而不是分裂，强调"我们"而不是"我"，它是一种追求人与人、人与自然共生互助、共同繁荣的心理倾向。提倡促进和谐的"共生伦理"的社会，其所培养的人不是基于自我中心的，而是具有尊重对方、肯定对方和互助合作的人格特点。

培育这种"共生伦理"的思想基础，自古以来就在东亚各国和地区得到传承，存在于儒教、大乘佛教、道教、神道之中。前面提到的孙文的理想"大同之治"或"天人合一"，都是不以对立的眼光看待自己与他者、"我"与"我们"以及人与自然，而是坚持它们之间共存与和谐。这无疑都源自儒教等中国的传统思想。佛教讲"缘起"，也就是说，所有的事象均因缘而起，即由于各种原因与条件的相互关联而发生，这种观点与那种把万物的根源都归结于唯一的造物主的想法是不同的。从缘起的思想看，万物均是相互结合、相互支持、不可分离、相互影响的。这些思想成为培育东亚人的"共生伦理"的精神土壤，也是应该继承的面向未来的重要精神财富。

---

① 1992 年 10 月 14 日。收于『21 世纪文明と大乘佛教』、『池田全集』第二卷。

前面顾先生说道："东亚国家应该团结起来为世界和平做贡献。"①我也几度提议，应构建由日本、中国、韩国等国家和地区构成的"东亚共同体"，这也是我为增进东亚的相互信任与友谊所付出的实际行动，因为我认为，东亚地区的发展是对世界和平、安定与繁荣的重大贡献。

顾

刚才我们谈了环境与和平的话题，没有良好的生态环境就没有和平，反过来，没有和平就不可能有良好的生态环境，如果天天在打仗，哪里来的良好的生态环境？

无论是中国古代思想家的"天人合一"，或是孙中山的"三民主义"，还是日莲大圣人的"立正安国"都是倡导和平的。这些伟人的思想不仅影响到中国和日本两个国家，而且影响到整个东亚文化圈。我经常讲，东亚文化圈的价值观与西方文化不同，我们研究教育不能不研究奠定教育基础的文化背景。当然，文化不仅影响教育，也影响着人们的其他社会活动。池田先生提出东亚文化与精神具有"共生伦理"的观点，是有道理的。东亚文化总是把统一、和谐、互助、集体放在第一位。中国儒家的"修身、齐家、治国、平天下"，说明一个人的学习修养最终要安平天下；儒家讲"义"，义者可以简单地解释为，为了集体的利益可以牺牲个人的利益。以前我提到过的《礼记·礼运篇》中的大同歌充分反映了儒家追求天下大同，也即世界和平的理想。在东亚文化中占有重要地位的佛教与道教，都有这种世界大同的理想。这种世界大同的理想从现实情况来看只是一个遥远的理想，但正是由于有了这个理想，我们才要去追求世界和平，为和平而奋斗。

---

① 见第 2 章第 1 节。

致力于构建环保抗灾等"应对共同问题的合作机制"

池田

要实现世界和平，东亚的稳定和繁荣是极其重要的。各国首脑以各种形式提出过建立东亚共同体的构想，虽然究竟哪些国家参加到这个共同体中来还会有不同意见，但东亚正探索与东盟在经济、政治、安全保障等领域加强交流与合作。这个东亚共同体在政治层面将发展到何种程度是今后要研究的课题，但我认为在共同体中不应有弱国屈从于一部分强国的不平等的情况，各国均应为平等的关系，充分尊重对方的文化与历史，在任何情况下均以对话为基础，以共存共荣的关系为根本。

经过长期的争霸、争夺资源与权力，欧洲在经历了多次战争之后，终于在 20 世纪后半叶成立了欧盟（EU）。虽然现在有财政危机等多种问题，但毕竟在构建永久和平的道路上向前迈出了一大步，这是很多人的感受。即使我们东亚无法建立与欧盟完全一样的区域共同体，但我想具有共同文化传统的各国在加强相互合作和在建立和平纽带的过程中将开辟世界性的和平之路。

东亚地区正在持续强劲地发展。我在 2005 年发表的倡言中也曾阐述过，要使东亚区域共同体的建立成为可能，各国就要在环境问题、人力资源开发、灾害对策等三个具体领域特别加强合作，同时努力促进各国间的相互信任，这是非常重要的。例如，在环境问题领域，就可以缔结促进自然与人的和谐关系的协定，促进建立防止环境污染的网络；在人力资源开发领域，随着人口的增加，应建立防止水不足的水资源保障机制，预防那些在世界中流行的病毒；在灾害对策领域，可以建立重灾时相互支援重建灾区的体制。在推进建立这种相互合作的体制、加深信任的过程中，共同体的基础就会慢慢形成。实际上，东亚的合作正在稳步地发展着，这次日本发生东部大地震时，贵国等许多东亚国家就对我们进行了无私的支援。这些国际支援对日本人民而言是最宝贵的激励，日本人民由衷地感谢。我们也会在别的国家发生困难的时候与他们互相合作、伸出援手。我在衷心感谢各国支援日本的同时，深切地感到建立这种机制的必要性。

此外，我在 2006 年发出了构建"日中环境伙伴关系"的倡议①。其三个要点是防止环境污染、向节能循环型社会转变和开展深化理解环境问题的教育。我想，当前重要的是，在地理上和文化上相近的日中两国为了克服这些环境问题，在人员交流和技术合作等方面加强协作，并取得具体的成果。

顾

世界大同实在太遥远了，但我们是不是可以从共同文化圈做起。欧盟的建立给人一种启示，东亚是否也可以建立一个共同体。这个设想已经几次在中日与东盟国家首脑会议上提出过。2002 年"10＋3"（东盟 10 国＋中日韩 3 国）领导人会议上就通过了东亚研究小组（EASG）提出的建立"东亚共同体"的报告。2003 年"东京宣言"也确认了建立"东亚共同体"的目标。在 2009 年东亚峰会上，中国总理温家宝提出了建立"东亚共同体"的原则。"东亚共同体"是地理邻近的东亚各国希望通过中长期相互合作和一体化进程而形成的一个紧密整体。它建立在共同利益和地区认同的基础上，以区域经济一体化为基石，通过自由贸易区经济共同体结成联盟，并非排他性集团，不针对区域外国家。建立"东亚共同体"正好与池田先生提出的以"共生伦理"为基础建立东亚共同体的构想相一致。现在对这个设想各国的认识还有分歧，尚在酝酿讨论中，我们期待它早日实现。

---

① 在 2006 年 10 月 7 日北京师范大学授予池田大作名誉教授仪式上发表感言时所说。池田在感言中说，日中两国已签订了《日中环境保护合作协定》，"日中友好环境保护中心"的活动也在进行之中，为加速这一潮流，提议要"基于百年之后的长期展望，构建全面有效的'日中环境伙伴关系'"，以防止污染、向循环型社会转变和环境教育这三点为基柱，同时也与韩国合作，推进环境调查、技术合作、人员交流与人才培养。

中日友好是东亚和平的基础

池田

毫无疑问，作为东亚和平的关键，有着长期友好历史的中日两国应该紧密地合作。我在 1968 年发表的"日中邦交正常化"倡言中，对长期采取敌视中国政策的日本政府提出要正式承认中国，要实现邦交正常化。我还主张要促进中国加入联合国，促进对华经济和文化交流。当时，日本国内外对于我的倡言反响是十分强烈的，日中交流的前辈松村谦三高度评价说："我们得到了百万大军的支持"①。但同时受到的非难中伤也很多，还有恐吓电话与恐吓信②，日本政府里也有人批判说："池田会长的发言是政府外交的障碍。"但对于这些批判我是早有思想准备的，我确信，日中邦交正常化不仅对于日本而言，而且对于亚洲局势向和平方向发展而言是向前迈了一大步。在这一日中关系的倡言中，我要表达的并不仅是促进政府间的外交谈判，而是强调人与人交流的必要性。如果能开辟使肩负未来的两国青年相互对话、共同交流的道路，则两国间的万代友好便成为可能。

我自己则从 1974 年以后十次访问贵国，同时致力于创办创价大学等教育机构以及民主音乐协会、东京富士美术馆、东洋哲学研究所等学术、音乐、美术团体，推进文化和教育交流。

刚才说过，今年（2012 年）是日中邦交正常化四十周年。现在，贵国已是世界大国，政府间无论出现何种变化，日中经济交流和民间交往都在不断地加强。

---

① 这是松村谦三针对池田倡言的评语，此话也传到池田大作耳中。松村在 1969 年 9 月 86 岁时退出政坛，结束了他的议员生涯，并宣布从此将集中精力致力于中日两国关系的改善，这是他"毕生的愿望"。半年后的 1970 年 3 月 11 日，池田大作在东京涩谷会见了松村，松村强烈希望池田访华。9 天后，松村实现了他第五次也是最后一次访华，得到了周恩来总理的接见，并向周恩来总理介绍了池田大作。会见的在座者向池田转达："总理说：'请向池田会长问好！热烈欢迎他访华。'"

② 见第 1 章第 7 节。

我强烈地希望，以日本和中国间稳固的友好为基础，创造东亚和世界的和平，所以我始终全身心地致力于培养年轻的和平旗手。寄希望于青年，把未来托付给青年，除此以外没有其他构筑万代和平的办法。现在有很多青年胸怀和平与和谐的理想，去贵国学习知识、孕育友情，开辟世界友好之路，这对我而言，是无上欣喜之事。

正视历史方能构建信任关系

顾

前面我们曾提到①，中国传统文化中的一个哲学思想就是"和而不同"。冀求世界和平，就要坚持"和而不同"。上个世纪50年代周恩来总理提出"和平共处五项原则"，这是"和而不同"在国际关系中的具体反映，影响十分深远。这五项原则是：互相尊重主权和领土完整；互不侵犯；互不干涉内政；平等互利；和平共处。

如果各国都能遵守和平共处五项原则，国际上就没有解决不了的问题。可惜许多国家的领导人为了本国的利益，甚至为了党派斗争、政权斗争的利益而不能恪守这五项原则，使得国际乱象丛生。连年不断的地区战争，使千万家庭家破人亡，流离失所。因此，和平是当务之急。

如果说"东亚共同体"一时还难以建立，那么中日两国应首先联合起来，负起繁荣东亚的责任。中国和日本是一衣带水的邻邦，几千年世代友好，不能因为近百年中的摩擦对抗而把几千年的友谊毁于一旦。中国人重视历史，记住历史，就是以史为鉴，更友好地发展。可能许多日本朋友认为，为什么中国人揪着日本侵华战争不放？是不是总在制造"反日""仇日"的情绪？确实有一位日本记者这样问过我。我说，完全不是的。我们天天在宣传中日友好。每年纪念抗日战争，是为了不忘记历史。我们不仅纪念抗日战争，而且也纪念鉴真和尚赴日，纪念藤野先生与鲁迅的友谊，

---

① 见第2章第1节。

在纪念辛亥革命一百周年时不忘日本对孙中山的帮助。这些都是历史。记住了历史，就会知道我们今天应做什么，不应做什么。特别是要让青年人了解历史，使中日友好能够持续下去。如果中日两国能友好相处，互助互利，共同发展，就会像矗立了一根镇海神针，能镇住世界任何风浪，维护世界和平。

中日友好的基础是建立互信。当前中国人和日本人之间还存在不信任感。中国人对日本内阁和议员参拜放有战犯灵位的靖国神社不理解，日本人对中国老提侵华战争不理解。其实大家都正视历史，记住历史的经验教训，坚持和平，反对战争的立场，就能相互理解。

要巩固中日两国的友谊，就要坚持和平共处五项原则，互相尊重，互惠互利，一切通过协商和平解决。要大力发展经济合作，繁荣市场，改善民生。只有安民乐业，世界才有和平。要大力开展文化教育的民间交流与合作。文化交流是沟通人们思想的最好途径，教育是建构和平的桥梁。正如池田先生所说的，我们要用文化教育搭起和平的金桥。让我们大家努力吧！

5　培育世界公民

胸怀智慧、勇气与慈悲的"地球民族主义者"

池田

我非常赞成用文化和教育搭建"和平之桥"，这正是我们对话的主题。我将竭尽全力使这座桥更加牢固。

如果从长期的视野来看历史，可以说当今世界的大潮流是向着和平与共生的道路迈进。为了使这一潮流加速，我们应将人类的智慧集结起来。

互联网所代表的科学技术发展与交通基础设施，使各国与外国的交流都更为容易。但重要的是，要使共存共荣的思想在这一基础上生根，就必须培养青年具有"一个世界"的认识，也就是说，培养世界公民是人类应该追求的目标。

我之前也提到①，创价学会第一任会长牧口常三郎在一百多年前民族主义兴盛的时代就在《人生地理学》中强调说，人们应当有"乡土民""国民""世界民"的多重自觉。我的恩师、第二任会长户田城圣也大声疾呼："我的思想是地球民族主义！"② 他说此话，是在第二次世界大战结束以后、东西冷战正趋于激化的 1952 年，至今已有 60 年了。在那个人们还拘泥于国家、民族、宗教、意识形态差异的时代，他从人类的立场出发，认为人应该具有成为人人所生活的地球上的世界公民的自觉，这才是创造和平的最大的关键。

我 1996 年在美国哥伦比亚大学演讲时③，列举了世界公民的三大要件：第一，深刻认识生命之相关性的"智慧之人"；第二，并非恐惧和拒绝人种、民族和文化的差异，而是尊重和理解这种差异并将其作为成长资粮的"勇敢之人"；第三，无论远近，对那些在任何地方受苦之人抱以同情与协助之心的"慈悲之人"。我认为，人类应在相互关联、互受恩惠的价值观的基础上追求与他者的和谐。

那么，以这一点为前提，应以怎样的教育培养世界公民呢？

我举些我们的例子吧。日本有些地方为了反思过去，尝试让了解战争的老一辈谈他们当时的体验，在大多数人已经没有经历过战争的今天，这种努力越来越重要了。我们创价学会早就积极开展了这种运动。我们自

---

① 见第 1 章第 1 节。

② 这是户田城圣 1952 年 2 月 17 日在约 400 人参加的创价学会"第一次男女青年部研究发表会"上的即席发言，他说："如果要说我自己的思想，那绝对没有共产主义，也绝对没有美国主义。应该是东方民族主义，但归根结底，是地球民族主义。"（『户田城聖全集』第三卷、聖教新聞社、460 頁）户田说此话时，东亚正处在朝鲜战争（1950 年 6 月至 1953 年 7 月）的旋涡之中。

③ 1996 年 6 月 13 日的演讲《对"地球公民"教育的一个考察》。引自『池田全集』第百一卷、420 — 421 頁。

1974 年就开始出版的《留给不了解战争的世代》目前已经出到 80 卷①，这套书收集了 3000 人以上的战争经历。特别是，日本也是世界上第一个受到原子弹轰炸的国家，所以也收集了核武器如何恐怖方面的证言。此外，我们还以妇女为核心举办了创造和平文化论坛，举行向一般市民普及知识的展示活动，推进各种形式的和平教育。

和平问题以及亟待解决的环境问题，都是全人类的课题。我与贵国学术界大师饶宗颐博士也曾谈到这一话题。饶宗颐博士说："最重要的课题是如何爱护地球。大量消耗能源的时代已经开始威胁人类，现代人对地球资源的浪费是惊人的，环境不断恶化，这是对肆意破坏大自然的一种惩罚，我们必须下决心改变这种状况，绝对不能放松。"②

在经济发展的同时，资源的枯竭化已经愈发严重，我们将如何应对？

---

① 《留给不了解战争的世代》（第一部与第二部）是创价学会名誉会长池田大作为回应"为后世保存战争证言集"的要求而开始推动出版的反战出版物，它被誉为"现代和平万叶集"。从 1974 年出版的第一卷《被击碎的珊瑚岛》（冲绳编）开始，经过 11 年的岁月，共完成全 18 卷，涵盖所有都道府县，收集 3400 余人的战争体验证言与手记，采访的人数更在两倍以上，4000 余人参与了编辑。其中不仅包括空袭和学童疏散的记录、战时民众生活、从殖民地撤退等被害体验，而且还有作为加害者的证言。和歌山县青年部编辑的《中国大陆的日本兵》就是关于日本兵在中国都干了些什么的证言集。很多士兵决定将这些史实永远藏在心里，它们便成为讳而不言的过去，这给采访带来了极大的困难。有一位终于答应接受采访的士兵此后却常常在夜里发出痛苦的呼喊。但整个证言集还是本着"为了真正的中日友好，就要真诚地面对那些不愿面对的历史"的宗旨而得到推动。此外，妇女部妇女和平委员会编辑的反战系列《怀着和平的愿望》从 1981 年出版第一卷《在那颗星之下》（撤退编），经过 10 年共出版全 20 卷，收集了 471 篇宝贵的证言，而从事采访和编辑工作的人几乎都没有过相关经验，她们一边从事家务和育儿，一边迎接了这一工作的挑战。其后，妇女和平委员会编辑的《冲绳——创造和平》、女子部的女性和平文化委员会编辑的《No More War——女儿们眼见的战火》等也相继出版。2003 年，冲绳和长崎的青年部从系列证言中又精选出一部分出版了《命宝——冲绳战，痛恨的记忆》《对和平的祈祷——长崎，恸哭的记录》。广岛青年部再次进行了新的采访，出版了《飞舞起来吧，广岛之蝶！——来自核爆地的留言》。这些反战出版物被摘译为英语、德语、法国和罗马尼亚语等，在海外也引起了广泛的反响。2006 年，妇女部女性和平委员会将遭受核爆和经历冲绳战的战争体验证言制作成 DVD《怀着和平的愿望》，并基于此又制作了五种语言的精选核爆体验证言 DVD《怀着和平的愿望——广岛与长崎，女性们的核爆体验》，它们作为宝贵的音像记录，在学习和平活动中发挥了积极作用。

② 饶宗颐，汉学家、书画家、诗人，在佛学、儒学、考古学、敦煌学及语言学等多个领域均有丰硕成果。1917 年生于广东省。香港中文大学名誉教授，香港大学名誉博士。历任美国耶鲁大学、法国国立社会科学高等研究院、法国索邦大学、日本京都大学客座教授。法兰西学士院为表彰其中国研究的业绩而授予他"朱利安奖"。中国国务院国家古籍整理委员会顾问。引文引自对话录『文化と芸術の旅路』潮出版社、382 － 383 頁。

我们要发展节能技术，向再生利用型社会转换，但更重要的是要开启每个人的自觉，这是自不待言的。环境教育涉及多种层次，我们国际创价学会与其他的非政府组织共同合作，向联合国呼吁开展"可持续发展教育十年"①活动，这一活动自 2005 年开展以来，以展示和演讲等形式开展了"启蒙运动"。

此外，日本还开展各种活动，作为身边的日常教育。如为使资源得以有效利用而进行的垃圾分类，开展到森林捡垃圾及清扫、植树等运动，以教育孩子们有爱护自然之心。创价学园的中小学和创价大学还有爱护"萤火虫"、培育"樱花""莲花"等自然保护活动。在关西的创价学园于十几年前就参加了美国航天局（NASA）的教育项目，这个项目是世界各国的中学生远程操作国际宇宙空间站的照相机对地球进行拍照的活动，同学们分析他们自己拍到的地球照片，并举办环境保护展示会。

不仅限于日本国内，我们还把环境教育推展到世界各地，如在南美的巴西设立的"亚马逊自然环境研究中心"和"创价大学自然环境研究中心"，研究如何防止森林被进一步破坏、如何保护森林和环境。特别是亚马逊自然环境研究中心积极推动植树造林，该中心与政府部门合作，每周让公立学校的学生到保护区一次，进行环境教育。

我介绍了我们的一些实践，可以说，把环境作为青少年身边的问题而

---

① 联合国的决议"可持续发展教育十年"（2005—2014）是通过"将可持续发展的原则、价值观与实践纳入教育与学习的所有侧面"来促进人们的行为变化，它是 2002 年在南非举行的"环境发展峰会"（关于可持续发展的世界首脑会议）上通过的。为了准备这次会议，联合国多次召开准备会议，并向世界上的非政府组织征求意见。国际创价学会（SGI）以池田大作会长的历次倡言为基础提出了意见书。在印度尼西亚举行的峰会第四次准备会议上，该提案被写进《实施计划》的最终草案之中。相关意见在池田大作先生向峰会提交的环境倡言《面向地球革命的挑战——教育，为了可持续发展的未来》中也有体现。在峰会上，日本政府吸收了国际创价学会等诸多非政府组织的意见而成为提案国，提案在联合国总会上得到了通过。后来，国际创价学会作为提案团体积极普及环境教育，并为此在世界各地推进"变革的种子——地球宪章与人类的可能性"环境展等各种展示活动。国际创价学会还参与制作并支持环境电影《静悄悄的革命》的上映。2012 年 6 月联合国在巴西举行"可持续发展会议"（里约＋20），池田大作会长在给会议的倡言《迈向可持续发展的地球社会的大道》中，将当时"可持续发展教育十年"继续加以发展，提出了从 2015 年开始实施"面向可持续发展的地球社会的教育项目"。

对他们进行教育，今后是愈发重要了。

我举了一些通过和平教育及环境教育来培养世界公民的例子，此外，我还谈过语言教育是非常重要的①，顾先生认为要培养世界公民，什么是最重要的呢？

顾

前面我介绍了我国的《国家中长期教育改革和发展规划纲要（2010—2020 年)》，它把优先发展教育，提高国民素质放在战略地位。对青年的要求包括：具有服务国家服务人民的社会责任感、勇于探索的创新精神和善于解决问题的实践能力。纲要还要求扩大教育开放，培养大批具有国际视野、通晓国际规则、能够参与国际事务和国际竞争的国际化人才。现在全国都在贯彻落实中，许多学校也提出了培养"世界公民"的主张。

创价学会的历届领导人都提倡培养"世界公民"，是非常有远见的主张。池田先生身先士卒，到处宣传和平，提出"世界公民"应是"智慧的人""勇敢的人""慈悲的人"，并且借用经历战争苦难的老一辈的亲身体验来教育青年，做了十分有意义的事情。创价大学做的这一切都值得我们学习和借鉴。

互联网使世界成为小村庄

池田

谢谢您对我们的深刻理解。

现在，互联网对社会的影响力在增大，网络技术的进步日新月异，人们的沟通方式也因此而改变。网络的发展对教育也产生了影响，您在《中国教育的文化基础》中对此多有论及。对孩子们而言，网络的好处是可以在任何时候自由地学习，也可以向全世界表达自己的思想，亦可非常容易

---

① 见第 3 章第 5 节。

地与外国的人进行交流。与千里之外的人进行即时在线交流，这些通信技术使"天涯若比邻"成为现实，这是非常可喜的。但事物也有另一面，顾先生在著作中谈到"长时间的人机对话，对青少年的身心发展产生了恶劣影响"，为我们鸣响了警钟。因此，我们必须关注依赖技术的交流存在的"陷阱"。在日本，越来越多的沟通是以邮件为媒介的，但无法开展与人的直接而生动交流的孩子却在增多。孩子们在邮件中可以自由地表达自己的心情，但一旦真人出现在自己面前，却无法顺畅地表达自我。有的孩子无法体会人与人直接交流的乐趣，结果愈发躲避与人的交往，只喜欢在非常狭小的空间中独自生活。

无论在什么时代，无论科学技术如何发达，人心与人心相联系的最好方法，还是在现实中相会和对话。请顾老师谈谈，从"培养世界公民"的角度出发，网络技术带来了哪些正面和负面的影响？

日本与贵国都进入了老龄社会，但我想无论年龄高低，任何人都应以青年之心充满生机地活着。以前在讨论"继续教育"的时候，我记得顾先生说您是 70 岁以后开始学电脑的。您活得那么青春，有什么秘诀吗？

顾

池田先生谈到当前的网络技术问题。网络技术日新月异，信息快速传递，互联网无孔不入，已经改变了我们的生活。互联网已经把人类带进一个小小的村落。在这个村落里，人们的政治生活、经济生活、文化生活都互相紧密相连。但是任何技术都具有两面性，看掌握在谁的手里和如何运用它。先进的技术掌握在恐怖主义分子手里就变成战争的武器，掌握在有良知的科学家手里就会成为改善民生的工具，给人们带来幸福。因此我们希望科学家不要滥用技术，坚守科学的伦理。

就教育而言，互联网正在改变教育的性质、教育内容、教育方式和师生关系等教育的各个方面。互联网有利于师生沟通，有利于学生自由学习，特别是有利于远距离交流。现在许多名牌大学把课程挂到网上，便于世界各国大学生在网上学习，促进了教育的国际化。

丰富"人与人的直接交流"

顾

但是互联网给青年学生带来的负面影响也不可忽视。首先，信息不等于知识。互联网上的许多信息，如暴力、色情、欺骗等信息对青少年有害无益。其次，许多青少年迷恋网络游戏，荒废学业。曾有报道，有个别少年几天几夜玩游戏，结果猝死在网吧。再次，就是像池田先生所说的，经常性的人机对话后，反而不会与人对话。互联网本来是一个开放世界，但是它却把人封闭起来，使之脱离现实社会。最后，就中国学生而言，整天使用电脑，连中国汉字都不会正常书写。所以，我经常对教师讲，不要迷信技术，要科学地、恰当地运用信息技术，任何人机对话都代替不了人的情感的交流。教师还是要以自己的知识魅力和人格魅力影响学生。

互联网有利于国际交流，互通教育信息，互听各校开设的课程，互相讨论和研究问题，这些都有利于"世界公民"的培养。但是更重要的还是要面对面地交流，这样才有感情上的交融。

池田先生提到老龄社会。互联网也有利于老年人的学习和交流。中国已经步入老龄社会。老年人最害怕寂寞，喜爱交流。现在许多城市都设计了便于老年人休闲和交流的场所。例如杭州西湖边上有许多茶室，许多老年人都结伴在那里喝茶、聊天，其乐融融。也有些老年人利用互联网了解国际时事，查看新闻报道，和网友聊天。但老年人不宜长期坐在电脑边，还是要多活动，才有利于健康。我过去觉得年纪大了，新的技术很难掌握，后来因为要与住在国外的女儿通话，再加上电脑技术越来越人性化，所以开始学电脑。现在似乎已经离不开它。用它写文章很方便，与朋友通信交流也很方便，用微博可以和许多网友，特别是青年人交流关于教育的看法。

6 给中日青年的寄语

要坚忍不拔！

池田

　　顾先生的谈话也不约而同地涉及了与青年人的交流。这正是开启未来的关键，要相信青年、团结青年、保护青年，要与青年对话，要培养伟大的青年。半个世纪以前，印度总理尼赫鲁访问日本时，呼吁青年们说：“青年是‘明日之世界’！”我当时深受感动①。

　　“明日之世界”是青年的。如果青年对未来抱有希望并生机勃勃地向前，那么这个社会必定获得大发展。您谈谈您对肩负未来的青年们有什么特别的期望吧。

　　我曾让汤因比博士说一句对下一代的建言，博士说：“要坚忍不拔！”今天，如果我请顾先生讲一句忠告或指示，您会说什么呢？

怀有“爱心”和“斗争之心”

顾

　　这一章我们讨论了环境教育与和平问题，这两大题目都是关系到人类未来生存的问题。解决这两大难题恐怕要靠几代人的智慧，特别是青年人的智慧。毛泽东 1957 年在莫斯科对中国留学生演讲时说：“世界是我们的，也是你们的，但是归根结底是你们的。你们青年人朝气蓬勃，正在兴旺时期，好像早晨八九点钟的太阳。希望寄托在你们身上。”说得

　　① 贾瓦哈拉尔·尼赫鲁（1889—1964），独立印度的第一任总理。1952 年 10 月，与女儿英迪拉·甘地（1917—1984，曾任印度总理）一起访日。创价学会池田名誉会长日记（10 月 7 日）记：“印度总理尼赫鲁访日中。在庆应义塾大学和早稻田大学关于世界和平与人类爱的演说中，高呼‘青年是明日之世界！’”（『若き日の日記』，『池田全集』第 37 卷、174 頁）

非常确切。我们这一代人经过战争的洗礼，知道战争给人民带来的苦难，知道和平的可贵。现代青年，特别是中日两国青年，没有经受过战争的苦难，不知道和平来之不易，因而不知道珍惜和平幸福的生活。现在有些青年动不动和别人吵架就会动刀杀死对方；还有些青年遇到一些挫折就自残自杀，不知道爱惜生命，实在让人吃惊。因此教育就是十分重要的一件事。

我在 2005 年北京师范大学举办的第二届世界比较教育论坛上做了"国际理解与比较教育"的讲演，提出："为了人类的觉醒，迈出第一步的就是国际理解。国际理解是国际和平的基础。"同时又指出："教育是国际理解最好的途径。世界是多极的，文化是多元的，只有互相理解才能和平共处。教育要撒播和平的种子，不要撒播仇恨的种子；教育要搭建和平的桥梁，不要构筑仇恨的鸿沟。"

2010 年 11 月 27 日我校国际与比较教育研究院举办了"国际理解教育论坛"，并成立了"国际理解教育研究中心"。参加论坛的有来自日本、韩国、美国的学者。我在论坛上再次做了题为"教育是沟通和理解的桥梁，是播送和平的种子"的发言。我说："21 世纪以来人类遇到种种危机。文明冲突的理论不能解释危机的缘由，更不能化解危机。人类应该认识到，文化是多元的、互相吸收的，只有互相沟通、互相理解才能共生。教育是沟通和理解的最好途径，是和平的种子。"这和池田先生的"共生伦理"是一致的。

中国近几年来社会语言中运用最多的一个字就是"爱"，大家都在提倡每个人向社会、向他人献出爱心，这样社会就有了温暖，有了和谐。在世界范围内也应该提倡献爱心，关心弱势群体。当然，这只是一种空想，在当今国际竞争如此激烈，局部战争如火如荼，强权国家随意干涉弱势国家内政的恶劣环境下，讲爱心、讲和平是一种奢望。但人类不能忘记和平，因此就要斗争，为和平而斗争。所以应像池田先生所说的，不仅要培养"慈悲的人"，还要培养"勇敢的人""智慧的人"。下面一段话之前也引用过①："人要常为人们的幸福，为和平，发出勇敢的呐喊，发出睿智的话语。总之，要行动。活着就是战斗。"（《新·人间革命》）赠给诸位青年一个"爱"字，希望"爱满天下"。

池田

这是来自您长年的教育经验和对青年真正的爱的话语。"人间教育"才是发挥能力、陶冶人格，最终构筑繁荣和安定的社会的原动力。我自身也以"人生的所有事业是教育"为指针，全力奋斗。

不培养下一代的人才，未来就没有发展。除育人外别无他途。因此，教育的胜利是未来的胜利。和顾先生一道构建"为教育的社会"，我也想尽余生之力。

我坚信通过这次对谈，顾先生意味深长的话语必定能够给予年轻的读者们开启未来的智慧。为永远巩固中日两国"友好的金桥"，为未来世界架起"和平之桥"，我相信通过"人间教育"，成为世界公民的模范青年将会层出不穷。我想可以以这种信念来对我们的对谈做总结。

顾

池田先生注重教育，期待青年成为世界和平的种子、中日友好的使者。我也满心期待着青年们能够继承我们的事业，高举和平友好的旗帜，勇敢地向前迈进。最后，我想向为此次对谈付出努力的相关人员表达我衷心的感谢。

---

① 见本章第 2 节。

后　记

　　"以文会友，以友辅仁"——这是年轻时就印刻在我心中的《论语》（颜渊篇）中的句子。学文可以交人结友，而在求"文"和切磋交友的过程中，人性放出了光彩。

　　今天，我回首与敬爱的顾明远先生的七度往复书简中进行的愉快的对话，感到无上欣喜与充实。樱莲菊梅在四季之中花开花落，宣告着春夏秋冬的轮转，这些年来，每每顾先生的鸿书飞来，都令我得到珍贵的启发与思索的机会。在此，我表示衷心的感谢！

　　这种越洋书信的交流还令我想起大文豪鲁迅先生与岛根县出身的年轻的中国文学研究家增田涉的交往。增田在年轻时于上海师事鲁迅先生，回到日本后便开始翻译鲁迅作品，每遇疑问便给鲁迅先生写信，于是提了很多问题。弟子的热情得到了回报，鲁迅先生的回信有时省掉了时令问候和近况报告，却都是详细的注释。这些往返多次的"对话"，正有如青年鲁迅在留学仙台时恩师藤野严九郎先生为他细心批改听课笔记时的师生交流。鲁迅先生是把这种珍贵的学恩，又报于对后学的奖掖之中。增田回忆鲁迅先生时说："（他）爱青年，总是站在青年的一边，从不惜伸出援手。"[1] 这与顾先生所倡导的"没有爱就没有教育"的"人间教育"之风是何其一致！我与顾先生的对话，正是分享对未来青年的希望。本书正诞生于此。

　　顾先生曾长期担任中国教育学会会长这一要职（现任该会名誉会长），

---

　　① 增田涉『魯迅の印象』角川書店、221 頁。

在世界教育界也发挥着重要的影响，在这本以教育为主题的对话录中，顾先生那些包含经验与知识的字字句句，为我们开了一个大讲堂。

2011年3月11日发生了东日本大地震，顾先生也寄语一位灾区青年"多难兴邦"之句，对日本青年予以了鼓励。顾先生说："人的一生总会遭遇到灾难，一帆风顺的人生是很少，总会或多或少地遇到一些挫折。"顾先生列举了自己人生中的两大灾难：一是日军侵略，二是"文化大革命"。顾先生在幼小的年代，家乡受到了日军的野蛮破坏，所幸受到了伟大母爱的庇护，但顾先生说那个时代的恐怖还常常出现在梦中。而在"文化大革命"当中，顾先生遭到来自同事和自己信任的学生的批判，又下乡劳动，其中遭遇到的苦难也是难以言表的。但顾先生能在逆境中奋起，并在中国教育界举起了演奏雄浑乐章的指挥棒。他对于所有这些经验，却都抱有一种感激之情。他说："这些经验使我保持正直，坚定了我不为外物所动的信念。"在佛典中有"烧石成灰，烧金成真金"① 的说法，顾先生的话正是经受了自我锤炼而成"真金之人"的至理名言，他用他自己的人生证明了教育的制胜法宝。

在这本书中，我们也谈到了美国哲学家杜威博士的教育思想，杜威在五四运动前夕来到中国，对现代中国教育有着巨大的影响。20世纪的大教育家陶行知先生也是杜威博士的弟子，我们还谈到他把杜威博士的"学校即社会"的思想发展为"社会即学校"。如果说教育的本质在于磨砺人格的话，那么也可以反过来认为，整个社会也正是教育"人"的学校，教育并非只是一种手段，更是目的本身。这些在中国已经得到深化的教育思想，其视角与我近年来提倡的"把为了社会的教育转向为了教育的社会"的观点是不谋而合的。通过与顾先生的对话，我得以更为鲜明地展望这一方向，这令我非常欣喜。

本书的书名定为《和平之桥》，其中有我个人所感。1974年，在我第一次访华时，我曾说"要建造一座庇荫子孙、坚如磐石的和平友好'金

---

① 「兄弟抄」、『御書全集』1083頁。

桥'"。"桥"这个词凝结了我对多少年来所力行的和平交流的思想感情。而"金"则是永恒的象征,为了亚洲,为了世界,中国和日本绝对需要携起手来,因此必须是不朽不灭的和平友好"金桥"。而支撑这座金桥的,是教育交流,是文化交流,是人民的交流,是青年的交流。

在日中邦交正常化四十周年的喜庆日子里,本书终于付梓。如果我们的这一对话能为延绵万代的和平友好金桥打下一块基石的话,那我将感到无上欣喜。

最后,我向在幕后做了大量工作的北京师范大学高益民先生表示我深深的谢意,向在连载时从事出色的翻译工作的大江平和先生、创价大学以及东洋哲学研究所等为本书出版而在中日双方进行的编辑翻译中尽力的女士和先生们表示衷心的感谢!

池田大作

2012 年 7 月 3 日

译者后记

池田大作先生是享有盛名的社会活动家和思想家，他长期致力于和平、文化和教育事业，曾获联合国和平奖等多项荣誉。2006年，译者随北京师范大学葛建平副校长前往东京，参加在创价大学举行的北京师范大学授予池田大作先生"名誉教授"称号仪式，得以见到池田先生。授予仪式盛况空前，这是池田先生所接受的第200个大学名誉称号，我国国务委员唐家璇、教育部部长周济、对外友好协会会长陈昊苏、中日友好协会会长宋健均发了贺电，日本首相安倍晋三、前任首相小泉纯一郎等也发了贺信。此外，南非前总统曼德拉、苏联前总统戈尔巴乔夫等政要，诺贝尔奖获得者等世界文化名人也都通过各种形式表示了祝贺。池田先生面对4000余名青年发表了满怀激情的演讲。此次庆典给我留下了极深的印象。

恩师顾明远先生是我国著名教育家，从教六十余年来做过小学教师、中学教师和大学教师，也教过小学教师、中学教师和大学教师。特别是改革开放以来，顾明远先生全面推动了中国的教育学科建设，并以学者身份参与了国家教育改革与发展的许多重大决策，还不辞辛劳地走遍全国各地指导中小学教育实践。顾明远先生曾任中国教育学会会长、世界比较教育学会联合会共同会长等很多职务，但他始终坚持教师本色，只强调自己是个"教育老兵"。译者27年前考入北京师范大学后，开始有机会聆听顾先生为全校学生开办的讲座，因仰慕先生的道德文章，于1993年投考于顾先生门下，得以时时受其德化，闻其教诲，是乃终生之幸。

两位先生在对话之前就通过对方的著作而相识，并彼此怀有敬重之心。

2008 年，正值顾明远先生八十寿辰暨从教六十周年之际，池田先生专程写来热情洋溢的贺信，并派人参加了庆典。而为了参加同年在北京师范大学举办的"和平与教育——池田大作思想国际研讨会"，顾明远先生也专程从外地赶回北京并在会上发表了题为《教育是沟通和理解的桥梁，是播送和平的种子》的讲话。两位先生于 2009 年开始以笔谈的方式进行对话，历时三年余。每次书信往还，他们都彼此感慨像是遇到了老朋友，感到谈得非常自然，非常投缘。由于前述的因缘，在两位先生对话的过程中，笔者有幸承担了联络及池田大作先生书简的日译汉工作，从而直接体会到了两位先生态度之恳切、治学之严谨、学识之渊博、见地之深刻。

两位先生的对话录由东洋哲学研究所在其主办的《东洋学术研究》杂志上先后分七次连载，连载时池田先生针对顾先生回信又进行了相关的回应，并请顾先生确认。2012 年 7 月，东洋哲学研究所在两位先生的支持下将对话录以『平和の架け橋——人間教育を語る』为题结集出版。东洋哲学研究所在出版对话录的过程中做了大量工作，如为了增进日本读者的理解，加入了大量的解释性注解，还插入了大量生动鲜活的照片，因此受到了读者的欢迎，该书出版后很快又加印了一次。

在此，仅就翻译中的若干问题向读者做一简要说明。第一，关于体现池田大作先生基本思想的若干核心概念的译法。本书书名中的"人间教育"（日语即"人間教育"）是基于"人间主义"（日语为"人間主義"）的理念提出的。池田大作先生的"人间主义"常对应于 humanism，它可对应于"人文主义""人道主义""人本主义""人性主义"等多种汉字概念，鉴于这些概念的含义既有相通之处又有微妙差异，故在文中均直接采用"人间主义"。日语的"人间教育"同样具有多重内涵，从根本上说，它是指以个体人为出发点的、通过改变每个人的生命状态以达到发展和解放所有人的目的的教育，这种思想与古今中外所有强调"人"的重要性、以"人"为旨归的教育思想是相一致的。经顾明远先生提议，中文也直接沿用"人间教育"，以体现这一思想对"人"的彰显。此外，冉毅教授等中国大陆学者将"人間革命"译为"人性革命"，而鉴于上述理由以及香港地区已有池田大作先生的《新·人间革命》译本，故此处同样直接采用"人间革命"的译法。第二，日文版对对话的内容进行了若干增删以适合日本读者的需要。译为中文时，原则上日文版的内容保持不变，但为适合中国读者需要，个别地方适当恢复了原始对话或进行了少量改动。第三，为使中国读者了解日文版的风貌，中文版在可能的范围内保留了原书中的注释，少量注释根据中国读者的需要进行了删改。注释中引用的日文文献原则上援用原有标记形式，以利读者查找原文。

承蒙教育科学出版社的大力支持，两位先生对话录的中文版得以顺利出版。在此过程中，得到了创价大学川上喜彦先生、上野理惠女士，创价学会国际出版部和东洋哲学研究所诸先生，教育科学出版社李东总编辑、刘明堂主任和各位编辑的鼎力支持，在此表示衷心的感谢！北京师范大学研究生张其炜同学参加了部分脚注的翻译、正文部分内容的补译及书稿的校对工作，在此表示感谢！因译者水平有限，难以准确生动地再现两位先生的深厚学养与传神妙语，恳请两位先生、学界同仁及读者们批评指正。

高益民

北京师范大学

国际与比较教育研究院

2013 年 6 月 28 日

出　版　人　所广一

责任编辑　孔　军

版式设计　杨玲玲

责任校对　贾静芳

责任印制　曲凤玲

图书在版编目（CIP）数据

　　和平之桥：畅谈"人间教育"/（日）池田大作，顾明远著；高益民译. —北京：教育科学出版社，2014. 1

　　书名原文：平和の架け橋—人間教育を語る

　　ISBN 978 - 7 - 5041 - 7846 - 6

　　Ⅰ．①和…　Ⅱ．①池…②顾…③高…　Ⅲ．①池田大作—思想评论　Ⅳ．①K833. 137 = 6

　　中国版本图书馆 CIP 数据核字（2013）第 219727 号

　　北京市版权局著作权合同登记　图字：01 - 2013 - 7024 号

和平之桥——畅谈"人间教育"

HEPING ZHI QIAO——CHANGTAN "RENJIAN JIAOYU"

出版发行	**教育科学出版社**		
社　　址	北京·朝阳区安慧北里安园甲 9 号	市场部电话	010 - 64989009
邮　　编	100101	编辑部电话	010 - 64981167
传　　真	010 - 64891796	网　　址	http://www.esph.com.cn
经　　销	各地新华书店		
制　　作	北京金奥都图文制作中心		
印　　刷	保定市中画美凯印刷有限公司		
开　　本	169 毫米 ×239 毫米　16 开	版　　次	2014 年 1 月第 1 版
印　　张	15.5	印　　次	2014 年 1 月第 1 次印刷
字　　数	216 千	定　　价	39.00 元

如有印装质量问题，请到所购图书销售部门联系调换。